Nicole Funck
Michael Narten

Juist

»Die segelnde Möwe, sie ruft ihren Gruß
Hoch oben aus jagenden Wolken herab;
Die schäumende Woge, sie leckt meinen Fuß,
Als wüßten sie beide, wie gern ich sie hab'.«

Hermann Allmers (1821–1902), norddeutscher Schriftsteller

Impressum

Nicole Funck, Michael Narten
Reise Know-How Juist

erschienen im
Reise Know-How Verlag Peter Rump GmbH,
Osnabrücker Str. 79, 33649 Bielefeld

9. neu bearbeitete und aktualisierte Auflage 2024

ISBN 978-3-8317-3844-1

Gestaltung und Bearbeitung
Umschlag: Peter Rump, der Verlag
Inhalt: Günter Pawlak, Wayan Rump, der Verlag
Fotonachweis: s. S. 223
Karten: T. Buri
Lektorat: der Verlag

Printed in Germany

Druck und Bindung
mediaprint solutions, Paderborn

Bibliografische Information der Deutschen Nationalbibliothek
Die Deutsche Nationalbibliothek verzeichnet diese Publikation in der Deutschen Nationalbibliografie; detaillierte bibliografische Daten sind im Internet über http://dnb.dnb.de abrufbar.

Anzeigenvertrieb
KV Kommunalverlag GmbH & Co. KG, Alte Landstraße 23, 85521 Ottobrunn,
Tel. 089 928096-0, info@kommunal-verlag.de

Reise Know-How-Bücher finden Sie in allen gut sortierten Buchhandlungen. Falls nicht, kann Ihre Buchhandlung unsere Bücher hier bestellen:
D: Prolit, prolit.de und alle Barsortimente
A: Freytag-Berndt und Artaria KG, freytagberndt.com
CH: AVA Verlagsauslieferung AG, ava.ch
B, LUX, NL: Willems Adventurem willemsadventure.nl
oder direkt über den Verlag: **www.reise-know-how.de**

Bildlegende Umschlag und Vorspann
Titelfoto: Das Seezeichen von Juist (mna)
Vordere Umschlagklappe (innen): Werbung für Wassersport am Hafen (mna), Kleines Foto: Goldenes Segelschiff auf einem Häuserdach (mna)
S. 1: Strandkunst in den Dünen (nf)
S. 2/3: Dünenübergang in Richtung Strand und Nordsee (nma)

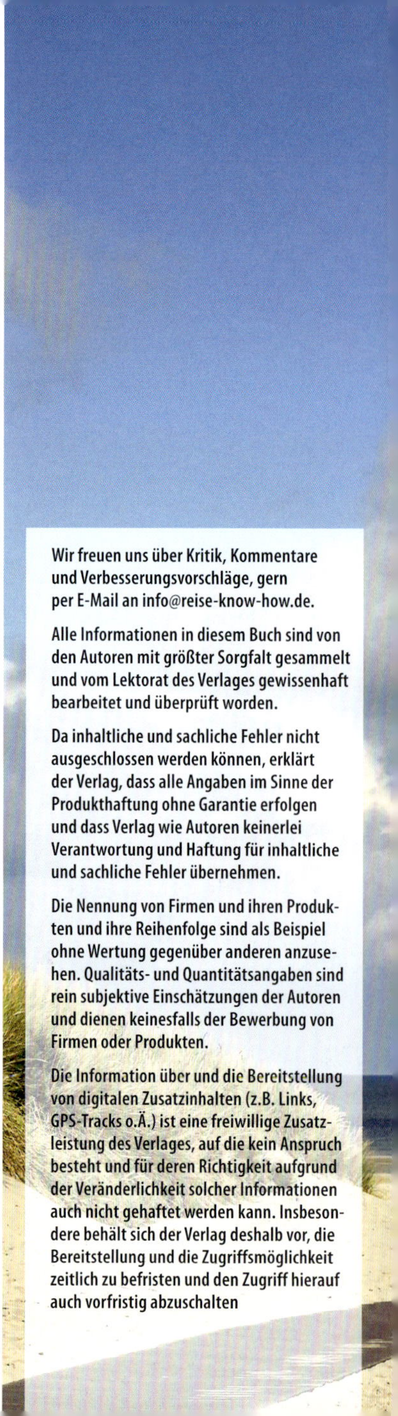

Wir freuen uns über Kritik, Kommentare und Verbesserungsvorschläge, gern per E-Mail an info@reise-know-how.de.

Alle Informationen in diesem Buch sind von den Autoren mit größter Sorgfalt gesammelt und vom Lektorat des Verlages gewissenhaft bearbeitet und überprüft worden.

Da inhaltliche und sachliche Fehler nicht ausgeschlossen werden können, erklärt der Verlag, dass alle Angaben im Sinne der Produkthaftung ohne Garantie erfolgen und dass Verlag wie Autoren keinerlei Verantwortung und Haftung für inhaltliche und sachliche Fehler übernehmen.

Die Nennung von Firmen und ihren Produkten und ihre Reihenfolge sind als Beispiel ohne Wertung gegenüber anderen anzusehen. Qualitäts- und Quantitätsangaben sind rein subjektive Einschätzungen der Autoren und dienen keinesfalls der Bewerbung von Firmen oder Produkten.

Die Information über und die Bereitstellung von digitalen Zusatzinhalten (z.B. Links, GPS-Tracks o.Ä.) ist eine freiwillige Zusatzleistung des Verlages, auf die kein Anspruch besteht und für deren Richtigkeit aufgrund der Veränderlichkeit solcher Informationen auch nicht gehaftet werden kann. Insbesondere behält sich der Verlag deshalb vor, die Bereitstellung und die Zugriffsmöglichkeit zeitlich zu befristen und den Zugriff hierauf auch vorfristig abzuschalten

Nicole Funck
Michael Narten
JUIST

Vorwort

Juist ist „die schönste Sandbank der Welt" und mit 17 Kilometern Länge zwar die längste der Ostfriesischen Inseln, aber auch eine der schmalsten mit einer Breite von nur 500 bis gut 1200 Metern. Der Sandstrand und das Meer sind vom Dorf *Juist* und dem Ortsteil *Loog* schnell zu erreichen. Geschützt wird die Insel von einem Dünengürtel zur offenen See und Deichen zum Wattenmeer. Der Hafen von Juist liegt südlich des Dorfs. Schon nach wenigen Metern Fußweg ist man mitten im lebendigen Zentrum, passiert zunächst den ehemaligen Bahnhof und dann den Kurplatz. Wer verschiedenste Landschaftsformen zu schätzen weiß, findet auf Juist mit Marschland, Salzwiesen, Dünen, kleinen Wäldchen, Feldern, Weiden und dem Hammersee viel Abwechslung.

Die unbestrittene Hauptattraktionen Juists ist die großartige Natur. Da die Insel autofrei ist, wird jeglicher Transport einschließlich der Müllabfuhr mit Pferdefuhrwerken oder per Drahtesel erledigt. Entsprechend allgegenwärtig ist das Hufgetrappel. Juist hat dadurch ein ganz eigenes Flair und sein eigenes Tempo. Juist ist auch ein guter Ort für Radler. Es gibt viele Fahrradverleihe, die fast alle auch E-Bikes anbieten. Mit ihnen macht es sogar Spaß, bei Gegenwind die Insel zu erkunden. Die wohltuende Nordseeluft gibt es überall auf Juist, das vorhandene Reizklima kann kleine Wunder bewirken.

[>] Relaxen in Steimer's Strandbar

Die Fähren nach Juist fahren gezeitenabhängig nach unregelmäßigem Fahrplan, meist gibt es eine Abfahrt täglich. Hinzu kommen Expressfähren, die nach wechselndem Fahrplan fahren. Doch trotz der Anfahrt von bis zu zwei Stunden lohnt sich ein Besuch. Einzigartig ist das Wattenmeer der ostfriesischen Nordseeküste, und Juist liegt mittendrin im UNESCO-Weltnaturerbe Wattenmeer, denn der Nationalpark Niedersächsisches Wattenmeer ist ein Teil davon. Juists insulare Nachbarn sind im Westen Borkum und im Osten Norderney. Südwestlich liegen die Vogelinsel Memmert sowie zwischen Juist und Borkum die Sandbank Kachelotplate, die vielleicht auch einmal eine Insel wird.

Juist ist groß genug, um auch bei einem längeren Aufenthalt vieles zu unternehmen. Im Sommer ist der Strand voller Sonnenanbeter und buddelnder Kinder. Die vielen Strandkörbe laden zum Verweilen ein. Während der Hochsaison gibt es besonders viele Veranstaltungen auf der Insel und auch spezielle Angebote für Kinder. Im lebendigen Dorf hat der Schiffchenteich auf dem Kurplatz bei vielen Familien Tradition. Dort sitzen dann die Eltern auf der Grünfläche und genießen vielleicht ein Konzert, während die Kleinen „auf große Fahrt" gehen. Die Wege sind nicht weit auf Juist, es lässt sich entspannt einkaufen, bummeln und schauen. Viele Cafés locken mit Kaffee, Eis und Kuchen. Aber Vorsicht – auch die Möwen haben Hunger. Langeweile kann also nicht aufkommen, selbst bei schlechtem Wetter ist es an der

Nordsee schön. Juist ist nicht nur ein Paradies für Urlauber, sondern auch für Vögel. Im Frühjahr und im Herbst machen Millionen Zugvögel im Wattenmeer Rast auf dem Weiterflug. Dann packt auch manch Vogelfreund sein Spektiv aus. Im Winter kehrt mehr Ruhe ein, es ist beschaulicher und die Insulaner sind wieder häufig unter sich. Aber auch Dünen im Schnee sind zwar selten zu sehen, aber durchaus eine Reise wert.

Die bereichernden Eindrücke der Inselnatur erfreuen das Herz, der langsame Rhythmus der Pferdefuhrwerke färbt ab und die Seele kommt zur Ruhe. Juist ist ein hervorragender Platz für Erholung, Entspannung und vielfältige Entdeckungen. Mit der richtigen Kleidung sorgt sogar ein Strandspaziergang im Sturm, wenn man sich gegen den kräftigen Wind stemmen muss, für gute Laune.

Wir wünschen unseren Lesern eine schöne Zeit auf dem „Zauberland" Juist – dem „Töwerland". Spätestens wenn bei der Rückfahrt auf der Fähre die Biscaya-Melodie erklingt, beginnt bestimmt die Planung für den nächsten Inselaufenthalt.

Nicole Funck

Michael Narten

003j_mna

Inhalt

Karten

⊡ Bohlenweg im Sand vom Badestrand

⊡ Pferdegespanne prägen den Juister Alltag

116j_mna

162j_mna

Hinweise zur Benutzung

UNSER TIPP ...

... steht für spezielle Empfehlungen der Autoren: abseits der Hauptpfade, nach ihrem persönlichen Geschmack.

Der Schmetterling ...

... zeigt an, wo man besonders gut Natur erleben kann oder Angebote im Bereich des nachhaltigen Tourismus findet.

Kinder-Tipps

Das Symbol kennzeichnet Sehenswürdigkeiten und Aktivitäten, an denen auch kleine Juist-Urlauber ihre Freude haben.

Verweise auf die Stadtpläne

1 Die **farbigen Nummern** in den „Praktischen Tipps" der Ortsbeschreibungen verweisen auf den jeweiligen Karteneintrag.

Updates nach Redaktionsschluss

Auf der Produktseite dieses Reiseführers in unserem Internetshop finden Sie zusätzliche Informationen und wichtige Änderungen.

GPS GPS-Tracks

Für die ab S. 17 vorgestellten **Touren auf Juist** stehen auf www.reise-know-how.de **GPS-Tracks** im Format gpx zum kostenlosen Download bereit. Sie finden die Daten auf der Produktseite dieses Titels.

Steckbrief Juist

001j_mna

- **Name:** Juist
- **Landkreis:** Aurich
- **Bundesland:** Niedersachsen
- **KFZ-Kennzeichen:** AUR und NOR
- **Lage:** Deutsche Bucht
- **Koordinaten:** 53° 41′ N 7° 0′ O
- **Entfernung bis zum deutschen Festland:** 8 km
- **Fläche:** 16,43 km²
- **Länge der Insel:** 17 km
- **Breite der Insel:** 0,5 bis 1,2 km
- **Küstenlänge:** ca. 38,5 km
- **Sandstrand:** 22 km
- **Durchschnittliche Höhe:** 3 m N.N.
- **Höchster Punkt:** Düne mit Wasserturm mit 22,10 m
- **Tiefster Punkt:** im Westspitzenbereich (-3 m)
- **Ortschaften:** Hauptort Juist mit Ortsteilen Westdorf und Ostdorf sowie Loog
- **Einwohner:** 1552 (Stand 31.12.2022)
- **Strandkörbe:** ca. 1100 am Strand und 800 in den Gärten
- **Bevölkerungsdichte:** 95 Einw. pro km²
- **Sprache:** Niederdeutsch bzw. Plattdeutsch
- **Postleitzahl:** 26571
- **Vorwahl:** 04935
- **Internet:** www.juist.de

163j_WC

Willkommen auf Juist – van Harten willkomen up Juist

Abfahrt

Der Zug hält am Fähranleger Norddeich/Mole, der Fähranleger zur Inselfähre nach Juist ist direkt gegenüber. Die Gepäckwagen stehen schon bereit, wir stellen unsere Koffer hinein und merken uns die Wagennummer. Auf der Fähre der Reederei Friesia suchen wir uns einen Platz auf dem Sonnendeck. Der Schiffsmotor tuckert leise, das Meer ist leicht gewellt. Gischt liegt in der Luft. Der Alltag bleibt auf dem Festland zurück.

2 Stunden später

Die Fähre mäandert sich in ständig wechselndem Kurs durch das flache Wattenmeer an der Insel entlang. In der Ferne lässt sich das Dorf mit dem Strandhotel Kurhaus und seiner prägnanten gläsernen Kuppel, dem Wasserturm und dem segelförmigen Seezeichen am Hafen gut erkennen. Wir nähern uns Juist von Süden und steuern den Hafen an. Das Schiff wird festgemacht und wir reihen uns im dichten Gedränge vor dem Ausgang ein. Endlich sind wir da!

Ankunft auf der Insel

Wir betreten „unsere" Insel, holen die Koffer aus dem Wagen mit der Nummer 22 A und suchen den bereitgestellten Handwagen unserer Unterkunft. Mit ihm schieben wir das Gepäck Richtung Ort. Jetzt erst haben wir Augen für die wartenden Pferdetaxis und den kleinen Leuchtturm Memmertfeuer. Durch das Fluttor geht es weiter in den Inselort, am Kurplatz mit dem Musikpavillon vorbei in Richtung Wilhelmstraße.

Die Insel der Entschleunigung

Schon auf dem Weg zu unserer Unterkunft scheint das Tempo ein anderes als zu Hause zu sein. Der Rhythmus der Schritte folgt dem des überall zu hörenden Hufgetrappels der Pferdefuhrwerke. Juist ist autofrei und so wird jeder Transport von Mensch und Ware, sogar die Müllabfuhr, mit Pferdegespannen erledigt. In der Ferienwohnung stellen wir nur kurz die Koffer ab und schlendern zur Strandpromenade mit Aussichtsplattform vor dem Strandhotel Kurhaus.

Dünen, Weite und Meere

Wir freuen uns am Blick über die Dünen, den Badestrand und die Nordsee bis zum Horizont und schnuppern die frische Seeluft. Die Schirmbar der Strandhalle lockt mit einem Sundowner. Wir setzen uns ans Fenster und lassen die Aussicht auf uns wirken. Plötzlich steht ganz nah in den Dünen ein Reh. Es schaut uns kurz an, dreht sich um und springt eilig davon. In der Dämmerung lässt es sich jetzt nur schwer erkennen. Ein wundervoll gefärbter Abendhimmel über dem Meer beendet einen traumhaften ersten Eindruck.

[^] Juister Schwimmerin Frieda

[<] Wappen der Inselgemeinde Juist

Billriff | 45

Das Billriff ist eine riesige Sandbank am westlichen Inselende. Sie wird bei Hochwasser teilweise überspült und ist ein wichtiges Rastgebiet für Wasservögel. Das Billriff darf ganzjährig nicht betreten werden. Bei Niedrigwasser darf man am nördlichen Spülsaum entlang bis zur 1,5 Kilometer entfernten Inselspitze und wieder zurücklaufen.

Domäne Bill | 61

Der ehemalige Bauernhof „Domäne Bill" ist ein beliebtes Ausflugsziel und etwa sechs Kilometer vom Zentrum Juists entfernt. Die meisten kommen per Fahrrad oder im Rahmen einer Kutschfahrt. Es gibt leckere hausgemachte Spezialitäten. Legendär ist der Rosinenstuten, der hier mit Butter, Käse oder Leberwurst angeboten wird.

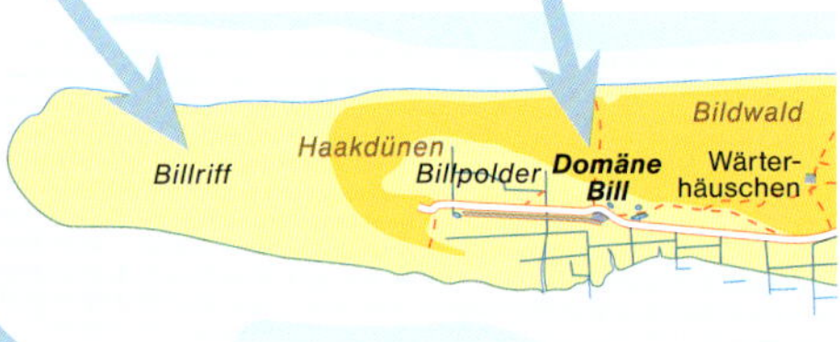

Dünenfriedhof | 198

Der Dünenfriedhof stammt aus dem Jahr 1936 und entstand zusammen mit der Kapelle. Er liegt etwas abgelegen in Juists Ostteil und hat eine Gedenkstelle für die auf See bestatteten Toten. Auch das Grab von „Juistine" befindet sich hier. Die Engländerin konnte erst einige Monate, nachdem ihre Leiche auf der Insel angespült wurde, identifiziert werden.

Wasserturm | 36

Der heutige Wasserturm, liebevoll „Doornkaatbuddel" genannt, wurde 1927 erbaut und ist eines der Wahrzeichen der Insel. Er steht auf Juists höchster Düne und überragt mit seinen 13 Metern alle anderen Gebäude. Das 250 Kubikmeter fassende Vorratsbecken ist besonders in den Sommermonaten für die Wasserversorgung auf der Insel unverzichtbar.

Kurplatz mit Schiffchenteich | 31

Er ist eine kleine grüne Oase mitten im Ortskern und ein Treffpunkt für Groß und Klein, der sich nicht verfehlen lässt. Etwas Besonderes ist sicherlich der Schiffchenteich, wo seit Jahrzehnten alle Altersklassen ihre Schiffsmodelle schwimmen lassen. Am 30. April wird hier der Maibaum aufgestellt, und während der Saison gibt es regelmäßig Live-Musik.

Memmertfeuer | 38

Als 1986 die Laterne des außer Betrieb genommenen Leuchtfeuers auf Memmert abmontiert wurde, wurde beschlossen, das Memmertfeuer zu retten. Durch Spendengelder konnte ein neuer Turm für das Leuchtfeuer auf Juist gebaut werden. Der darf zwar sein Licht nicht auf die Nordsee und das Wattenmeer richten, aber er leuchtet nun seit 1992 in Richtung der Insel.

Hammersee | 43

Der Hammersee befindet sich in der Nähe des Ortsteils Loog. Er entstand durch eine Sturmflut, weil das Wasser nicht mehr ablaufen konnte. Rund 200 Jahre war Juist dort zweigeteilt. Erst durch den Bau des Hammerdeichs in den 1930er-Jahren wurden beide Inselteile wieder miteinander verbunden. Rund um den See führt ein Fußweg durch das Biotop mit zahlreichen Tier- und Pflanzenarten.

Museum im Loog | 34

Rund 20.000 Besucher jährlich schauen sich im Museum die in zehn Themenräumen gezeigten Exponate an. Das Museum wurde 2023 neu konzipiert und behandelt auf 500 m^2 viele Juist-spezifische Themen. Das Museum versteht sich als Gedächtnis der Insel, das Ausstellungskonzept wurde in Zusammenarbeit mit dem Heimatverein entwickelt.

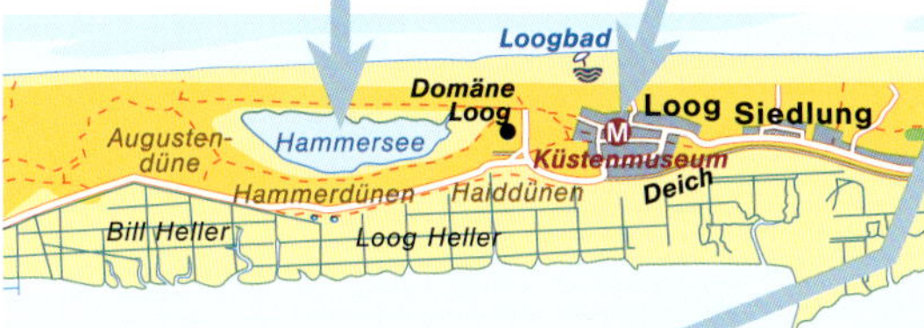

Otto-Leege-Pfad | 39

Der unter künstlerisch-ökologischen Aspekten gestaltete Weg liegt in den Juister Ostdünen. Er vermittelt die Natur einer Düneninsel und ihre komplexen ökologischen Zusammenhänge. Von einer Aussichtsplattform bietet sich ein weiter Blick über die Salzwiesen, das Watt und die Festlandküste. Der Lehrpfad ist nach dem Naturwissenschaftler Dr. h.c. Otto Leege (1862–1951) benannt.

Kalfamer | 99

Das Ostende Juists besteht aus Sandstrand und einem Dünengebiet. Hier befindet sich ein wichtiges Brutgebiet für Seevögel. Vom Infopavillon am Naturinfopfad aus, der am Ende des Flughafengeländes beginnt, markiert eine Pfahlreihe den Weg von dort bis an den Spülsaum. Nur von November bis März darf bei Niedrigwasser der Wanderweg auf dem Kalfamer betreten werden.

Seezeichen | 37

Das stählerne Seezeichen, eines der Wahrzeichen der Insel, steht am Ende der 350 Meter langen Mole, die den Sportboothafen umschließt. Seit 2008 weist es schon von Weitem den Weg nach Juist. Die Form ist einem Seezeichen oder einem Segel nachempfunden. In der 17 Meter hohen Landmarke befindet sich auf halber Höhe eine Aussichtsplattform, die Sicht bietet über das Watt bis zum Festland.

Flugplatz | 54, 81

Für den Besucherstrom des stark tideabhängigen Eilands ist der Flugplatz unerlässlich. Er liegt etwa vier Kilometer östlich des Dorfs. Täglich gibt es hier Personen- und Gütertransporte. Unter Sichtflugbedingungen wird an den meisten Tagen des Jahres geflogen. Auch Rundflüge und Flüge zur Nachbarinsel Norderney starten dort.

Juist auf einen Blick

- facebook/inseljuist
- twitter.com/insel_juist
- youtube.com/user/nordseeinseljuist
- pinterest.com/inseljuist
- instagram.de/juist.de
- app.juist.de

Warum Urlaub auf Juist?

Wesentliche Gründe für eine Reise nach Juist sind die **gesunde Nordseeluft,** der **lange Sandstrand** und die **Inselnatur.** Die längste der Ostfriesischen Inseln liegt mitten im UNESCO-Weltnaturerbe Wattenmeer. Juist nennt sich selbst gern auch „Töwerland", der Begriff stammt aus dem Mittelniederländischen bzw. Friesischen und bedeutet so viel wie „Zauberland". Mit zu dieser Bezeichnung beigetragen hat sicherlich auch die Tatsache, dass Juist **autofrei** ist. Alle Transporte inklusive der Müllabfuhr werden mit **Pferdefuhrwerken** oder **Elektrokarren und -fahrrädern** erledigt, die überall zu sehen sind. Erstere sind ein beliebtes Fotomotiv. Ihr entschleunigtes Tempo überträgt sich auch auf die Urlauber. Jährlich verbringen auf der Insel mehr als **130.000 Menschen** durchschnittlich etwa acht Ferientage, die Quote der **Stammgäste** liegt bei rund **80 Prozent.** Zur Hochsaison im Sommer verzehnfacht sich die Zahl der Menschen auf der Insel. Dann wird es eng auf den Straßen, wenn sich Fahrradfahrer, Pferdekarren und unzählige Fußgänger auf ihnen bewegen. Fast alle Einwohner leben direkt oder indirekt vom Fremdenverkehr. Auf Juist wird meist **Hochdeutsch** und gelegentlich auch **Plattdeutsch** gesprochen.

Die salzhaltige Meeresluft ist **pollenarm** und nicht nur für Allergiker und Menschen mit Erkrankungen der Atemwege ideal. Die Bewegung an der frischen Luft tut gleich doppelt gut: dem Körper und der Seele. Wer sich für einen Urlaub auf Juist entscheidet, macht Urlaub auf einer Insel, die durch ihr Klima und den häufig aus West kommenden Wind geprägt ist. Im Sommer ist das Meer meist relativ ruhig und vergleichsweise warm. Die gut 16 Quadratkilometer große Insel hat einen 22 Kilometer langen Sandstrand, der besonders vor dem Dorf und dem Ortsteil Loog zum Entspannen einlädt. **Kinder** können hier wunderbar **buddeln und spielen.** Im Sommer schützen bunte Strandkörbe vor Wind und Sonne. Auf der 17 Kilometer langen Insel gibt es verschiedene Naturlandschaften zu entdecken: rund fünf Quadratkilometer **Dünen,** zwei kleine **Wäldchen,** je rund vier Quadratkilometer **Salzwiesen und Deichvorland** sowie **Sandstrand,** den **Hammersee** und das die Insel umgebende **Watt.** Besonders dort ist die Tier- und Pflanzenwelt äußerst vielseitig und abwechslungsreich. Es lässt sich gut Fahrrad fahren, und verschiedene Wege laden zu ausgiebigen Spaziergängen oder Wanderungen ein. Es gibt ausreichend Touren, um auch bei einem mehrtägigen Aufenthalt unterschiedliche Wege zu Fuß zu erkunden, gern auch in Kombination mit dem Fahrrad.

Wer im Urlaub gern aktiv sein möchte, kann auf Juist **lange Spaziergänge** entlang der Wasserkante machen oder radelt so lange, bis der Weg zu Ende ist und man nur noch zu Fuß bis zur West- oder Ostspitze der Insel kommt. Den Weg am Strand entlang und im Inselinneren wieder zurückzugehen, ist eine sehr beliebte Wandertour. Um am Strand entlangzuwandern, sollte man den **Tidenkalender** beachten. Der Sand lässt sich nämlich wesentlich leichter bei ablaufendem Wasser begehen, weil er dann deutlich härter ist. Es ist deshalb von Vorteil, seine Strandtour bei ablaufendem Wasser zu beginnen. Auch ist es sinnvoll, sich bei den langen Wanderungen an die Inselspitzen den Weg gut einzuteilen, denn es gibt keine Verkehrsmittel, mit denen man wieder zurückfahren könnte. Es bleibt also nur die Möglichkeit, zu Fuß zurückzugehen. Besonders im Sommer sollte man **ausreichend Flüssigkeit** dabei haben.

Auf dem Weg zur Ostspitze gibt es die letzte gastronomische Einkehrmöglichkeit am Flughafen. Hier muss dann auch das Fahrrad stehen bleiben, wenn man noch weiter will, um den Vogelbeobachtungspunkt zu erreichen. Weiter darf man im Sommerhalbjahr nicht, denn das Ostende der Insel, das **Kalfamer,** ist aus Naturschutzgründen von April bis Oktober komplett gesperrt. Im Westen gibt es im **Loog** und in der **Domäne Bill** Möglichkeiten, sich für die Rückfahrt zu stärken. Kurz nach der Domäne Bill ist das Inselende erreicht, man darf nur unmittelbar am nördlichen Spülsaum bis an die Spitze des Billriffs laufen und muss denselben Weg wieder zurück nehmen. Denn die Bill ist schon seit 1952 als Naturschutzgebiet ausgewiesen. Aber auch der **Hammersee** und der zugewachsene Goldfischteich beim Otto-Leege-Pfad locken den Naturinteressierten. Wer keine Lust zum Laufen hat, kann mit der **Pferdekutsche** einen Ausflug zur Domäne Bill im Westen unternehmen oder damit auch bequem die rund fünf Kilometer vom Hauptort zum Flughafen bewältigen. Die Fahrten müssen aber rechtzeitig im Voraus gebucht werden. Wer nun annehmen sollte, man könnte auf der „Pferdeinsel Juist" auch Ausritte auf dem Pferderücken unternehmen, liegt jedoch falsch. Es sind nur Kutschfahrten möglich, die aber ein tolles Erlebnis bieten.

Zum Bummeln, **Einkaufen** und um sich kulinarisch verwöhnen zu lassen lädt besonders der Hauptort ein, während es im Ortsteil Loog eher beschaulich und ruhig zugeht. Juist lässt sich am einfachsten mit dem **Fahrrad** erkunden, auch wenn es nur eine einzige Straße gibt, auf der man vom Ort in den Westen oder in den Osten radeln kann. Es gibt zahlreiche Fahrradverleiher, von denen die meisten auch E-Bikes anbieten.

Juist selbst gehört zwar nicht zum Gebiet des Nationalparks Niedersächsisches Wattenmeer, aber es liegt mittendrin. Viele unterschiedliche Geschöpfe leben hier auf engem Raum zusammen. Hunde müssen deshalb ganzjährig auf der gesamten Insel angeleint werden, **die Anleinpflicht gilt auch für den Hundestrand.** Es sollte selbstverständlich sein, dass Hundebesitzer die Hinterlassenschaften ihrer Vierbeiner in den dafür vorgesehenen Beuteln in einer der vielen Hundetoiletten entsorgen.

Attraktionen zu jeder Jahreszeit

Im **März** und **April** rasten auf ihrer Reise in die Brutgebiete viele **Zugvögel.** Das Frühjahr und damit die Saison werden zu Ostern eingeläutet. Wenn das große **Osterfeuer** entzündet wird, kommen alle zusammen und feiern, dann haben auch die meisten Restaurants und Geschäfte nach der Winterpause wieder geöffnet. Das **Frühjahr** ist eine schöne Jahreszeit. Die Natur erwacht zu neuem Leben, aber das passiert etwas später als auf dem Festland. Im Frühjahr ist es zum Baden im Meer meist zu kalt, und das Wetter kann sehr wechselhaft sein, häufig ist das auch mit großen Temperatursprüngen verbunden.

Der **Sommerurlauber** schätzt quirliges Strandleben, ein Sonnenbad und die Erfrischung in der See. Dann sind auch die meisten sportlichen Aktivitäten unter freiem Himmel möglich, und es finden zahlreiche Veranstaltungen statt. Während der Sommerferien in Nordrhein-Westfalen und Niedersachsen ist die Insel recht voll, mit allen Vor- und Nachteilen, die das mit sich bringt. Alle Restaurants und Geschäfte haben lange geöffnet, viele auch sonntags. Aber es ist dann auch sinnvoll, sich rechtzeitig vorher einen Tisch zu reservieren, bei manchen Restaurants sollte man bereits von zu Hause aus reservieren, besonders dann, wenn man nur einen kurzen Aufenthalt plant. Während der Ferienzeiten sind auch die Preise für die Unterkünfte am höchsten und viele Ferienwohnungen werden nur noch wochenweise vermietet.

Im **Herbst** wird es wieder ruhiger, die Natur rückt dann stärker in den Mittelpunkt. Es ist die Zeit der **Vogelzüge** und die **Salzwiesen** verändern ihre Farben von Grün zu Rotbraun. Die Saison dauert etwa bis Mitte Oktober. **Im späten Herbst** ab November **ist vieles geschlossen,** dann erholen sich die Einheimischen von der anstrengenden Saison und fahren häufig selbst in den Urlaub. Die Tourist-Information hält eine Liste mit den Winteröffnungszeiten der Restaurant- und Einzelhandelsbetriebe bereit. Sie sind auch auf der Website zu finden.

Im **Winter** liegt die Insel im Winterschlaf, der nur zwischen Weihnachten und dem Heiligen Dreikönigstag für zwei Wochen unterbrochen wird. Dann ist auf Juist für kurze Zeit wieder Hochsaison und die Insel gut besucht. Während dieser Zeit freuen sich vor allem die Cafébetreiber, wenn sich die Gäste nach einem Spaziergang in der Kälte wieder aufwärmen und sich mit einem leckeren Stück Kuchen belohnen. Falls es einen der wenigen Eiswinter gibt, entwickelt die Insel einen ganz besonderen Charakter: schneebedeckte Dächer, Straßen, Dünen, Felder, Bäume und gefrierendes Meerwasser am Strand sind nur sehr selten zu beobachtende Naturphänomene.

Tagesaktuelle Informationen über **Veranstaltungstipps** und das **Wetter** lassen sich dem aktuellen **Veranstaltungskalender** entnehmen über **app.juist.de** oder sind auf der Website **www.juist.de** zu finden. Die Such- und Filterfunktion erleichtert die Suche nach den passenden Veranstaltungen und Terminen.

Welche Reisedauer ist ideal?

Wie lange ein Aufenthalt auf Juist dauern sollte, hängt natürlich von der jeweiligen Interessenslage und der Länge der Anreise ab. Für Menschen, die nicht in Norddeutschland wohnen, wird sich ein Wochenendtrip aufgrund der langen Anfahrt kaum lohnen. Wer nur eine kurze Anfahrt bis Norddeich hat, kann auch für ein Wochenende eine gute Zeit auf Juist erleben. Zudem schlagen die **Endreinigungskosten für Ferienwohnungen** erheblich zu Buche, viele Vermieter haben sich darauf verlegt, vor allem im Sommer nur noch wochenweise zu vermieten oder erheben bei kürzeren Reisen in den ersten drei Tagen deutlich höhere Preise. Bei einem Aufenthalt von unter einer Woche ist der finanzielle und zeitliche Aufwand deshalb verhältnismäßig hoch. Während der **Nebensaison** werden oft **spezielle Wochenendpakete** angeboten, Wellness inbegriffen. In einer Woche lässt sich die Insel schon recht gut erkunden. Wer Juist aber besser kennenlernen möchte oder einfach die Seele länger baumeln lassen will, sollte **zehn Tage bis zwei Wochen** einplanen. Für einen Jahresurlaub auf Juist sind vor allem die Sommermonate empfehlenswert. Juist bietet aber zu jeder Jahreszeit genügend Abwechslung und Entspannung für einen erholsamen Aufenthalt.

Touren auf Juist

Zu Fuß

Durch seine abwechslungsreichen Landschaftsformen ist Juist prädestiniert für ausgiebige **Spaziergänge.** Die Insel ist sehr lang, aber sie lässt sich nicht komplett umrunden, weil die Westspitze nur am nördlichen Spülsaum betreten werden darf und der Weg deshalb nur hin- und wieder zurückführt. Die Ostspitze darf wegen des Naturschutzes die meiste Zeit des Jahres nicht betreten werden. Im Winter sind die Wege aufgrund der Feuchtigkeit teilweise unpassierbar. Für Ungeübte sind lange Spaziergänge am Strand besonders am Anfang des Urlaubs ziemlich anstrengend. Die Länge der Wanderungen kann aber jeder nach Lust und Laune variieren. Ein besonderes Erlebnis ist die **geführte Wattwanderung** mit einem qualifizierten Wattführer, bei der man viele neue Erfahrungen machen kann.

Es sollte selbstverständlich sein, die Insel nur auf den ausgewiesenen Wegen zu betreten. Vor allem die **Dünen** sind tabu, denn sie sind für den Inselschutz immens wichtig. Jeder Schritt in die Dünen zerstört die empfindliche Pflanzendecke, und Wind und Wasser bekommen neue Angriffsflächen. Besonders während der winterlichen Sturmfluten können dadurch starke Schäden und Dünenabbrüche die Folge sein. Es dürfen keine Pflanzen gepflückt oder Eier und kleine Tiere mitgenommen werden. Auch sollten Vogelschwärme und Seehunde in Ruhe gelassen werden. Wanderer werden gebeten, sich an die **Schutzzonen** zu halten und keinen Abfall zurückzulassen. Wer etwas Gutes tun will, hat einen Beutel dabei und sammelt unterwegs Plastikmüll auf. Es gibt auf der Insel einige **Strandmüllsammelboxen,** auch in den

Wattwanderer bei einem trocken gefallenen Boot

164j_mna

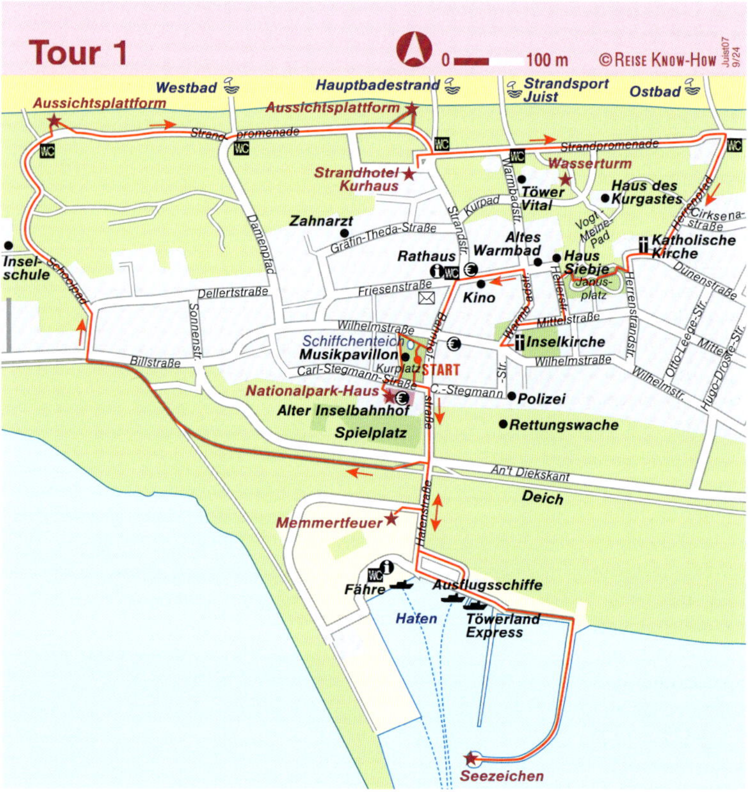

entlegeneren Gebieten, wo sich dieser Abfall deponieren lässt. Streng verboten ist das **Füttern von Möwen.** Sie haben keine natürlichen Feinde, sind aber vielen anderen Vögeln gefährlich und können Krankheiten übertragen. Wer sich an diese Regeln hält, tut bei einer Wanderung viel Gutes, sowohl für die Natur als auch für sich selbst.

Die Juist Web App bietet mehr als 20 Touren an, um die Insel zu entdecken, jeweils mit Angabe der Streckenlänge, Dauer und Schwierigkeitsgrad. Wer sich nicht selbst treiben lassen möchte, findet hier sicher eine passende Wanderung.

GPS-Tracks

GPS Für die vier folgenden Touren stehen auf www.reise-know-how.de GPS-Tracks im Format gpx zum kostenlosen Download bereit. Sie finden die Daten auf der Produktseite dieses Titels.

Tour 1: Spaziergang durch das Dorf (5–6 km, ca. 2 Stunden)

Der Rundgang beginnt auf dem **Kurplatz** mit dem Schiffchenteich. Von dort aus geht es zum Leuchtturm Memmertfeuer. Weiter geht es auf der Seebrücke am Sportboothafen entlang bis zum **Seezeichen.** Besonders bei Ankunft und Abfahrt der Schiffe ist die Aussichtsplattform beliebt. Das Seezeichen ist frei zugänglich und kann jederzeit betreten werden. Zurück geht es auf demselben Weg und dann am Deich nach links Richtung Westen. Von dort bietet sich ein schöner Blick auf das Deichvorland, die Salzwiesen und das Wattenmeer. Wenn die Billstraße erreicht ist, geht es bei der nächsten Möglichkeit rechts ab in den Schoolpad. Wie der Name verrät, befindet sich dort die Inselschule. Der Weg führt ans westliche Ende der Strandpromenade. Nun bietet sich die Möglichkeit, auf der Strandpromenade zurückzubummmeln oder bis an den Strand zu gehen und am Spülsaum entlang wieder ins Dorf zu laufen, bis man das imposante Gebäude **Strandhotel Kurhaus** mit seiner großen Glaskuppel erreicht hat. Entlang der Strandpromenade laden drei Aussichtsplattformen zum Ausruhen und Verweilen ein. Vom Strandhotel Kurhaus aus führt der Weg weiter auf der Strandpromenade am Meerwasserschwimmbad, dem Wasserturm und dem Haus des Kurgastes vorbei bis zum Herrenpfad. Diesem folgt man nach rechts hinunter ins Dorf und biegt an der katholischen Kirche rechts ab bis zum Januspark, durchquert diesen und kommt in die Hellerstraße, die man links hinunterläuft. Dort führt der Weg nach rechts in die Mittelstraße bis zur evangelischen Inselkirche, die einen Besuch lohnt. Danach geht es rechts in die Warmbadstraße, dann nach links in die Friesenstraße. An der Kreuzung mit der Strandstraße liegt das Rathaus mit der **Tourist-Information.** Hier geht es wieder links in die Strandstraße zurück bis zum Kurplatz. Wer möchte, kann im Anschluss das **Nationalpark-Haus** in der Carl-Stegmann-Straße besuchen.

Der Hammersee liegt idyllisch inmitten von viel Grün

008j_mna

Tour 2, 3 und 4

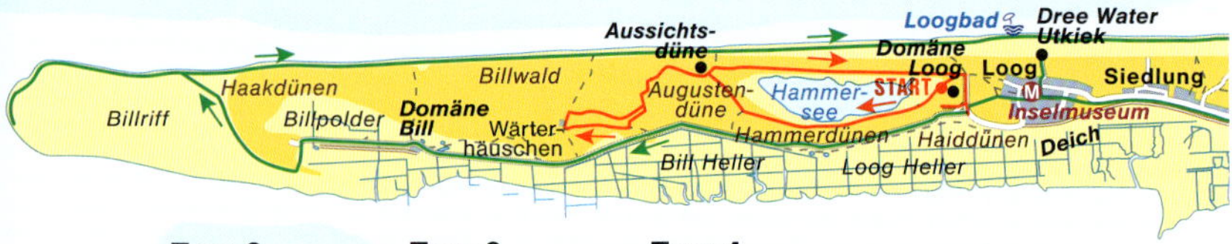

Tour 2: Rund um den Hammersee (4 km, ca. 1,5 Stunden)

Der Weg beginnt an der **Domäne Loog,** wo es von der Billstraße rechts ab in Richtung Drachen- und Hundestrand geht. Kurz vor dem Strandübergang an einer Infotafel führt ein Weg nach links entlang der Hammerdünen. Der Pfad wird schnell eng und ist im Sommer vom unergründlichen Grün der Bäume, Büsche und Brennnesseln umgeben. Für empfindliche Menschen sind lange Hosen empfehlenswert, denn es lässt sich stellenweise kaum vermeiden, mit den Blättern in Berührung zu kommen. Am Ende des Hammersees nach ca. zwei Kilometern ist linkerhand eine **Aussichtsdüne,** von der aus man zum ersten Mal einen Blick auf den gesamten See werfen kann. Wer möchte, kann den Weg noch Richtung Wärterhäuschen verlängern. Wer weniger gut zu Fuß ist, geht nach dem Abstieg zwischen Nordufer und dem ehemaligen Hammerdeich wieder zurück. Kurz vor dem Übergang zum Strand führt der Weg nach rechts bis zum Ausgangspunkt an der Domäne Loog.

Tour 3: Wanderung zum Kalfamer (rd. 12 km, Tagestour)

Die Tour zum Juister Ostende beginnt **im Dorfkern,** führt nach Norden zunächst auf die Strandpromenade und dann ostwärts weiter. Am Ende der Strandpromenade beginnt der Otto-Leege-Pfad und führt mit verschiedenen Erkundungsstationen zu Kunst und Natur ein Stück über die Insel. Vom Goldfischteich aus, der hinter dichten Büschen verborgen ist, führt der Weg weiter zur Flugplatzstraße. Auf dieser geht es am Ausflugslokal Wilhelmshöhe vorbei in Richtung Osten bis zum **Flugplatz.** Dort laden die teilweise sehr abenteuerlich anmutenden Start- und Landemanöver zum Staunen ein. Links läuft man entlang der Landebahn, unterquert die Einflugschneise und kommt auf einen Pfad, der zu einem Aussichtspunkt mit einer kleinen Schutzhütte führt. Von dort lässt sich im Sommerhalbjahr, wenn die Kalfamer nicht zu betreten ist, die Tier- und Pflanzenwelt gut beobachten. Ab der Schutzhütte folgt man dem kleinen Pfad nach links durch die Dünen zum Strand. An der Wasserkante entlang geht es wieder zurück ins Dorf.

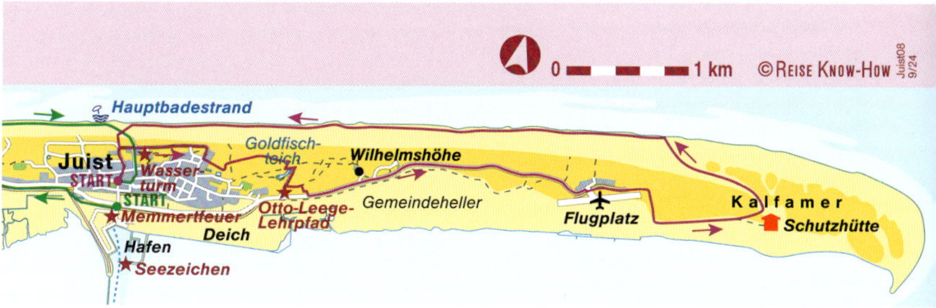

Tour 4: Wanderung zum Billriff im Westen (ca. 17 km, Tagestour)

Die Wanderung beginnt **am Hafen auf dem Deich,** der Weg führt nach Westen bis zum Ortsteil Loog. Kurz vor dem Inselmuseum besteht die Möglichkeit zu einem kleinen Abstecher rechts den Piratenpad hinauf, wo die Aussichtsdüne „Dree Water Utkiek" mit einem schönen Rundumblick auf die drei Gewässer Nordsee, Wattenmeer und den Hammersee die Mühen des Aufstiegs belohnt. Der Fußweg Loogster Pad führt bis zur Domäne Loog, einem beliebten Ausflugslokal. Dort geht es weiter die Billstraße entlang. An der Domäne Bill bietet sich ein schöner Ausblick auf die Wiesen und das Wattenmeer. Weiter geht es von der Domäne Bill über den Deich bis zum Billriff, dem Westende der Insel. Das Billriff ist eine riesige **Sandbank,** die bis an die Insel herangerückt ist. **Das Betreten** dieses Bereichs **ist streng verboten,** und zwar nicht nur aus Naturschutzgründen, sondern weil es hier gefährliche Treibsände gibt und Teile der Sandbank regelmäßig überflutet werden. Der Weg führt um die letzte Dünenkette herum bis zum Sandstrand. Von dort geht es am Spülsaum entlang zurück bis ins Dorf.

Alternativ geht man zurück zur Domäne Bill und folgt der Straße zurück ins Dorf. Wer möchte, kann am nördlichen Spülsaum des Billriffs noch weiter nach Westen gehen, muss aber für den Hin- und Rückweg mit insgesamt etwa drei weiteren Kilometern eine gute Stunde zusätzlich planen. **Tipp:** Am Strand fällt das Gehen bei ablaufendem Wasser leichter.

Mit dem Fahrrad

Für Touren mit dem Fahrrad ist Juist **ungeeignet** – es dient allenfalls dazu, Strecke zu machen. Abgesehen von den Straßen im Dorf und im Loog gibt es keine Möglichkeiten, groß herumzuradeln, weil es im Prinzip nur eine einzige Straße gibt, die entweder bis zur Domäne Bill im Westen führt oder bis zum Flughafen im Osten. Dort muss man seinen Drahtesel abstellen und zu Fuß weitergehen. **Auf der Strandpromenade** ist **das Fahrradfahren** übrigens **verboten.** Es muss vorher an den Stellplätzen vor dem Übergang geparkt werden.

LEGENDE

- Winter
- Frühjahr / Herbst
- Sommer

Neujahrsschwimmen
Anbaden für Mutige – zusammen mit dem Juister Bürgermeister. Wer sich dafür angemeldet hat, darf sich im Meerwasserschwimmbad umziehen, bevor es gemeinsam ins kühle Nass geht. Nach dem Bad darf man sich kostenfrei bis gegen 16 Uhr in der Sauna aufwärmen. Infos: www.juist.de

Ostern ist Saisonbeginn
Der Saisonbeginn fällt mit den Osterfeiertagen zusammen, an denen auf der Insel zahlreiche Osterfeuer entfacht werden.

Juister Gesundheitswoche
Mit vielen Kursen, Vorträgen und persönlicher Gesundheitsberatung (Ende April).

Juister Maizeit
Während des gesamten Monats gibt es viele kostenfreie Veranstaltungen wie Lesungen, Kabarett, Vorträge und Konzerte – alles auf dem Kurplatz und im Haus des Kurgastes.

JAN FEB MÄR APR MAI JUN

Winter – Zeit der Ruhe und Erholung
Wer dem Trubel des Alltags entrinnen möchte, ist in der kalten Jahreszeit bestens bedient – abgesehen von den Tagen zwischen Weihnachten und Heilige Drei Könige. Bei schönem Wetter ist die Luft oft glasklar, die Tiere sind weniger scheu und lassen sich gut beobachten. Das ist die Zeit für lange Spaziergänge, nach denen man sich hinterher mit einem Heißgetränk und einem Stück Kuchen belohnen darf.

Zeit der Vogelzüge
Es herrschen ideale Bedingungen zur Vogelbeobachtung. Das Nationalpark-Haus bietet Exkursionen dazu an. Ferngläser können gegen eine Gebühr ausgeliehen werden.

Maibaumfest
Am 30. April/1. Mai mit Wahl der Maikönigin.

Juister Musikfestival
Um Himmelfahrt findet das Festival von Donnerstag bis Samstag statt. Dann spielen verschiedenste Bands in den Kneipen, und man kann sich durch alle Musikrichtungen hören.

Juister Familienfest
Auf dem Kurplatz gibt es Mitte Juli Kinder-Karaoke, Animationen, Kinderschminken und mehr. Dann ist richtig was los.

„Inselzauber"
Straßenkunstfestival Ende August; abwechslungsreiche, spannende und oftmals auch skurille oder akrobatische Shows auf der Straße vor dem Rathaus locken Groß und Klein jeweils von 17 bis 22 Uhr.

Sommerpause
Während der Sommermonate wird keine Klimatherapie angeboten.

Krimi-Festival „Tatort Töwerland"
Mitte Oktober: Spannende Unterhaltung bei vielen Lesungen.

Winterzauber
Im Haus des Kunsthandwerks findet man Ende November unter dem Motto „Auf Juist erdacht, auf Juist gemacht" feines Kunsthandwerk von der Insel. Getränke und Waffeln gibt es gegen Spende.

„Lebendiger Adventskalender"
Bis Heiligabend werden jeden Tag eine oder mehrere Aktionen wie beispielsweise Konzerte und Lesungen aufgeführt.

JUL | AUG | SEP | OKT | NOV | DEZ

Sportliche Hochsaison
Juli/August:
- Inselläufe über mehrere Strecken
- Strandfußball- und Beach-Volleyball-Turniere
- Spikeball

Kinderuniversität
In den Veranstaltungen der Kinder-Universität Ende Juli und August gibt es einmal wöchentlich am Dienstag oder Donnerstag eine Veranstaltung für Kinder von 6 bis 12 Jahren zu Themen wie beispielsweise „Nachhaltig Leben".

Zeit der Vogelzüge

Achtsamkeitstage
Oktober/November
Bei dieser Veranstaltungsreihe werden verschiedene Kurse angeboten, um die eigene Achtsamkeit besser wahrzunehmen.

Nikolaustag
Der Nikolaus mit Knecht Ruprecht fährt mit einer Kutsche zum Kindergarten und zur Schule, danach geht es zum Rathaus, um den Bürgermeister zu begrüßen, dem Knecht Ruprecht seine Wünsche mit auf den Weg gibt. Im Nationalpark-Haus tragen die Kinder dem Nikolaus Gedichte vor – am Ende bekommt jedes Kind einen Stutenkerl.

Fünf schöne Cafés und Bars

011j_mna

Domäne Bill | 61

Weit im Westen der Insel liegt das beliebte und immer gut besuchte Ausflugslokal, ein Selbstbedienungsrestaurant mit richtig leckerem Speiseangebot. Spezialität ist der selbst gebackene Rosinenkuchen, der hier in einer beachtlich großen Portion angeboten wird – wahlweise mit Butter, Käse oder Leberwurst.

015j_20 mna

Lütje Teehuus | 61

Der kleine gastronomische Betrieb versteckt sich hinter großen Bäumen am Janusplatz. Es gibt leckeren Kuchen, süße und herzhafte Pfannkuchen und weitere Köstlichkeiten. Eine schöne Auswahl an Tee- und Kaffeespezialitäten sowie weiteren Getränken rundet die Auswahl ab. Im Sommer lässt es sich entspannt draußen sitzen.

013j_mna

Meeresleuchten | 63

In der Friesenstraße gibt es den wohl besten Kaffee auf der Insel – aus einer echt italienischen Kaffeemaschine. Die Trinkschokolade ist so dick, dass man sie löffeln muss. Dazu gibt es Kleinigkeiten zu Essen, und am Abend verwandelt sich das Meeresleuchten in eine Weinbar, in der sich manch edler Tropfen verkosten lässt.

012j_nf

Loogster Stuv | 60

Im Ortsteil Loog werden hier in ostfriesisch-gemütlicher Atmosphäre Tee, selbst gebackene Kuchen, herzhafte Kleinigkeiten und abends traditionelle Gerichte angeboten. An warmen Tagen ist die Gartenterrasse gut besucht, und im Winter knistert das Feuer im Kamin.

014j_mna

Steimer's Strandbar | 64

Es gibt wohl kaum einen schöneren Ort auf Juist, um das Strandleben zu genießen. Steimer's Strandbar ist im Sommer auf dem Strand am westlichsten Strandübergang der Kurpromenade zu finden. Ein Kaffee oder ein kühles Bier schmecken dort besonders lecker. Gelegentlich gibt es Live-Musik.

Fünf Orte für Genießer

Danzer's | 61

Im Vier-Sterne-Hotel Achterdiek gibt es allerbeste Speisen, nach den Grundsätzen der Slow-Food-Bewegung liebevoll zubereitet. Hier kann man regionale Spezialitäten und mediterran inspirierte Gerichte in stilvollem Ambiente genießen. Auf regionale, saisonale und hochwertige Zutaten und Nachhaltigkeit wird großer Wert gelegt.

021j_mna

Hafen Restaurant | 60

Das Gebäude, in dem sich das Restaurant befindet, ist optisch wenig ansprechend. Wer sich jedoch an den Aufstieg macht, dem läuft schon auf der Treppe in den ersten Stock das Wasser im Mund zusammen. Denn das Beste steht nicht auf der Karte, sondern auf den Tafeln. Die Küche ist norddeutsch-maritim, es gibt auch Klassiker der deutschen Küche und ganz besonders leckere Wildgerichte.

023j_mna

ForkenHannes | 61

Feine Küstenkantine – so bezeichnet das Speiselokal seine traditionelle und kreative Küche selbst. Wer schönes Ambiente kombiniert mit einem modernen Selbstbedienungskonzept schätzt und richtig leckere Speisen mag, ist in der Gräfin-Theda-Straße richtig. Von Meeresspezialitäten über selbst gemachte Nudeln und Vegetarisches ist für jeden Gaumen das passende im Angebot.

022j_mna

Velero | 61

Das Velero ist an der Strandpromenade zu finden. Gekocht wird mit frischen saisonalen Zutaten, und die aktuellen Speisen stehen auf großen Tafeln. Eine Speisekarte gibt es nicht. Dafür leckere, mediterran angehauchte Gerichte für jeden Geschmack. Im Sommer ist die Terrasse mit Spielecke für Kinder immer gut besucht.

025j_mna

Flughafenrestaurant Sherpa | 60

Asiatische Gerichte genießen und dabei dem Treiben auf einem der meist frequentierten Flughäfen in Niedersachsen zusehen: Das geht nur hier. Das Essen ist lecker, das Preis-Leistungs-Verhältnis ist in Ordnung und die Bedienung freundlich. Allein dafür lohnt sich der Ausflug in den Osten der Insel.

165j_mna

Fünf besondere Geschäfte

016j_mna

Inselgoldschmiede | 57

Nur noch ganz wenige Goldschmiede in Deutschland beherrschen die traditionelle Filigrantechnik. Goldschmiedemeister Ulrich Löhmann ist einer davon. Er fertigt seine Unikate nach alten Filigranmustern oder eigenen Entwürfen und lässt sich sogar bei der Arbeit über die Schulter schauen. Bei seinen wunderschönen Stücken handelt es sich um feinste Handarbeit in 18-karätigem Gold.

018j_mna

Süße Sachen | 57

Das Warenangebot dieser Confiserie in der Inselstraße ist unschlagbar: feinste Schokoladen, Trüffel, Waffeln und „Oma Ettas Klötenköm“ (Eierlikör). Unbedingt probiert werden sollte die weiße Schokolade mit Sanddorn und die Nussschokolade. Traditionell wird die Ware in rosa-weiß-gestreiften Tüten verkauft.

020j_mna

Wollschaf | 58

Das kleine Geschäft mit ganz besonderen Produkten liegt im Ostdorf in der Mittelstraße. Strickmode, Accessoires, Wolle, Strickzubehör und -zeitschriften, Taschen, Schmuck und Homeware – alles wird fair gehandelt und ist aus Naturgarnen gefertigt. Wenn das Wollschaf vor der Tür steht, ist geöffnet. Reingehen ist ein Muss.

017j_mna

Sanddorn-Stübchen | 59

Das Geschäft liegt in der Friesenstraße mitten im Dorf. Der Name ist Programm, denn das Produktspektrum dreht sich rund um den gesunden und Vitamin-C-reichen Sanddorn. Es gibt verschiedene Tees, Konfitüren und Alkoholisches. Auch Kosmetikprodukte sind vertreten sowie allerlei Confiserieartikel, Säfte, Essig und Öle.

019j_mna

Textilhaus Tiemann | 58

Das Textilgeschäft bietet seit mehr als 100 Jahren alles rund um die passende Bekleidung. Man findet hier Wollmützen, Socken, Strumpfhosen, eine beachtliche Auswahl an Unter- und Nachtwäsche, Jacken, Pullover, Regenmäntel und sogar Handtücher und Bademäntel. Stöbern macht hier wirklich Spaß.

Fünf Lieblingsorte

Südweg am Hammersee | 44

Am Fuß der Aussichtsdüne mit Blick auf den Hammersee führt rechts ein kleiner, wildromantischer Trampelpfad zwischen Dünen und Gebüsch durch üppiges Grün. Der See ist nur zu erahnen. Begleitet wird man von den Geräuschen der Sing- und Entenvögel, die hier in diesem Feuchtbiotop viele Verstecke und Nahrung finden.

026j_mna

Panorama-Sauna im TöwerVital | 83

Der Panoramablick aus der finnischen Sauna in 32 Meter Höhe ist schon etwas ganz Besonderes, denn hier liegt einem die Insel zu Füßen, während man nach einem duftenden Aufguss schwitzen darf. Zum Abkühlen geht es auf die Dachterrasse, wo einem die saubere Nordseeluft um die Nase weht.

027j_mna

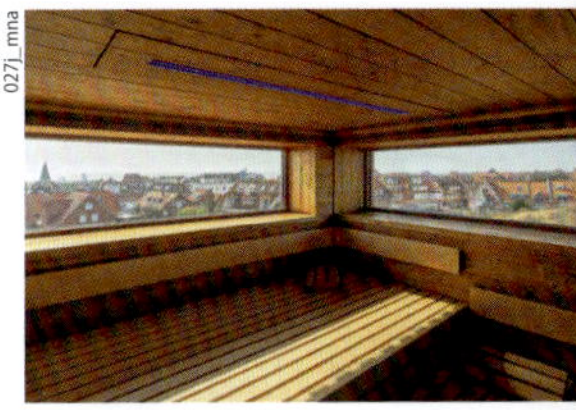

Schirmbar der Strandhalle | 64

Es hat Tradition, in der Schirmbar der Strandhalle einzukehren. Windgeschützt kann man sein Getränk genießen und dem bunten Treiben auf der Strandpromenade zusehen. Mit etwas Glück verabschiedet sich der Tag mit einem wunderschönen Sonnenuntergang.

058j_mna

Wattenmeer bei einer Wattwanderung | 181

Eine Wanderung im Watt ist ein Spaziergang auf dem Meeresboden. Das Watt ist einer der artenreichsten Lebensräume, und wer sich darauf einlässt, mit „schwarzen Socken" wieder zurückzukommen, wird auf einer geführten Wanderung viel über die ökologischen Zusammenhänge zwischen Mensch und Natur erfahren.

030j_mna

Seezeichen am Hafen | 37

Schon bei der Ankunft auf der Insel ist das Seezeichen von Weitem zu sehen. Es gleicht einem geblähten Segel oder einer im Wasser liegenden Tonne. Das offen konstruierte Stahlgebilde liegt am Ende der Seebrücke am Eingang zum Hafen. Von der Aussichtsplattform aus bietet sich ein schöner Rundumblick über Juist.

029j_mna

166j_mna

1 Sehenswertes

»Vieles ist auf Juist sehenswert, vor allem aber die grandiose Natur. Dennoch gibt es manchen Ort, der einen Besuch besonders lohnt. Die nachfolgenden Empfehlungen sind so ausgewählt, dass sich für jeden ein passendes Ziel finden lässt.

◁ Das Memmertfeuer auf Juist

Das Inseldorf und der Ortsteil Loog

Der Hauptunterschied zwischen dem Inseldorf und dem Loog besteht darin, dass im Dorf vor allem in der Hauptsaison das Leben pulsiert und es viele Geschäfte gibt, während es dann im Loog deutlich ruhiger und entspannter zugeht. Beiden vorgelagert ist der schöne **Sandstrand,** der aufgrund der geringen Breite der Insel von überall aus schnell zu erreichen ist. Im Sommer verspricht er bei gutem Wetter ein lebendiges Strandleben mit allem, was das Herz begehrt. Im Dorf lässt sich alles kaufen, was für das tägliche Leben notwendig ist, es gibt mehrere Supermärkte und sogar einen Drogeriemarkt. Im Loog wird eine kleine Filiale eines Supermarktes aus dem Dorf betrieben, sodass man vor Ort das Wichtigste einkaufen kann. Es hängt von den persönlichen Interessensschwerpunkten ab, welcher Ortsteil den eigenen Bedürfnissen am besten entspricht. Naturliebhaber sind überall gut aufgehoben; wer nicht mitten im Dorfkern wohnen möchte, sucht sich ein Quartier im Ostdorf oder im Loog. Das Loog wurde erst in den 1960er-Jahren gebaut und die Bebauung ist locker mit niedrigen Häusern und kleinen Gärten. *Loog* ist übrigens die friesische Bezeichnung für Dorf bzw. Ansiedlung.

Im Dorf selbst sind alle Wege kurz, die **zahlreichen Geschäfte** bieten Andenken, Dekoratives für die Wohnung oder Kleidung und Spielzeug an, in der Inselbuchhandlung kann man sich mit Urlaubslektüre und guten Sachbüchern eindecken oder sich das Passende bestellen, und im Elektrofachgeschäft sind sogar Briefmarken erhältlich, denn dort ist

042j_mna

038j_mna

auch die Postagentur untergebracht. Ein **Kino** mit abwechslungsreichem Programm spielt während der Saison mehrere Vorstellungen am Tag. Im Ortsteil Loog hingegen gibt es nur wenig Gastronomie und das neu gestaltete **Inselmuseum Juist.** Mit seinen zehn Themenräumen über die Entstehung der Inseln, das Leben und die Natur auf Juist ist es ein echter Besuchermagnet auf der Insel.

⌃ Der beliebte Kurplatz mit Schiffchenteich, ein Spaß besonders für Kinder

‹ Ziegelrote Dächer des Dorfs Juist mit Kirchturm

Kurplatz und Schiffchenteich

Wer auf Juist ankommt, geht als erstes nach Verlassen des Hafengeländes am Kurplatz mit dem **Musikpavillon** und dem **Schiffchenteich** vorbei. Im Sommer gibt es hier häufig Konzerte und die Grünanlage mit Büschen, vielen Blumen und wenigen Bäumen lockt Groß und Klein. Vermutlich aber ist der Schiffchenteich die Hauptattraktion. In dem ehemaligen Springbrunnenbecken haben bereits ganze Familiengenerationen ihre Schiffsmodelle und anderes Wasserspielzeug schwimmen lassen. Der Kurplatz wurde 2005 neu gestaltet, aus dieser Zeit stammt auch der Musikpavillon. Jedes Jahr am 30. April wird auf dem Kurplatz der **Maibaum** aufgestellt. Als Rahmenprogramm organisiert der Juister Heimatverein einen Umzug.

Strandhotel Kurhaus

Das auffälligste Gebäude auf der Insel Juist ist das historische Kurhaus, das auch **„Weißes Schloss am Meer"** genannt wird. Bei klarer Sicht kann man es sogar vom Festland aus sehen. Am 1. Juli 1898 fand die Eröffnungsfeier statt, hier residierten bald darauf der europäische Adel und das zu dieser Zeit erstarkende Bürgertum. Das Gebäude erfüllte den damaligen Wunsch nach repräsentativer Unterbringung und Exklusivität – und tut dies bis heute. Einige der Salons tragen die Namen berühmter Kurgäste der Vergangenheit wie König Friedrich-August von Sachsen, Freiherr zu Droste-Hülshoff oder König Ferdinand I. von Bulgarien. Schon von Anfang an stand das Haus für höchsten Komfort: So waren bereits damals alle Gesellschaftsräume mit Dampfheizung und elektrischem Licht ausgestattet.

Die meisten Gäste kamen zu dieser Zeit aus dem **deutschen Kaiserreich,** darunter waren viele weitere Prominente wie beispielsweise die Familie von Papen, der königliche Badekommissar

167j_mna

Graf Oeynhausen, die Familie des Spirituosenherstellers Doornkaat oder der Bielefelder Fabrikant Emil Miele. Die Herrschaften reisten oft mit ihrer Entourage als Begleitpersonal wie Dienern, Kindermädchen oder sonstiger Gefolgschaft an. Aber auch damals schon kamen wegen des guten Rufs die Gäste von weit her, so gibt es alte Gästebucheinträge unter anderem von Besuchern aus New York, Kairo oder sogar Singapur.

Um die Wende zum 20. Jahrhundert führte noch eine große **Freitreppe** zum tiefer gelegenen Strand. Diese Treppe samt der dazu gehörenden Küstenschutzmauer versandeten mit der Zeit und verschwanden metertief unter den Dünen. Nur die beiden seitlichen Treppenbegrenzungen sind noch heute zu sehen und zeugen von ihrer früheren Größe. Das große Gebäude überstand die beiden Weltkriege unbeschadet, aber es wurde des Öfteren in seinem Inneren umgebaut. Mehrmals wechselten in den nachfolgenden Jahrzehnten die Besitzer, der Zustand des Gebäudes verschlechterte sich zunehmend. Die Fassade und der mit aufwendiger Stuckornamentik verzierte Weiße Saal des historischen Bauwerks wurden 1984 unter **Denkmalschutz** gestellt. Aber das Bauwerk verfiel, sodass der Hotelbetrieb eingestellt werden musste. Bis zur großen Sanierung sollten noch einige weitere Jahre ins Land gehen. 1995 entschied sich die Commerzbank, das Haus wieder in Betrieb zu nehmen. Die Renovierungsarbeiten zogen sich über fast drei Jahre hin, nicht zuletzt auch deshalb, weil das ganze benötigte Baumaterial **mit Pferden zur Baustelle** befördert werden musste. Für die im Zuge der Umbaumaßnahmen neu installierte **gläserne Kuppel** diente das Reichstagsgebäude in Berlin als Vorbild, wobei wohl auch in den ursprünglichen Plänen bereits eine Kuppel vorgesehen, die aber niemals realisiert worden war. Die Glaskuppel wurde auf dem Festland vorgefertigt und in drei Teilen auf die Insel geflogen.

Rund 100 Jahre nach der Inbetriebnahme des Hotels öffnete das Strandhotel Kurhaus erneut seine Pforten. 2003 übernahm eine kleine Gruppe deutscher Investoren die Hotelbetreibergesell-

☐ Das mondäne Strandhotel Kurhaus blickt auf eine lange Geschichte mit illustren Gästen zurück

033j_mna

schaft, später erwarb diese auch die für den Hotelbetrieb erforderlichen Appartements. Ein Teil der Appartements befindet sich in Privatbesitz und darf nur unter bestimmten Voraussetzungen selbst genutzt werden. In den Zeiten ohne Eigennutzung sind sie in den Hotelbetrieb integriert und werden vermietet. Das Hotel verfügt über ein **Restaurant,** eine **Bar** und einen schönen **Wellness- und Spa-Bereich.** Von den Zimmern zur Nordseite hat man uneingeschränkten Blick auf das Meer, die Zimmer der Südseite eröffnen einen **Panoramablick über Juist.** Die Kuppel ist mit 25 Metern Höhe das höchste Gebäude, von dort aus lässt sich ein 360°-Panoramablick über die Insel genießen, der allerdings den Hausgästen vorbehalten ist.

Inselmuseum im Loog

Das ursprüngliche Küstenmuseum ist aus dem Inselgymnasium „Schule am Meer", das von 1925 bis 1934 in diesem Gebäude untergebracht war, hervorgegangen (Roman der Autorin *Sandra Lüpkes* → Anhang, Literaturtipps, S. 215). Der Lehrer *Fritz Hafner* (1877–1964) gründete hier im Sommer 1934 zunächst ein kleines Heimatmuseum, welches der Arzt und Historiker *Arend W. Lang* (1909–1981) ab den 1950er-Jahren zum Küstenmuseum weiterentwickelte. Gemäß dem alten friesischen

⌃ Von der gläsernen Kuppel des Strandhotels hat man einen hervorragenden Rundumblick

› Eingang zum Inselmuseum

Sprichwort, „Gott schuf das Meer, der Friese die Küste“ gestaltete der Pilot und Pädagoge *Hans Kolde* (*1925) das Museum inhaltlich und räumlich neu, als er 1982 die ehrenamtliche Leitung der Einrichtung übernahm. Im Jahr 2023 wurde die Ausstellung in Zusammenarbeit mit dem Heimatverein neu konzipiert und in „Inselmuseum im Loog“ umbenannt. Der Schwerpunkt liegt nun auf Juist-spezifischen Themen.

Der erste Raum befasst sich mit der **Entwicklung des Inseltourismus** und mit dem Thema, was die Gäste auf Juist unternehmen und wie sich die Unterkünfte entwickelt haben. Raum 2 zeigt die **frühzeitliche Besiedelung der Küste** auf Wohnhügeln, den sogenannten Warften, und wie sich aus Einzelsiedlungen ganze Dorfanlagen entwickelten. In Raum 3 wird der Verkehr von, auf und nach Juist behandelt. Hier dreht sich alles um die frühere Juister Inselbahn, den Hafenbau und die Entwicklung des Flugplatzes, wo Jugendliche in einer Bildungsstätte das Segelfliegen erlernen können. Es gibt auch einen Flugsimulator. Raum 4 befasst sich mit dem Leben der Menschen vor dem Tourismus. Hier wird aufgezeigt, wie die Menschen früher ihren Lebensunterhalt mit Fischerei, Landwirtschaft und der gräflichen Pferdezucht verdient haben. Raum 5 zeigt eine Friesenstube um 1850 mit „Butz“ (Schlafstatt), Kamin und verschiedenen Haushaltsgegenständen.

Raum 6 nimmt verschiedene Aspekte der Inselgeschichte unter die Lupe: Auf Themeninseln werden z. B. die „Schule am Meer“, die ab 1800 entstehenden Kinderheime, Juist „unter dem Hakenkreuz“, die Entwicklung der Insel Memmert sowie Kunst und Kunstschaffende beleuchtet. Raum 7 widmet sich der Infrastruktur der Insel und dem Aspekt, was das Inselleben für die Juister aus-

041j_nf

macht. Im langen und schlanken Raum 8 wird anhand einer Fototapete der Spülsaum gezeigt, auf der anderen Seite wird die Lehrmittelsammlung der früheren „Schule am Meer" ausgestellt, die 1934, als die Schule schließen musste, von der Gemeinde übernommen worden war.

Raum 9 zeigt Themen rund um Küste und Meer wie Sturmfluten, Deichbau, Nahrung und Fischerei, maritime Handwerke oder Energiegewinnung in der Nordsee sowie die Entwicklung des Tourismus an der Küste. Raum 10 handelt von Seenot und Navigation. Es gibt zwei „Blackboxen", die zeigen, wie es bei Sturm auf einem Schiff zugeht und einen Raum, der sich mit der Geschichte der Navigation beschäftigt. Ein wesentlicher Bestandteil der Seenotrettung ist bis heute die Geschichte der **Deutschen Gesellschaft zur Rettung Schiffbrüchiger** (DGzRS). Gezeigt werden auch Treibgut, Wrackteile oder „eingemachte" Rattenschwänze, mit denen die Seemänner früherer Zeiten bei ihrer Rückkehr ihren Fang von Ratten während der Überfahrt dokumentierten und dafür mit einer Prämie belohnt wurden. Im Inselmuseum ist auch eine Servicestelle der **Tourist-Information** untergebracht.

■ Das **Inselmuseum im Loog**: Loogster Pad 29, Tel. 04935 2380918, www.inselmuseum-juist.de (Erw. 5 €/Kinder unter 18 J. 2 €).

Wasserturm

Seit mehr als 300 Jahren gibt es eine **Trinkwasserversorgung** auf Juist. Mit dem aufkommenden Tourismus wuchs die Menge an benötigtem Trinkwasser jedoch ständig. Am 9. September 1926 stürzte die Nordwand des damaligen Trinkwasserspeichers ein, 50 Kubikmeter des kostbaren Nasses flossen die Dünen hinab. Seit 1927 steht nun auf der mit 22 Metern höchsten Düne von Juist der neue Wasserturm. 13 Meter hoch ist das markante Bauwerk aus dunkel gebrannten Ziegelsteinen. Schnell wurde es zu einem **Wahrzeichen der Insel.** Seiner Form wegen wird er von vielen liebevoll **„Doornkaatbuddel"** genannt, da der

034j_mna

Der Wasserturm von Juist steht auf dem höchsten Punkt der Insel, einer Düne

Turm an die Flaschenform des in der Stadt Norden gebrannten Schnapses erinnert. Leider kann man den Wasserturm nur von außen besichtigen, denn er ist noch immer ein wichtiger Teil der Juister Wasserversorgung. In ihm befindet sich ein 250 Kubikmeter fassendes Auffangbecken, mit dem der Wasserdruck auf der Insel reguliert wird. Das Gelände rund um den Wasserturm bietet einen sehr schönen Ausblick auf die Nordsee und das Dorf.

Seezeichen

Seezeichen sind für den Schiffsverkehr im Wattenmeer und in der Nordsee eine wichtige Orientierungshilfe. Zu den beiden Baken im Osten und im Westen der Insel Juist kam vor gut zehn Jahren ein drittes Seezeichen hinzu. Wenn man mit der Fähre Richtung Insel fährt, ist es schon aus weiter Ferne gut zu erkennen. Das vom Auricher Unternehmen *Stahlbau* auf dem Festland vorgefertigte stählerne Gebilde kam natürlich auch auf dem Seeweg nach Juist. Allerdings nicht mit dem Schiff. Stattdessen wurde die Stahlkonstruktion auf einem **Ponton** transportiert und im April 2008 auf der Insel fertig montiert. Die 17 Meter hohe und 38 Tonnen schwere Architekturplastik steht seitdem am Ende der 350 Meter langen Seebrücke an der Einfahrt zum damals gerade fertiggestellten Sportboothafen, wie die Mole hier genannt wird. Das weiße Seezeichen erinnert an eine im Wasser treibende Tonne – andere denken beim Anblick eher an ein vom Wind geblähtes Segel. Auf halber Höhe des markanten Bauwerks befindet sich eine **Aussichtsplattform,** sie bietet einen schönen Blick auf ankommende Schiffe. Inzwischen hat sich das Juister Seezeichen am Hafen zu einem der Wahrzeichen der Insel entwickelt.

☑ Das Seezeichen an der Hafeneinfahrt

168j_mna

169j_mna

Das Memmertfeuer im Morgenlicht

Memmertfeuer

Juist besaß **keinen eigenen Leuchtturm,** weil die Leuchtfeuer der Nachbarinseln Norderney und Borkum der Schifffahrt zur Orientierung ausreichten. Als jedoch auf der Vogelinsel Memmert am 14. Juli 1986 das Leuchtfeuer nach 95 Jahren außer Dienst gestellt wurde, montierte man die Laterne ab und brachte sie zunächst nach Emden. Schnell bildete sich auf Juist eine Interessengemeinschaft, um das Memmertfeuer als **touristische Attraktion** auf die Insel zu holen und eventuell auch als Richtfeuerstrecke für die Hafeneinfahrt zu nutzen, doch das wurde untersagt. Im November 1990 wurde die Laterne nach Juist gebracht. Mehrere Juister Vereine und Clubs schlossen sich zusammen, und als Ergebnis ihres Engagements wurde im Dezember das Leuchtfeuer auf Juist in Betrieb genommen. Eigens dafür errichtete man einen kleinen Turm und montierte oben die Laterne. Ihr nächtliches Licht darf jedoch **nicht auf die Nordsee** gerichtet werden, sondern blitzt nun im 13-Sekundentakt weiß zum Land, rot nach Westen und blaugrün nach Osten. Das Memmertfeuer kann von April bis Oktober nachmittags zu einer festen Zeit besichtigt werden, die Öffnungszeiten sind am Eingang notiert.

Nationalpark-Haus

Als 1986 der **Nationalpark Niedersächsisches Wattenmeer** eingerichtet wurde, war schnell klar, dass es auch auf Juist ein Nationalpark-Haus geben sollte. Nach einiger Zeit fand man mit dem Güterboden des Alten Inselbahnhofs, der nach dem Bau des Juister Hafens nicht mehr benötigt wurde und schon einige Zeit leer stand, ausreichend große Räumlichkeiten. 1990 wurde das Nationalpark-Haus schließlich in der Carl-

Vibrierende Klangschale auf dem Otto-Leege-Pfad

Stegmann-Straße 5 eröffnet. Jährlich besuchen rund 15.000 Besucher die Ausstellung und rund 18.000 Besucher nehmen am abwechslungsreichen Veranstaltungsprogramm teil.

Die beiden Themenschwerpunkte der Dauerausstellung sind die **Meeressäuger** und die **natürliche Dynamik des Wattenmeers,** die anhand der Veränderungen auf der Insel Juist, der Vogelinsel Memmert und der Kachelot-Plate anschaulich gezeigt wird. Das Nationalpark-Haus zeigt Wissenswertes über Strand, Dünen, Salzwiesen und Watt. Die Ausstellung wurde komplett neu entwickelt und inhaltlich stärker gewichtet. Im Schwerpunkt steht vor allem die natürliche Dynamik der Nordsee und ihrer Natur. Auch die Weltnaturerbegebiete werden vorgestellt. Das Nationalpark-Haus ist nach dem Umbau barrierefrei zugänglich. Die Hauptattraktion für Kinder ist sicherlich das **Skelett** eines im Jahr 2001 tot aufs Billriff gespülten neun Meter langen Zwergwals, das in einer großen Glasbox vor dem Nationalpark-Haus untergebracht ist. Seine Geschichte lässt sich anhören oder nachlesen (→ Exkurs „Waltraud erzählt uns ihre Geschichte", S. 118). Viele Veranstaltungen, besonders in den Ferien, sind **speziell für Kinder** ausgelegt, um bereits den Kleinen das fragile Ökosystem des Watts nahezubringen. Für eigene Exkursionen und Naturbeobachtungen können hochwertige Ferngläser oder für Naturentdeckungen mit der ganzen Familie ein spezieller Rucksack ausgeliehen werden. Auch für kleine **Kinder ab drei Jahren** gibt es ein spezielles Angebot – vom Bastelkurs bis zum Puppentheater ist vieles dabei.

■ **Nationalpark-Haus,** Carl-Stegmann-Straße 5, Tel. 04935 1595, www.nationalparkhaus-juist.de.

Otto-Leege-Pfad

Natur- und Kulturinteressierte können auf diesem Weg jede Menge entdecken. Er beginnt an der **Flughafenstraße,** ein paar Hundert Meter vor dem *Café Wilhelmshöhe*. Eine Treppe, auf der die

170j_nf

037j_mna

Die zwei Meter hohe Windharfe entwarf der Bildhauer *F. K. Bunk*

„Juister Elemente“ Sand, Wasser, Salz, Luft und Licht aufgeführt werden, führt auf einen schön geschwungenen Bohlenweg in die Dünen, der zur Beobachtung der Pflanzen- und Vogelwelt einlädt. Von hier aus bietet sich auch ein schöner Blick über die Salzwiesen. Zahlreiche **Infotafeln** erklären Wissenswertes über Flora und Fauna. Weiter geht es auf dem Bohlenweg in nördlicher Richtung bis zu einem kleinen Wald und von dort aus weiter bis zum **Otto-Leege-Tor** mit japanischer Anmutung. Der Weg führt darunter hindurch bis an den Goldfischteich und dann weiter nach rechts in einem Bogen links um den Teich herum. Die nächste Möglichkeit geht nach rechts an der Südseite einer Weißdüne entlang. Auf dem Weg werden die **Klangskulptur „Windharfe“** und die **Sonnenuhr** passiert, bis die **Wasserklangschale** erreicht ist. Es macht Spaß, ihr fremd anmutende Klänge zu entlocken. Danach führt der Weg nach rechts bis zu einer kleinen Aussichtsplattform, wo der Otto-Leege-Pfad endet. Es bietet sich an, den Rückweg über den **Strand** zu nehmen. Der Pfad entstand nach einer Idee des auf Juist beheimateten Otto-Leege-Instituts, das für den Erhalt dieser Sehenswürdigkeit gern Spenden entgegennimmt. Die Wegführung ist auch einem Flyer zu entnehmen, der bei der **Tourist-Information** erhältlich ist.

Der Otto-Leege-Pfad ist nach *Dr. h.c. Otto Leege* (1862–1951) benannt, der mit 20 Jahren einen Lehrauftrag auf Juist übernahm, wissenschaftliche Forschungen betrieb und sich sehr für den **Naturschutz** einsetzte. Auf seine Initiative hin wurde von seinen Schülern der **Goldfischteich** mit drei kleinen Inseln angelegt, um die eigenständige Einwanderung von Pflanzen und Tieren zu beobachten. Der ökologisch-künstlerische Pfad wurde als **Gesamtkunstwerk** angelegt und ist sowohl als ein äußerer als auch ein innerer Weg gedacht. Sein Ziel ist es, Wissen über die Natur einer Düneninsel und die komplexen ökologischen Zusammenhänge zu vermitteln. Die Initiatoren sind überzeugt, dass die **Wertschätzung des natürlichen Reichtums der Insel** der Schlüssel zu einem nachhaltigen Tourismus ist und mithilfe der Kunst erlebbar gemacht wird. Unterwegs erwarten den Besucher insgesamt zwölf Stationen zum Wahrnehmen,

Empfinden und Erkennen. Es ging den Initiatoren auch darum, kunsthandwerkliche Qualität bis ins Detail zu zeigen, beispielsweise bei der Form des Treppenaufgangs, der Wegeführung oder den Rosenknoten an den Geländertauen.

Inselkirche

Das evangelisch-lutherische Gotteshaus liegt mitten im Dorf in der Wilhelmstraße. Es ist bereits die sechste Inselkirche. Das heutige Kirchengebäude wurde auf den alten Umfassungsmauern der fünften Inselkirche aus dem 18. Jahrhundert errichtet, die 1963 abgerissen wurde. Fotos im Inselmuseum im Loog dokumentieren die Abbrucharbeiten. Die fünfte Inselkirche wurde im Gegensatz zu ihren sehr viel westlicher liegenden vier Vorgängerinnen nicht durch Naturgewalten wie Sturm, Sandflug und Fluten zerstört, sondern war im Laufe der Zeit baufällig geworden. Die sechste Inselkirche, 1964 gebaut, erhielt 1967 einen **freistehenden Glockenturm,** einen sogenannten *Campanile,* der von den Bewohnern liebevoll „Rakete“ genannt wird. Den spitzen Turm ziert eine Wetterfahne in Form eines Schiffs. Im Inneren hängt ein schönes Schiffsmodell von der Decke. Die Kanzel aus dem Jahr 1732 stammt noch aus der vierten Inselkirche. Auffällig ist das Altarbild, das auf der Insel entstanden ist. Das **Glasmosaik aus 36.000 Teilen** wurde von 1959 bis 1961 gemeinsam vom Juister Kunstpädagogen *Herbert Genztsch* (1909– 1989) mit Schülern der Abschlussklassen der Inselschule erstellt und später in der neu gebauten Inselkirche angebracht. Es zeigt den „Fischzug des Petrus“ (→ gleichnamiger Exkurs, S. 42). Im Eingangsbereich hängt eine Karte, die die Entwicklung der Insel und ihre Zweiteilung sowie das Aussehen zeigt, nachdem die beiden Inselteile wieder zusammengefügt worden waren. Auch die Positionen der fünf Vorgängerkirchen sind der Karte zu entnehmen.

035j_mna

☒ Die Inselkirche leuchtet im Abendlicht, ihr freistehender Glockenturm gesellte sich erst drei Jahre später hinzu

Der Fischzug des Petrus

Das schöne Altarbild der Inselkirche zeigt ein Fischerboot mit den Jüngern *Jakobus, Johannes, Andreas, Simon und Petrus,* die zusammen mit *Jesus* zum Fang ausfahren. Es ist eine **Laienarbeit aus 36.000 selbst gefertigten Mosaiksteinchen,** die über mehrere Jahre hinweg entstanden ist. Initiator der Aktion war der Kunstpädagoge und Künstler *Herbert Gentzsch* (1909–1989), der als Lehrer an der Inselschule Juist arbeitete. Gemeinsam mit den Abschlussklassen der Jahrgänge 1958 bis 1961 wurde das Werk in unendlich vielen Stunden während der Freizeit vollendet.

040j_lkJ

Die Schüler wünschten sich für den Werkunterricht einen **Brennofen.** Für dessen Anschaffung fehlte das Geld und so entstand der Plan, sich das Geld mit einem **Mosaik** zu verdienen. So wurde zusammen eine Idee ausgearbeitet, die Anklang fand. Sie sollte mit dem Meer zu tun haben. Gemeinsam fanden Schüler und Lehrer das passende Thema und beschäftigten sich intensiv mit der formalen Bildgestaltung.

Das Problem war das benötigte **Hochformat,** sodass das Boot in einer diagonalen Ansicht gezeigt werden musste, um optisch Menschen, Netz und das Umfeld unterzubringen. Die nächsten Schritte waren die Gestaltung der Gewänder und deren Faltung sowie des Ausdrucks und der Handhaltungen. Schritt für Schritt entstand ein Entwurf zunächst im DIN-A2-Format, danach in Originalgröße (1,80 x 3 Meter). Dieser wurde in 30 x 30 Zentimeter große quadratische Felder zerteilt. Als nächster Schritt erfolgte die Übertragung der Vorlage auf die Unterlage, auf der die Mosaiksteinchen befestigt werden mussten.

[<] Glasmosaik in der Inselkirche

Herbert Gentzsch recherchierte viel, um die passenden lichtechten Ölfarben zu finden und Glas für die Produktion der Mosaiksteinchen von einem befreundeten Geschäftsmann aus Emden zu erhalten. Um ein **breites Farbspektrum** zu erzielen, wurde den einzelnen Farben nach und nach Weiß zugegeben, sodass beispielsweise alle Nuancen von Dunkelblau bis Hellblau entstanden. Die verschiedenen Farben wurden auf **Glasplatten** gemalt, die vergoldeten Glasplatten fertigte der Kunstlehrer selbst an. Nun musste mit Glasschneidern alles in Mosaiksteinchen geschnitten werden. Am Ende wurden diese in mehr als 80 verschiedenen Farbnuancen kästchenweise sortiert. Dann kam die eigentliche Arbeit: das **Zusammenkleben der Mosaiksteine** und das Ausgießen der einzelnen Quadrate. 60 einzelne Platten entstanden so in mühevoller Kleinarbeit von zwei Jahrgängen der 10. Klasse der Inselschule. Ostern 1961 war das Werk fertig.

Neben der Freude, die sich bei den Kindern über das gelungene Ergebnis einstellte, zeigte sich auch ein gewisser Stolz über das gemeinsam erstellte Kunstwerk und das Gefühl der Zusammengehörigkeit. Doch das Mosaik lag erst einmal auf dem Dachboden der Inselschule. Erst später wurde es an die Gemeinde zur Verwendung als insel- und bibelbezogener Blickfang für die Inselkirche verkauft. Seit der Fertigstellung der heutigen Inselkirche im Jahr 1964 hängt das Mosaik der „Fischzug des Petrus" über dem Altar – ein thematisch sehr passender Ort, denn es zeigt *Christus*, der durch sein Leben Maßstäbe für das Leben vieler Insulaner gesetzt hat.

Die Broschüre „Sechs Inselkirchen in fünf Jahrhunderten" beschreibt ihre spannende Geschichte. Sie kann in der Kirche erworben werden.

Hammersee

Der Hammersee entstand, als 1651 die **Petriflut** die Insel Juist überrollte und sie in zwei Teile zerbrach. Die Fluten überspülten die Insel dort, wo das Dorf und die Inselkirche lagen. Die niedrig gelegene und feuchte Gemeindewiese, eine gemeinsam genutzte Weidefläche, wurde als „Hammer" bezeichnet. In den 1870er-Jahren war der Versuch, die beiden Inselteile wieder durch Sandaufschüttungen und Sandfangzäune zu verbinden, erfolgreich – die Hammerdünen entstanden. Es bildete sich eine Bucht an der Stelle, an der früher der Hammer lag. Weil aber immer noch die Gefahr bestand, dass es bei einer Sturmflut zu einem Abbruch der neuen Dünenkette kommen könnte, baute man 1928 im Norden einen **Deich.** 1932 wurde dieser von der See **durchbrochen,** das dahinter liegende Gelände überflutet und das Wasser konnte nicht mehr abfließen. So entstand der inzwischen versüßte Hammersee. Er ist zum **größten Süßwassersee der Ostfriesischen Inseln** und zu einem einzigartigen Biotop geworden. Inzwischen verlandet er jedoch und verkleinert sich, besonders nach Westen. Das ganze Gebiet rund um den See gehört zur **Schutzzone 1** (Ruhezone). Es ist ein wichtiges Rastgebiet für Tiere. Hier wachsen Bäume und es gibt einen ausgedehnten Schilfgürtel, der die zahlreichen Vögel ausreichend mit Nahrung versorgt. Der See ist kaum zugänglich, aber es existiert ein **Wanderweg rund um den See.** Von einer Düne am Westende des nur knapp einen Meter tiefen Hammersees bietet sich ein schöner Rundumblick. Der Hammersee selbst umfasst eine Fläche von 200.000 Quadratmetern, das gesamte Feuchtgebiet erstreckt sich über 350.000 Quadratmeter. Dem **Rundweg** zu folgen lohnt sich schon allein deswegen, weil er wunderschön ist. Die Büsche haben knorrige Äste, der Weg ist schattig, und nur an wenigen Stellen bahnt sich die Sonne einen Weg durch das üppige Blattwerk der Büsche und Bäume. Der See ist zwar immer ganz nah, und man kann die Geräusche der Singvögel und Enten hören, aber das Wasser bekommt man so gut wie nicht zu sehen.

171j_mna

Das Billriff

Der westliche Zipfel der 17 Kilometer langen Nordseeinsel Juist ist eine **große Sandbank.** Das Billriff gehört zur **Ruhezone** des Nationalpark Niedersächsisches Wattenmeer und darf nicht betreten werden. **Nur entlang der nördlichen Wasserkante darf man bis zur Westspitze gehen und muss auf demselben Weg wieder zurück**. Aber es ist ein echtes Erlebnis, sich fernab aller Landflächen mitten in der Nordsee aufzuhalten. Hier treffen Watt und See aufeinander, gelegentlich sonnen sich auch Seehunde. Auf dem Billriff ist man dem Hochsand Kachelotplate und der Vogelinsel Memmert ganz nah. Aber Vorsicht ist am Spülsaum des Naturparadieses immer geboten. Auch im Sommer kann man bei plötzlich auftretendem Seenebel und besonders in Kombination mit auflaufendem Wasser in **Lebensgefahr** geraten. Das Billriff selbst darf man nicht betreten, weil es gefährliche Treibsände gibt. Deshalb müssen Wanderungen stets an der Nordkante stattfinden, am besten bei ablaufendem Wasser. Die Ostdrift der Ostfriesischen Inseln macht sich auch an den im Westen gelegenen Billdünen bemerkbar. Die Abbruchkante wanderte in den letzten 50 Jahren um etwa 200 Meter nach Süden. Während die Dünen weit im Westen der Insel zunehmend an Substanz verlieren und der Strand dort immer schmaler wird, passiert im Osten von Juist genau das Gegenteil: Die Insel wächst.

☐ Sandbank inmitten der Nordsee – das Billriff

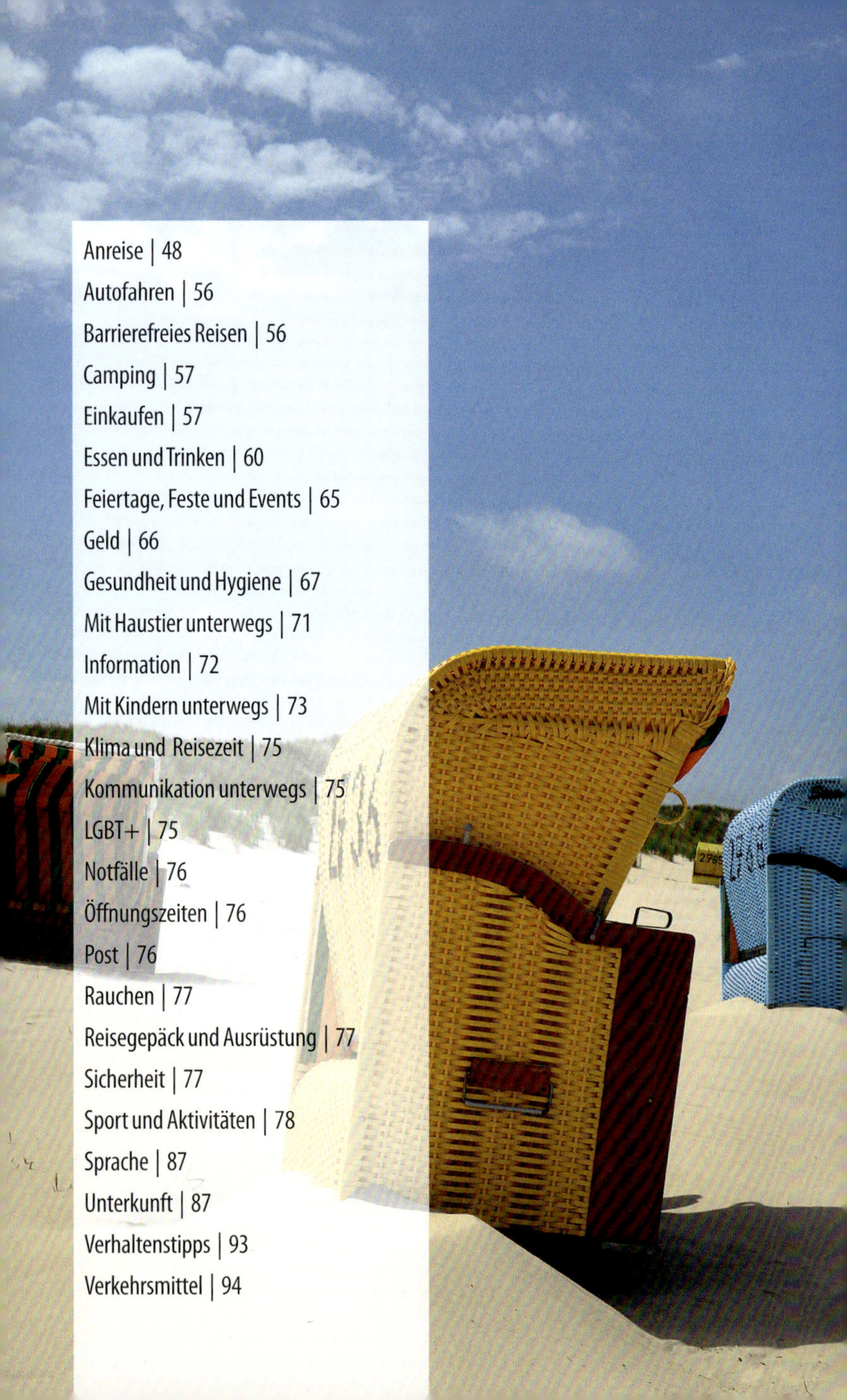

053j_mna

2 Praktische Reisetipps A–Z

Wie komme ich am besten nach Juist?
Welche Ausflüge lohnen sich?
Was lässt sich mit Kindern unternehmen?
Wo kann ich Fahrräder ausleihen?
Diese und zahlreiche weitere Fragen rund um die Reiseplanung beantwortet dieses Kapitel.

< Bunte Strandkörbe in feinem Sand

Anreise

→ Autofahren, S. 56
→ Verkehrsmittel, S. 94

Es gibt mehrere Möglichkeiten, nach Juist zu reisen. Ausgangspunkt für die Schiffsfahrt ist der Hafen Norddeich. Dahin gelangt man mit verschiedenen Verkehrsmitteln.

Anreise nach Norddeich

Anreise mit der Bahn

Die umweltfreundlichste Art ist die **Anreise mit der Bahn.** Der Endhaltepunkt liegt direkt gegenüber der Hafenmole, an der die Fähre abfährt. Gut ein Drittel der Besucher Juists nutzten bereits die Bahn für die Fahrt in den Urlaub. Aber **Achtung,** bitte nicht zu früh aussteigen: Die richtige Haltestelle ist der Endhaltepunkt **Norddeich/Mole.** Das Fährterminal nach Juist liegt direkt gegenüber dem Gleis im Westhafen. Zu beachten ist, dass ab Norddeich/Mole auch die Fähren nach Norderney ablegen, sodass Verwechslungsgefahr besteht.

Um lange Wartezeiten zu vermeiden, sollte die Bahnfahrt auf die Fährzeiten abgestimmt sein, denn **die Fähre ist gezeitenabhängig,** sodass die Anreise dem Fährplan entsprechend frühzeitig geplant werden muss.

■ **Deutsche Bahn AG:** Tel. 0180 6996633 (0,20 € pro Anruf aus dem Festnetz, 0,60 € aus dem Mobilfunknetz), Onlinebuchung und Fahrplanauskunft: www.bahn.de. Auf Juist öffnet die Deutsche Bahn ab 45 Minuten vor Abfahrt einen Fahrkartenschalter. Ansonsten hat er Mo–Fr 9–12.30 Uhr und Mo–Do 15–17 Uhr geöffnet.

Anreise mit dem Auto

Wer mit dem **Auto** anreist, kommt über die A 31, nimmt die Ausfahrt Emden-Mitte und folgt den Schildern Richtung Norddeich auf der B 210 in Richtung Aurich und später auf der B 72 nach Norden/Norddeich. Der Fähranleger und die Inselparkplätze sind ausgeschildert. Es sollte eine gute halbe Stunde Zeit für das Parken und Einchecken eingeplant werden. Das **Parken** in Norddeich ist **gebührenpflichtig** und kostet pro angefangenem Kalendertag sechs Euro. Wer mit einem **Elektrofahrzeug** anreist, hat die Möglichkeit sein Auto bei der Zufahrt zum ausgeschilderten Parkgelände für maximal sechs Stunden aufladen. Wer nach Juist fahren möchte, kann seinen Autoschlüssel am Fahrkartenschalter abgeben. Das Fahrzeug wird dann gegen ein Entgelt von sechs Euro von der Reederei auf den Parkplatz gefahren.

■ **Frisia-Parkplatz:** Tel. 04931 9871166, E-Mail: info@reederei-frisia.de

Gepäckservice

Es gibt die Möglichkeit, sein Gepäck bereits im Vorfeld zu Hause mit dem **Hermes-Gepäckversand** zu verschicken. Allerdings sollte man dann seine Sachen gut verpacken oder mit beschädigten Gepäckstücken rechnen. Der Transportdienste geht erfahrungsgemäß mit den Koffern nicht gerade zimperlich um und die Reklamation ist auch nicht ganz einfach. Der Transport dauert mindestens zwei Tage und muss rechtzeitig angemeldet werden.

■ **Gepäckservice Hermes-Versand:** Tel. 01806 311211 (0,20 € pro Anruf aus dem deutschen Festnetz, max. 0,60 € pro Anruf aus dem Mobilfunknetz), www.myhermes.de.

Überfahrt per Schiff

Fährverbindung

Die Fahrt mit der Fähre dauert 1,5 bis zwei Stunden und führt im Zickzackkurs durchs flache Wattenmeer. Der Fährbetrieb ist nur kurz vor und nach Hochwasser möglich. Bei **Sturm** kann der Betrieb auch eingestellt werden. Es ist sinnvoll, sich bei der Reederei einen Tag vorher zu erkundigen, ob der Fahrplan ein-

NORDSEE
OSTFRIESISCHE
Langeoog
Baltrum
Norderney
Juist
Neßmersiel
Bensersiel
Borkum
Memmert
Dornum
Esens
Norddeich
Norden
Lüttje Hörn
Westerholt
72
Greetsiel
210
72
Georgsheil
Aurich
Eemshaven
210
72
N46
Wimsum
Delfzijl
Emden
31
Ems
Appingedam
436
Bagband
Hesel
NIEDERLANDE
Dollart
Ems
Groningen
N33
72
Leer
A7
E22
Hoogezand-Sappemeer
E22
31
Scheemda
A28
280
Meppen, Lingen
A7
Zuidbroek

0
10 km
Amrum
St. Peter Ording
Helgoland
Büsum
Scharhörn
Elbe
Neuwerk
Wedell Hamburg
INSELN
Cuxhaven
Spiekeroog
Wangerooge
Minsener Oog
73
Harlesiel
Mellum
27
E234
Neu-harlingersiel
Carolinensiel
Horumersiel
Hooksiel
461
Bad Bederkesa
Wittmund
Jever
Weser
Bremer-haven
Schortens
Sande
Wilhelmshaven
436
Jadebusen
Nordenham
212
71
Zetel
437
Wiesmoor
Varel
Rodenkirchen
Beverstedt
Bockhorn
29
Niedersachsen
75
211
Westerstede
Hambergen
Apen
28
74
E22
Oldenburg
Weser
Bremen

Abschiedsmelodien begleiten die Rückfahrt

Insel, Seefahrt und Abschied nehmen gehören irgendwie zusammen. Bei einigen Kapitänen der Inselfähre der *Frisia* ist es inzwischen zur Tradition geworden, zum Abschied bei der Ausfahrt aus dem Juister Hafen ein **melancholisches Lied** abzuspielen, beispielsweise die vom *James Last Orchester* gespielte Biscaya-Melodie oder das Lied „Time to Say Goodbye". Das soll bei den Urlaubern das Fernweh und die Sehnsucht nach einer baldigen Wiederholung einer Schifffahrt mit dem Ziel Juist wecken.

gehalten werden kann. Für das Reisegepäck stellt die Fährgesellschaft Frisia am Anleger in Norddeich/Mole **große Gepäckwagen** zur Verfügung, in die man seine Koffer und Reisetaschen hineinstellen kann. Es ist sehr ratsam, sich die Nummer des entsprechenden Wagens zu merken, die auf beiden Seiten der Abdeckplane steht, sonst muss man am Zielort lange nach seinem Gepäck suchen. Die Reederei Frisia erhebt für **Sperrgepäck** eine **Gebühr.** So kosten die Hin- und Rückfahrt für Fahrräder 18,80 €.

- **Reederei Frisia:** Mole Norddeich, 26506 Norddeich, Tel. 04931 9870, Fährplan und Onlinebuchung unter www.reederei-frisia.de, Hin- und Rückfahrt Erw. 39,50 €/Kinder 6–13 J. 19,50 €/Hund 17,20 €/ Fahrrad 18,80 €.

Gepäcktransport auf der Insel

Auf Juist angekommen, bieten verschiedene Gepäckdienste den Transport bis zur Unterkunft an. Wer einen weiteren Fußweg hat, bekommt so seine Koffer bequem bis vor die Haustür geliefert.

Viele Unterkünfte stellen am Anleger **Handwagen für den Gepäckstransport** zur Verfügung, mit dem man sein Reisegepäck selbst zur Unterkunft bringen kann. Die Gepäckkarren müssen am rechten Fahrbandrand mitgeführt werden. Fußgänger müssen auch mit Rollkoffern den Gehweg benutzen. Es sollte

172j_mna

173j_mna

bei der Buchung danach gefragt werden, wo der Wagen gegebenenfalls steht. Auch die Hotels bieten einen Gepäckservice an, der bei der Buchung bestellt werden muss.

- **Kofferblitz:** Memmertstraße 5, Tel. 04935 7389777, www.kofferblitz-juist.de.
- **Eddi's Gepäckservice:** Tel. 04935 921814, mobil 0162 7338349, www.123juist.de. *Eddi's Gepäckservice* übernimmt auch den Gepäckdienst für Hermes und die Deutsche Bahn.
- **Gepäckservice Gerber:** Tel. 04935 2382018, www.gerber-juist.de. Der Bürocontainer des Kofferservices steht gegenüber vom Hafengebäude.

Schnellfähren

Gute Alternativen bieten die Schnellfähren nach Juist. Es gibt zwei Anbieter. Den Töwerland-Express und den zur Reederei Frisia gehörenden Insel-Express. Die Schnellfähren sind nicht barrierefrei, Rollstühle können nicht benutzt werden. Die Schiffe fahren in rund 45 Minuten nach festem Fahrplan mehrfach am Tag, auch abends noch. Der Abfahrtspunkt für den Töwerland-Express ist im Yachtzentrum Störtebeker (Osthafen). Es wird darum gebeten, eine halbe Stunde vor Abfahrt am Anleger zu sein. Der Insel-Express legt neben dem Anleger für die Norderney-Fähren ab.

- **Reederei Töwerland-Express:** Strandstraße 4, Tel. 0170 9090915, www.toewerland-express.de. Die Schnellfähren sind nicht barrierefrei. Einfache Fahrt: Erw. 48 €/Kinder bis 13 J. 38 €. Kinderwagen, Kinderfahrräder und Hunde können (kostenfrei) mitgenommen werden, wenn sie bei der Buchung im Vorfeld angemeldet wurden. Pro Person ist ein Koffer bzw. eine Tasche bis max. 20 kg erlaubt.
- **Schnellfähre Insel-Express:** *Frisia Touristik GmbH*, Tickets unter www.inselfaehre.de/juist. einfache Fahrt: Erw. 44 €/Kinder bis 13 J. 33 €. Kinderwagen, Kinderfahrräder und Hunde 6 €, können nur nach Voranmeldung mitgenommen werden. Pro Person ist ein Koffer bzw. eine Tasche bis max. 20 kg erlaubt.

⌃ Die Handkarren stehen am Hafen

‹ Die Fähre Insel-Express im Hafen Juist

Die Verschlickung des Hafens

Ab 1980 plante die Gemeinde Juist den **Bau eines neuen Hafens.** Die Leistungsfähigkeit des alten Schiffsanlegers draußen im Wattenmeer mit Anbindung durch die Inselbahn war begrenzt. Auch stiegen damals die Unterhaltskosten der Anlagen, einen Hafen in unmittelbarer Nähe der Ortschaft zu haben, war das Ziel. Eingeweiht wurde der Juister Hafen am 21. September 1984. Damals konnten die Schiffe noch recht breite Priele nutzen, aber das Wattenmeer veränderte sich zum Nachteil der Juister. Heute liegen Hafen und Fahrrinne im Bereich eines Wattenhochs. Um die Insel weiterhin ansteuern zu können, muss das **Sediment regelmäßig entfernt** werden.

Direkt an der Fahrrinne verhindert der westliche Leitdamm das Schlimmste. Dennoch müssen regelmäßig **Spezialschiffe** nach Juist kommen, um den Hafen und den 2008 fertiggestellten Yachthafen schiffbar zu halten. Diese wirbeln die Sedimente mit besonderen Düsen auf, so wird das Material bei ablaufendem Wasser in Richtung Meer getragen. *Injektionsspülung* nennt sich dieses Verfahren. Regelmäßig im Einsatz sind der **Hopperbagger** „Seekrabbe" und das kleinere **Räumschiff** „Utlandhörn". Dadurch fallen hohe Kosten an, von 100.000 bis 200.000 Euro zahlt die Gemeinde für den Unterhalt des Hafens pro Jahr. Und das Wattenmeer neben dem Hafen verschlickt dadurch zusehends. Der Juister Wattführer *Heino Behrends* spricht von einer „Umverteilung", dem Lebensraum Wattenmeer tut das alles nicht gut. Das Schlickproblem aber wird trotz Injektionsspülungen den Juistern noch eine Weile erhalten bleiben, eine langfristige Lösung ist nicht in Sicht.

Anreise mit dem eigenen Boot

Wer mit dem **eigenen Boot** kommen möchte, sollte den **Tidenkalender** im Blick haben. Der Sportboothafen fällt bei Ebbe teilweise trocken. Auch ist die **Reservierung eines Liegeplatzes** während der Hauptsaison sinnvoll. Die Marina bietet bis zu 150 Plätze. Yachten dürfen eine Länge von 18 Meter LÜA und 1,8 Meter Wassertiefe nicht überschreiten. Die Ansteuerung erfolgt von Süd über die Memmert-Balje. Der Wind bläst meist kräftig aus Westen, der Tidenhub beträgt etwa 2,9 Meter. Die Hafeneinfahrt ist nachts nicht befeuert.

50 **Segelklub Juist:** Tel. 0151 20267153, www.segelklub-juist.de. Während der Saison ist es sinnvoll, sich beim Hafenmeister anzumelden.

Anreise mit dem Flugzeug

Doch auch per **Flugzeug** lässt sich die Insel erreichen. Der Juister **Flugplatz** ist durch die Schnellfähren, die für viele eine Alternative zum Flugzeug sind, nicht mehr so stark frequentiert, wird aber nach wie vor regelmäßig angeflogen. Die Flüge müssen **rechtzeitig im Voraus gebucht** werden. Der **Flugplatz Norden/Norddeich** liegt nordöstlich von Norddeich. Auf der B 72 folgt man mit dem Auto der Ortsumgehung Norden in Richtung Norddeich und nimmt die ers-

> Das Inseltaxi wird von Pferden gezogen

te Ausfahrt im zweiten Kreisverkehr. Nach ca. zwei Kilometern geht es links ab zum Flugplatz in den Westerlooger Strohweg. Kostenpflichtig geparkt werden kann in den Flugplatzgaragen in unmittelbarer Nähe des Flughafens, bezahlt wird bei Abholung. Bahnreisende können vom Bahnhof Norddeich mit dem Taxi zum Flughafen kommen (Taxi Wieczorek/Tel. 04931 8000; Taxi Driever/ Tel. 04931 6666; Taxi Seeberg/Tel. 04931 3535). Wer mit dem Flugzeug anreist (einfacher Flug 45,50 €), ist zwar schon nach sechs bis sieben Minuten auf dem Flugplatz Juist, kann aber in dieser Zeit von oben einen tollen Blick auf das Wattenmeer und die Ostfriesischen Inseln genießen. Da der Flughafen ca. vier Kilometer vom Hauptort entfernt liegt, sollte man sich einen Platz im Insel-Taxi (buchen.huf-juist.com) vorab reservieren. Das Insel-Taxi fährt nach festen Zeiten verschiedene Haltestellen an (einfache Fahrt Flughafen-Hafenscharte 20 €). Die Spedition Huf nimmt auch das Reisegepäck mit. Die Fahrzeit vom Flugplatz Juist bis in den Ort dauert etwa 40 Minuten. Auch für die Rückreise muss die Kutschfahrt selbst organisiert werden. Wer mit dem eigenen Flugzeug kommen möchte, sollte geübt sein. Hohe Dünen sorgen für **Luftverwirbelungen,** sodass der Landeanflug anspruchsvoll ist. In den Sommermonaten gibt es weitere Flugmöglichkeiten, z. B. ab Emden mit der Ostfriesischen-Flug-Dienst GmbH.

■ **Inselflieger FLN:** Flugplatz im Westerlooger Strohweg 5, 26506 Norden/Norddeich, Tel. 04931 93320, www.inselflieger.de. Hin- und Rückflug Erw. 99 €/Kinder unter 12 J. 53 €/kleine Tiere 24,50 €,

049j_mna

große Tiere 49 €. Gepäck bis 10 kg je Fluggast ist frei, je Kind bis 5 kg. Pro Gepäckstück dürfen 20 kg nicht überschritten werden. Mehrgepäck: pro angefangenes Kilo 1 €. Übergroße Kinderwagen (Cruiser) und Fahrräder können nicht mitgenommen werden.

- **Kutschfahrten** mit dem Pferdebus vom Flugplatz bis in den Ort: Erw. 20 €/Kinder bis 8 J. 12 €. Fahrpreise in den Ortsteil Loog Erw. ab 25 €/Kinder 13,50 €

5 **Fuhrbetrieb Schwips (Karte S. 88):** Tel. 04935 664

Fuhrbetrieb Huf: Tel. 04935 664

Autofahren

→ Anreise, S. 48

Juist ist autofrei, der Wagen bleibt auf dem Festland. Auch für Elektroroller gilt ein allgemeines Fahrverbot. E-Scooter (→ Barrierefreies Reisen, s.u.) gelten nicht als Elektroroller, sondern „Krankenstühle mit Elektromotor“, und dürfen somit genutzt werden.

Barrierefreies Reisen

Juist ist insofern vorbildlich, als dass die Website **www.juist.de** eine eigene Rubrik für barrierefreies Reisen bereithält, mit der sich beispielsweise passende Unterkünfte sowie Einkaufsmöglichkeiten und gastronomische Betriebe leicht finden lassen. Wer nicht selbst nach einer entsprechenden Unterkunft suchen möchte, dem hilft die Zimmervermittlung. An den wichtigsten Stellen wurden die **Bordsteine abgesenkt,** damit man sich auch mit dem Rollstuhl relativ problemlos bewegen kann. Für Rollstuhlfahrer besonders geeignet ist der **Strandübergang an der Strandstraße.** Auch die öffentlichen Gebäude wie das Haus des Kurgastes, das Loogster Huus, das TöwerVital, das Inselmuseum im Loog sowie das Nationalparkhaus sind barrierefrei zugänglich. Gegen Leihgebühr gibt es beim Deutschen Roten Kreuz (DRK) verschiedene **Mobilitätshilfen,** sogar **solarbetriebene Strandrollstühle,** die für Fahrten in Sand und Watt geeignet sind. Auch Rollstuhlfahrräder und Strandbuggys sind für die Dauer des Urlaubs erhältlich. Rollstuhlfahrer können die Straße benutzen, wenn die Gehwege für den Rollstuhl nicht geeignet sind. E-Scooter-Verleih durch *Jochen Schwips,* Tel. 04935 8171. Vermietung von **E-Scootern, Rollstühlen, Rollatoren** und weiteren Hilfsmitteln bei *KapMobil,* Friesenstraße 4, Tel. 0151 57463177.

- **Zimmervermittlung:** Tel. 04935 809810, E-Mail: zv@juist.de.
- **Behindertentoiletten:** im Haus des Kurgastes auf dem Dünengürtel, im Alten Warmbad, am Rathaus (außen), am Hafen, im Nationalparkhaus, im Juister Inselmuseum im Loog sowie im Loogster Huus.
- **Spedition Gerber:** Dellertstraße, Tel. 04935 238018, www.gerber-juist.de. Verleih von verschiedenen Hilfsmitteln wie Gehstöcke und -hilfen, Duschstühle etc. Preise: E-Scooter 30 €/Tag, Rollstuhl/Rollator 5 €/Tag zuzüglich einmalige Servicegebühr für Transport, Reinigung und Wartung von 10–20 €.
- **Krankentransport:** über Rettungsdienst Aurich, Tel. 04462 19222.

Camping

→ Unterkunft, S. 87

Campen ist auf Juist **generell untersagt.**

Einkaufen

→ Essen und Trinken, S. 60

Das Leben auf einer Insel, wo alles, was es zu kaufen gibt, aufwendig per Schiff oder Flugzeug transportiert werden muss, ist logischerweise **teurer als auf dem Festland.** Die Preise für allgemeine Verbrauchsgüter sind deshalb in der Regel höher. Besonders bei Frischeprodukten und sonstigen Lebensmitteln sind die Aufpreise zu spüren.

10 Süße Sachen: Strandstraße 10, Tel. 04935 512, (www.nougat-juist.de). Süchtig machendes, selbst gefertigtes Nougat und Schokoladen von **„Günter's Juister Nougatspezialitäten"** sind hier zu haben, dazu werden weitere Produkte verschiedener hochwertiger Schokoladenhersteller angeboten sowie ausgewählte Spirituosen aus Sanddorn und „Omma Ettas Klötenköm", ein leckerer Eierlikör. Sogar bestellen lassen sich die süßen Sachen, der Versand erfolgt per Post.

13 Inselgoldschmiede: Gräfin-Theda-Straße 1, Tel. 04935 8214, www.inselgoldschmiede-juist.de. Der Goldschmiedemeister *Ulrich Löhmann* ist einer von nur noch drei norddeutschen Kunsthandwerkern, die die traditionelle Filigrantechnik beherrschen. Die Termine der gelegentlich stattfindenden Filigrantechnikvorführungen können der Website entnommen werden. Der ostfriesische Goldschmuck hat eine lange Geschichte und besitzt immer wiederkehrende Motive wie Herzen, Schiffchen, Rosetten, Kreuze und Muscheln, die aufwendig hergestellt werden. Im selben Haus, aber mit anderem Eingang, befinden sich eine Seifenmanufaktur, eine Blumenwerkstatt sowie die **12 Inseltöpferei.**

39 Poppinga – Presse, Tabak, Büro: Wilhelmstraße 12, Tel. 04935 8599, www.poppinga-juist.de. Kleines Geschäft mitten im Zentrum mit einem großen Angebot an Fachzeitschriften, Tageszeitungen, Tabakwaren und einer kleinen Auswahl an gängigem Bürobedarf. Besonderheit: ausgewählte Single-Malt-Whiskys.

38 Blumenmeer Juist: Wilhelmstraße 54, Tel. 04935 9228080, www.blumenmeer-juist.de. In

☑ Nicht nur Zeitungen: Poppinga in der Wilhelmstraße

174j_mna

175j_mna

diesem feinen Geschäft gibt es nicht nur schöne Sträuße und Gestecke, sondern auch ein Feinkostsortiment mit leckeren Likören, Pralinen, Essigen, Ölen und vielem mehr.

20 **Textilhaus Tiemann:** Strandstraße 6, Tel. 04935 91000, www.tiemann-juist.eu. Mit dem Slogan „Trends van't Töverland" preist das seit mehr als 100 Jahren existierende Geschäft seine hervorragende Auswahl an Bademode, Unterwäsche, Badtextilien und maritimer Mode an. Wer zu Hause seine Socken oder eine Mütze vergessen hat, wird auf jeden Fall fündig – auch große Größen sind verfügbar.

60 73 **Altmanns Getränke-Insel:** Mittelstraße 1 und 19. Tel. 04935 9228425. Neben der großen Getränkeauswahl gibt es täglich frische Brötchen, Lebensmittel und Spezialitäten. Auch die Lotto-Toto-Annahmestelle der Insel befindet sich hier. Die Lieferung der Getränke erfolgt frei Haus. Ein zweites Geschäft befindet sich neben dem Lebensmittelmarkt ebenfalls in der Mittelstraße.

■ **Getränkebringdienst Fürstenberg:** Bahnhofstraße 3, Tel. 04935 1233, www.juist-durst.de. Die Getränke können auf der Website bestellt werden, sie werden kostenfrei auf Juist ausgeliefert. Es gibt alkoholfreie Durstlöscher, auch in Bio-Qualität und Fassbrause sowie verschiedene Alkoholika.

37 **Supermarkt:** *Gillet & Söhne;* Wilhelmstraße 56, Tel. 04935 601, www.gillet-juist.de. Der Lebensmittelladen ist ein echter Familienbetrieb, alle Mitglieder arbeiten dort – wie der Name schon sagt. Der Laden ist gut bestückt, bei der Produktauswahl wird auch auf Regionalität geachtet. Im Loog im alten Koopmannsladen gibt es eine 1 kleine Filiale **(s. Karte S. 88).**

28 **Bäckerei Remmers:** siehe S. 64

24 **Supermarkt:** *Frischemarkt Mann,* Friesenstraße 4, Tel. 04935 914070. Klassischer Einkaufsladen, wo es alles gibt, was man im Normalfall so braucht.

61 **Supermarkt:** *Preiskauf,* Mittelstraße 1–2, Tel. 04935 921833. Typischer Supermarkt, hier gibt es sogar ein Regal mit polnischen Spezialitäten.

UNSER TIPP: 59 **Das Wollschaf Juist:** Mittelstraße 26, Tel. 0175 5727661, www.das-wollschaf-juist. com. Der kleine Laden liegt etwas außerhalb des Zentrums und verkauft seit 1983 eine sehr schöne Auswahl an Mode, Wolle und Accessoires aus reinen Naturfasern wie Wolle, Seide, Leinen und Baumwolle. Wenn geöffnet ist, steht ein kleines Wollschaf auf dem Gehweg.

UNSER TIPP: 18 **Inselbuchhandlung Thomas Koch:** Friesenstraße 23, Tel. 04935 8464, www. juist-buch.de. Die Buchhandlung ist zwar klein, hat aber eine wirklich gute Auswahl an Büchern für die Ferienzeit auf Juist. Der Inhaber fördert zusammen mit Krimiautorin *Sandra Lüpkes* die deutschsprachige Krimiszene.

UNSER TIPP: 27 **Juister Treibholzmanufaktur:** *Tim Köhler,* Billstraße 5, Tel. 04935 921918, www. juister-treibholz.de. Der Physiotherapeut sammelt hölzernes Strandgut und baut daraus einzigartige Objekte, denen Wind, Wasser und Wellen ihr individuelles Gesicht gaben.

41 Elektro Abel: Friesenstraße 27, Tel. 04935 914047. Kleines Geschäft mit allem, was man an Elektrobedarf und Computer-Zubehör braucht. Im Geschäft befindet sich auch eine Filiale der Deutschen Post.

43 OliVino: Strandstraße 4, Tel. 0170 6129417, Facebook. Das kleine Feinkost-Café verkauft Öle, Bioweine und -kaffees. Wer mag, bestellt sich ein leckeres Baguette mit einer Tasse Kaffee oder einem Glas Wein und beobachtet in aller Ruhe das bunte Treiben auf der Strandstraße. Für den Strand kann man sich hier sogar seinen persönlichen Picknickkorb zusammenstellen lassen.

21 Inselliebe Juist: Friesenstraße 12, Tel. 04935 809851, www.meine-lieblingsinsel.de. In dem hübsch eingerichteten Laden gibt es eine kleine Auswahl an Büchern, Kunst von Malern aus der Region, Weine, Essige und Öle, Dekoartikel und viele handgefertigte Produkte. Ebenso sind hier die Bio-Gewürze des ehemaligen Sternekochs *Ingo Holland* erhältlich.

54 Spielwaren Schmidt: am Kurplatz, Tel. 04935 235. Bunte Mischung aus Bekleidung, Accessoires, Spielwaren und Souvenirs.

22 Sanddorn-Stübchen: Friesenstraße 11, Tel. 04935 922951, www.sanddornparadies.de. Hier dreht sich alles um den Sanddorn, vom Tee über Konfitüre, Kosmetik bis hin zu Süßem und Alkoholischem.

15 Strandpunkt°: Strandstraße 7, Tel. 04935 9218447, facebook. Das schöne Geschäft wartet mit einem ungewöhnlichen Mix angesagter Labels, feinster Kosmetik und Lifestyle-Produkten auf.

UNSER TIPP: **Juist Gin:** Das Rezept für den „7 Grad Juist Edition Gin" hat die Hamburger Spirituosen-Manufaktur *Luv & Lee* ausgetüftelt, die es seit 1868 gibt. Sie stellt nur kleine Partien her, sodass der Vorrat begrenzt ist. Der Gin schmeckt nach Wacholder, Koriander und den für Aquavit typischen Gewürzen Sternanis und Kümmel. Probieren lässt sich der Gin im *Café del Mar* auf der Strandpromenade und kaufen kann man ihn im Concept-Store **15 Strandpunkt°** in der Strandstraße.

UNSER TIPP: **56 Schrauben & Gedöns:** Strandstraße 21, Tel. 0173 4418739: Der Laden liegt relativ unscheinbar im Souterrain des *Hotel Friesenhofs*, aber er hat es in sich, wenn der Besucher die Schwellenangst überwindet. Von Metallwaren bis Haushaltswaren und Schlüsseldienst ist hier alles zu finden, was man brauchen kann. Schrauben gibt es sogar einzeln! Das Geschäft ist bis zur letzten Ecke vollgestellt, einfach nach dem Gesuchten fragen. Vermutlich ist es vorhanden, und falls nicht, wird es bestellt.

Biokost

Einen reinen Bioladen gibt es auf Juist nicht, aber **37 Gillet & Söhne** haben eine recht gute Auswahl naturbelassener Produkte.

Haus des Kunsthandwerks

In der Gräfin-Theda-Straße 1 gibt es Kunsthandwerk vom Feinsten: eine **12 Töpferei** neben einer **Seifensiederin** sowie eine Blumenwerkstatt und dem **13 Inselgoldschmied.** Unter dem Motto „Auf Juist erdacht, auf Juist gemacht" bieten verschiedene Kunsthandwerker der Insel ihre Produkte an, beispielsweise gibt es handgeschöpfte Schokoladen, Fotografien, Taschen und vieles mehr. Für das leibliche Wohl wird ebenfalls gesorgt (www.kunsthandwerk-juist.de). An einem Abend in der Woche vor dem ersten Advent findet hier ein **Weihnachtsmarkt** statt.

☐ Das Wollschaf Juist

Essen und Trinken

→ Einkaufen, S. 57

Die Ostfriesischen Inseln leiden in den letzten Jahren erheblich unter **Personalmangel,** so auch Juist. Das ist besonders häufig in der Gastronomie spürbar, wo manches Lokal aus diesem Grund nur noch ein eingeschränktes Angebot auf der Karte hat oder gleich auf Speisen „à la carte" verzichtet. Auch die **Preise** sind in der Regel im Vergleich zum Festland höher. Schließlich muss jedes einzelne Produkt per Schiff, Flugzeug und Pferdetransporter angeliefert werden. Dennoch wird sich für jeden Geschmack eine passende kulinarische Anlaufstelle finden – **das Angebot ist vielfältig,** und auch **vegetarische und vegane Gerichte** haben auf vielen Speisekarten Einzug gehalten. Viele Lokale servieren kleine Speisen und größere Gerichte und nachmittags gern auch Kuchen.

49 Hafen Restaurant: Am Hafen, Tel. 04935 1363, www.hafenrestaurant-juist.de. Das Hafenrestaurant folgt dem Motto, „frisch zubereitet und lecker". Man kann eigentlich blind auf die Speisekarte tippen. Den Gast erwarten viele Gaumenfreuden, wenn er neben den Fischgerichten auch die Wildgerichte probiert, die es auf einer Insel selten in dieser Qualität gibt. Das Interessante ist weniger die Karte als die Tafeln mit den Tagesgerichten im Treppenaufgang. Im Sommer eröffnet sich ein hervorragender Blick über den Hafenbetrieb.

UNSER TIPP: Das selbst gebackene Schwarzbrot mit Butter und frischen Nordseegarnelen.

4 Flugplatzrestaurant Sherpa (Karte Umschlag vorn): Flugplatzstraße 29, Tel. 04935 9228125. Das nepalesische Restaurant hat eine ungewöhnliche Speisekarte, auch mit veganen und vegetarischen Gerichten. Ein Muss für alle, die Flugzeuge und asiatische Speisen lieben. Im Sommer lockt die Terrasse mit perfektem Ausblick auf die Landebahn und das bunte Treiben am Flughafen. Das Essen schmeckt, das Preis-Leistungs-Verhältnis ist in Ordnung und auch die Bedienung ist freundlich. Dafür lohnt sich ein Ausflug in den Osten der Insel.

3 Loogster Stuv (Karte S. 88): Teestube & Restaurant: Hammerseestraße 15 (im Loog), Tel. 04935 921285, www.loogster-stuv.de. Ein schönes Interieur und leckere Speisen laden die Gäste ein, hier eine Pause zu machen. Die liebevolle Dekoration und die freundlichen Gastwirte sorgen dafür, dass man sich hier ein wenig wie zu Hause fühlt.

176j_mna

177j_mna

11 ForkenHannes: Gräfin-Theda-Straße 3. Das Restaurant hieß früher „GabelJürge", der neue Betreiber ist der Tradition zwar treu geblieben, hat aber auf Selbstbedienung umgestellt. Im Angebot sind viele Gerichte, die neu und raffiniert interpretiert werden.

7 Velero: Strandpromenade 7, Tel. 04935 921 522, www.velero-juist.de. Das heißt auf Spanisch „Segelboot". Der Name steht dafür, dass der Gast im Urlaub ist und sich am Strand entspannen soll. Die Speisekarte wechselt ständig und gibt es nicht in gedruckter Form, sondern auf liebevoll beschrifteten Tafeln zu lesen.

14 Hummer Köbes: Strandstraße 8, Tel. 04935 9228930, www.hummerkoebes.de. Nach einem Besitzerwechsel wurde das Kultlokal renoviert und modern eingerichtet. Hier dreht sich fast alles um Hummer, Fisch und Meeresfrüchte, aber es gibt auch Steaks und eine Tageskarte. Der eigene „Köbes Töwer Gin" schmeckt nach Wacholder, Zitrusfrüchten und Koriander.

1 Domäne Bill (Karte Umschlag vorn): Bill 1, Tel. 04935 1212, Facebook. Das SB-Restaurant liegt zwar weit weg vom Dorf, aber ein Ausflug lohnt sich allein schon wegen der Speisen. Alles wird selbst gekocht. Wer experimentierfreudig ist, probiert Rosinenstuten mit Leberwurst oder Käse. Hört sich komisch an, schmeckt aber sensationell gut.

69 Lütje Teehuus: Dünenstraße 2, Tel. 04935 8402, www.juist-gastronomie.de. In einem alten Inselhaus gelegen, ist dieses kleine Restaurant ein schönes Ziel für eine kleine kulinarische Reise. Die Speisen kommen frisch aus der Küche und der Käsekuchen schmeckt wie von Muttern gebacken.

3 Weißer Saal: im Strandhotel Kurhaus Juist, Strandpromenade 1, Tel. 04935 9160, www.strandhotel-kurhaus.com. In sehr gepflegtem und exklusivem Ambiente werden in allerfeinster Lage Kaffee und Kuchen sowie leichte Gerichte mit regionalen Anklängen serviert.

76 Danzer's: Wilhelmstraße 36, Tel. 04935 8040, www.hotel-achterdiek.de. Das Feinschmecker-Res-

[<] Die Domäne Bill

[^] Restaurant Hummer Köbes

178j_mna

taurant freut sich im Vier-Sterne-*Hotel Achterdiek* auf Gäste, die hochwertiges Slow-Food zu schätzen wissen. Verstärkt kommen nun auch vegetarische und vegane Kreationen auf den Tisch, alles aus frischen saisonalen und regionalen Zutaten zubereitet.

51 **Juister Auster:** Am Kurplatz, Tel. 04935 921328. Direkt am Kurplatz gelegen, hat man von dort aus beste Aussicht auf das bunte Treiben. Essen gibts zum Mitnehmen auf die Hand oder zum gemütlichen Genießen im Restaurant.

40 **Restaurant Güst** im *Hotel Atlantic,* Wilhemstraße 13, Tel. 04935 921900, www.hotel-atlantic-juist.de. Regionale Küche mit kleiner Auswahl an hochwertigen saisonal wechselnden Gerichten. Frühstück gibt es bis 12 Uhr.

6 **Hohe Düne:** Strandpromenade 5 (am Schwimmbad), Tel. 04935 9210972, www.juist-gastronomie.de. Restaurant mit Schirmbar, Sonnendeck und dem perfekten Blick auf den Strand, vor allem bei Sonnenuntergang ein schöner Platz, um den Tag mit einem leckeren Getränk zu beschließen.

Restaurant Küchenwerkstatt im Ortskern

34 **Hubertus-Klause:** im *Nordseehotel Freese*, Wilhelmstraße 60, Tel. 04935 8010, www.nordseehotel-freese-juist.de. Hier gibt es frische Fischgerichte, regionale Fleischprodukte, vegetarische und vegane Speisen.

34 **Restaurant** im *Nordseehotel Freese*, Wilhelmstraße 60, Tel. 04935 8010, www.nordseehotel-freese.de. Hier werden nachmittags Kaffee und Kuchen serviert, und am Abend gibt es feine Vier-Gänge-Menüs, alles frisch zubereitet.

2 **Juister Hof:** Strandpromenade 2, Tel. 04935 92040, www.juister-hof.de. Morgens wartet ein Frühstücksbuffet auch auf Langschläfer, und Mittwoch bis Sonntag werden abends ausgefallene Köstlichkeiten serviert.

29 **Friesisch Frech:** im Deichhotel Rose, Wilhelmstraße 1, Tel. 04935 9218484, www.deichhotel-rose.de. Ein reichhaltiges Frühstücksbuffet gibt es auch für Nichtgäste des Hotels bis 11 Uhr, abends ostfriesische Leckereien und Tapas.

56 **Friesenhof:** Strandstraße 21, Tel. 04935 8060, www.friesenhof.info. Leckere Menüs und viele Fischgerichte werden hier in gepflegtem Ambiente serviert, der Weinkeller ist gut sortiert.

46 **Küchenwerkstatt:** Strandstraße 1, Tel. 04935 9212002, Facebook. Leckere Gerichte werden hier in

132j_mna

gemütlicher Atmosphäre serviert, tagsüber eher Kleinigkeiten und Kuchen oder Eis, am Abend gibt es leckere Gerichte und manchmal wird eine Lesung veranstaltet.

2 Domäne Loog (Karte Umschlag vorn): an der Straße Richtung Bill nach dem gleichnamigen Ortsteil, Tel. 04935 1250. Hier gibts selbst gemachte Kuchen und beste Hausmannskost in überzeugender Qualität.

42 Piratennest: Strandstraße 4, Tel. 04935 921 543, www.piratennest-juist.de. Hier findet sich für jeden Geschmack das Passende, von Pizza über Pasta bis hin zu Fisch- und Fleischgerichten.

17 Brasserie Rüdiger's im Hotel Pabst: Strandstraße 15–16, Tel. 04935 8050, www.hotelpabst.de. Hier freut sich der Gaumen über Köstlichkeiten aus der Region, bekannte internationale Speisen und ausgefallene Gerichte, alles liebevoll von Hand und frisch zubereitet.

71 Tenniscafé 2. Aufschlag: Karl-Wagner-Straße 13, Tel. 04935 922733, www.zweiteraufschlag.de. Im Ostdorf etwas versteckt beim Tennisplatz werden hier bodenständige deutsche Speisen serviert, dazu schmeckt ein frisch gezapftes Bier.

66 Restaurant In't Veerhus: Warmbadstraße 4, Tel. 04935 1057. Ganz in der Nähe des „Alten Warmbads" gelegen, ist das Lokal besonders auf leckere Fischgerichte spezialisiert.

4 Trattoria Mélange (Karte S.88): Hammerseestraße 13, Tel. 04935 9218913, www.trattoria-melange.de. Hier wird typisch mediterrane Küche serviert, die Speisekarte variiert nach Saison Pizza, Fisch und Meeresfrüchte.

Cafés, Bistros, Bars und Kneipen

23 Meeresleuchten: Café, Bistro, Weinbar: Friesenstraße 11, Tel. 0173 2309511 und 0151 2115 1451, www.meeresleuchten-juist.de. Hier spürt man an jeder Ecke, dass das Herzblut regiert. Das kulinarische Angebot ist äußerst lecker, besonders die feinen Kuchen und die Schokolade suchen ihresgleichen. Abends verlockt ein ausgewähltes Weinangebot zum Probieren edler Tropfen.

31 EisCaféBar Heiken: Wilhelmstraße 62, Tel. 04935 1060 und 269, www.heikenjuist.de. Das gefühlt beste Eis der Insel lässt sich hier im Café in gemütlicher Atmosphäre oder unterwegs aus der Waffel schlecken. Die wenigen, dafür oft wechseln-

⌃ Schirmbar des Restaurants Strandhalle

den Sorten, sind aus besten Zutaten alle selbst gemacht. Dazu gibt es hausgemachte Limonaden und selbst gebackenen Kuchen. Nur Barzahlung möglich.

1 **Steimer's Strandbar:** Der Hotspot am Strand für alle, die entspannt mit Blick auf das Meer ein Getränk genießen wollen. Das Mobiliar ist selbstgezimmert und sehr urig. Der Betreiber ist mit viel Engagement dabei, schließlich sollen sich seine Gäste wohl fühlen. Das wissen auch die Insulaner.

64 **Störtebeker's Stuv:** Hellerstraße 2, Tel. 04935 269, www.seemannstreu.de. Das in einer Pension gelegene Lokal im Westteil des Dorfes bietet bodenständige Kost wie Curry-Wurst, leckere fleischige und vegetarische Hamburger, Bratfisch und Matjes mit Bratkartoffeln in norddeutsch-ostfriesischem Ambiente an.

5 **Strandhalle Juist:** Strandpromenade 3, Tel. 04935 7594092, www.strandhalle-juist.de. Die Strandhalle ist einer der richtig guten Plätze auf der Insel. Ob zum Frühstück, zum Lunch, zur „Teetied", zum Dinner oder zum abendlichen Sundowner – hier ist man immer richtig. Von der **Schirmbar** der Strandhalle aus hat man einen prima Rundumblick und ist trotzdem windgeschützt.

48 **Carl Steakmann:** im Alten Bahnhof, Carl-Stegmann-Straße 5, Tel. 04935 9216915, www.juist-gastronomie.de. Das komplett renovierte Lokal verfügt über einen Barbeque-Garten, ein Restaurant, eine Bar und eine Vinothek. Auf der Karte stehen klassische Fleischgerichte, aber auch Fisch sowie vegane und vegetarische Speisen.

53 **Café Baumann's:** Bahnhofstraße 4, Tel. 04935 990231, www.juist-gastronomie.de. Das am Kurplatz gelegene Lokal liegt mitten im Geschehen und ist Café und Bistro zugleich – meistens gut besucht. Es gibt Kaffeespezialitäten, Eisbecher, kleine Speisen und ausgewählte Weine.

3 **Café Wilhelmshöhe (Karte Umschlag vorn):** Flugplatzstraße 21. Die Aussicht vom Café Wilhelmshöhe ist fantastisch. Auch mit Außengastronomie.

8 **Irish Snug:** Strandpromenade 7, Tel. 04935 921522, www.irishsnug-juist.de. Irland auf Juist: Das ist auf der Insel nur hier zu erleben. Es gibt Fish & Chips, leckere, selbst gemachte Hamburger und feines Bier aus Irland wie Guinness oder Kilkenny, aber auch Whisky. In der Sportsbar finden gelegentlich auch Live-Konzerte statt, keine Kartenzahlung.

9 **Café del Mar:** Strandpromenade 7, Tel. 04935 9228989, www.juist-gastronomie.de. Hier werden spanische Tapas und Cocktails in Lounge-Atmosphäre im Lokal und auf der hölzernen Sonnenterrasse serviert. Hingucker: Die Decke ziert ein Fresko des Inselmalers *Friedrich Fäsing.*

55 **Bierlokal Spelunke:** unten im *Hotel Friesenhof*, Strandstraße 21, Tel. 04935 319. Die Spelunke ist eine urtümliche Raucherkneipe mit einem netten Team und gemütlicher Atmosphäre. Auch Einheimische sind hier zu finden. Nur Barzahlung.

78 **53GradNord:** im *Hotel Achterdiek*, Wilhelmstraße 36, Tel. 04935 8040. Sehr gepflegte Bar, die in typisch ostfriesischem Ambiente leckere Cocktails mit und ohne Alkohol mixt. Auch ein frisch gezapftes Bier, feine Whiskys oder edle Obstbrände sind auf der Karte zu finden.

4 **Kaminbar Münchhausen:** *Strandhotel Kurhaus*, Strandpromenade 1, Tel. 04935 9160, www.strandhotel-juist.com. Der Barkeeper mixt in gepflegtem Ambiente Cocktails, Champagner und Apéritifs.

Bäckerei, Grills und Imbissstuben

28 28 **Bäckerei Remmers:** Billstraße 2, Tel. 04935 1093, Facebook. In der einzigen Bäckerei der Insel steht man morgens meist Schlange, um die frischen Backwaren und Getränke zu kaufen: Kuchen, Brötchen, Brot, belegte Brötchen, mittags kleine Gerichte und Kaffeespezialitäten.

45 **Frankie's Grill:** Strandstraße 2, Tel. 04935 922788. Das Angebot ist vielseitig, und so lässt sich auf der Karte vom klassischen Fischbrötchen über die Currywurst, Suppen und Eintöpfe bis zu vegetarischen Gerichten und frischen Salaten alles finden, was das Imbiss-Liebhaber-Herz begehrt.

33 33 **Juister Fischkehuus und Fischhandlung Schönrock:** Am Rosengang 3a, Tel. 0162 9702441,

Facebook. An einem kleinen Pfad gelegen ist dieser Fischimbiss, wo es die klassischen Gerichte wie Backfisch und Fischbrötchen gibt.

Feiertage, Feste und Events

→ Juist zu jeder Zeit, S. 22

Auf Juist gelten die in Deutschland gültigen bundesweiten Feiertage sowie die des Landes Niedersachsen. Hier ist der **31. Oktober, der Reformationstag,** ein offizieller Feiertag. Während der Saison finden regelmäßig Konzerte oder andere kulturelle Veranstaltungen statt. Im Winter ist das Angebot kleiner. Auch Lesungen, Vorträge und Ausstellungen gehören zum Veranstaltungsprogramm. Über alle Veranstaltungen informieren der regelmäßig erscheinende **„Strandlooper"**, der von der Tourist-Information herausgegeben wird, sowie die app.juist.de (→ Information, S. 72). Der Kartenvorverkauf erfolgt in der Tourist-Information im Rathaus, im Meerwasser-Erlebnisbad, im Inselmuseum und in der Tourist-Information am Hafen.

- **Veranstaltungsstätten:** Haus des Kurgastes, Strandpromenade, und Loogster Huus im Loog

Feste und Veranstaltungen

- 1. Januar: **Neujahrsschwimmen** – Anbaden für Mutige – zusammen mit dem Juister Bürgermeister. Wer sich dafür angemeldet hat, darf sich im Meerwasserschwimmbad umziehen, bevor es gemeinsam ins kühle Nass geht. Nach dem Bad darf man sich kostenfrei bis gegen 16 Uhr in der Sauna aufwärmen. Infos: www.juist.de.
- Frühling und Herbst sind die beste Zeit für eine **Thalasso-Klimatherapie** und auch die Zeit der **Vogelzüge.** Vogelliebhaber können dann viele Zugvögel beobachten. Das Nationalpark-Haus bietet Exkursionen an. Dort lassen sich auch gegen eine Gebühr Ferngläser ausleihen.
- **Ostern** ist Saisonbeginn. Die Osterfeuer bieten eine schöne Gelegenheit, sich bei Speisen und Getränken gut zu unterhalten.
- Jährlich Ende April findet die **Juister Gesundheitswoche** statt. Dann gibt es viele Kurse und Vorträge sowie die Möglichkeit einer persönlichen Gesundheitsberatung.
- 30. April/1. Mai: **Maibaumfest** mit Wahl der Maikönigin.
- **Juister Maizeit:** Während des gesamten Monats sorgen viele Veranstaltungen wie Lesungen, Kabarett, Vorträge und Konzerte für Information und Unterhaltung – entweder auf dem Kurplatz oder im Haus des Kurgastes.
- Um Himmelfahrt findet das **Juister Musikfestival** statt, von Donnerstag bis Samstag spielen verschiedenste Bands in den Kneipen und man kann sich durch abwechslungsreiche musikalische Darbietungen hören.
- Mitte Juli dreht sich beim **Juister Familienfest** alles um die Kinder: Kinder-Karaoke, Animationen oder Kinderschminken – Spiel und Spaß für alle.
- Während der Sommerferien im Juli und August ist die **sportliche Hochsaison.** Es gibt mehrere Inselläufe. Außerdem werden Beachvolleyball-, Strandfußball- und Spikeball-Turniere ausgetragen. Von der Kurverwaltung wird zusätzlich ein regelmäßiges kostenfreies Strandsportprogamm angeboten. In diesem Zeitraum findet auch die **Kinder-Universität** statt mit Veranstaltungen zu Themen wie beispielsweise „nachhaltig leben".
- Ende August findet das **Straßenkunstfestival** vor dem Rathaus statt. Drei verschiedene Straßen-

künstlerdarstellungen wechseln sich an mehreren Tagen von 17 bis 22 Uhr mit ihren Aufführungen ab.

- Mitte Oktober: Das **Krimi-Festival** „Tatort Töwerland" bietet spannende Unterhaltung bei vielen Lesungen.
- Im Oktober und November finden die **Juister Achtsamkeitstage** statt. Hier geht es vornehmlich um bewusste Wahrnehmung von Raum und Zeit, um das Abschalten und die Abstandsgewinnung. Begleitet wird das Angebot von verschiedenen, frei wählbaren Vorträgen und Kursen.
- UNSER TIPP: Auf dem kleinen **Weihnachtsbasar im Haus des Kunsthandwerks,** der jährlich in der Woche vor dem ersten Advent für einen Abend stattfindet, werden unter anderem die einzigartigen Arbeiten von 27 *Tim Köhler* (→ Physiotherapie, S. 70) zum Verkauf angeboten, der dekorative Treibholzkunst fertigt.
- 6. Dezember: Der **Nikolaustag** ist eher für die Inselbewohner gedacht. Dann fährt Knecht Ruprecht mit einer Kutsche zum Kindergarten und zur Schule, danach geht es weiter zum Rathaus, wo der Bürgermeister begrüßt wird. Anschließend tragen die Kinder dem Nikolaus im Nationalpark-Haus Gedichte vor. Als Belohnung gibt es einen Stutenkerl, ein typischen Nikolausgebäck.

Inselabend

Zwischen den Oster- und den Herbstferien findet etwa siebenmal der „Inselabend" statt, der von den Juister Vereinen gestaltet wird. Mit dabei ist der **Juister Heimatverein** mit seiner Trachtentanzgruppe „Hüpfdohlen" und der Theatergruppe „Antjemöh" sowie der **Shanty-Chor,** die Linedancegruppe **„Crows in a Line"** und der **Musikzug der Freiwilligen Feuerwehr Juist.** Jeder Inselabend wird mit einem gemeinsam gesungenen Lied beendet.

Geld

Auf Juist akzeptieren etliche gastronomische Betriebe, Dienstleister und Geschäfte weder Debit- noch Kreditkarten. Man sollte also immer ausreichend **Bargeld** dabeihaben. Generell kann man sagen, dass die Preise auf Juist – wie auf allen Nordseeinseln – spürbar höher sind als auf dem Festland. Auch die Unterkünfte sind vergleichsweise teuer, dafür aber in der Regel sehr hochwertig ausgestattet.

Banken

Beide Banken verfügen über einen Geldautomaten.

- **Juister Volksbank (Filiale):** Strandstraße 9, Tel. 04935 91260.
- **Sparkasse Aurich-Norden (Filiale):** Wilhelmstraße 51, Tel. 0800 28350000.

Insel-Ticket

Für 19,50 Euro bekommt man 20 **Gutscheine** für verschiedene Angebote der Gastronomie, im *TöwerVital,* Rabatt auf Einkäufe in verschiedenen Geschäften sowie bei Fahrradverleihern. Zu erwerben ist das Insel-Ticket in der Tourist-Info im Rathaus und am Hafen, im Schwimmbad oder online unter www.frisonaut.de. Es gilt vom 15. März bis 31. Oktober.

› Haus des Kurgastes

Kurbeitrag

Der Gästebeitrag, wie die Kurabgabe hier heißt, wird für die Dauer des Aufenthalts erhoben und nach Anzahl der Übernachtungen berechnet. Das Fähr- oder Flugticket wird mit der Anreisekontrolle gespeichert. Die sogenannte **TöwerCard** (Fähr- oder Flugticket) muss in der Tourist-Information vorgelegt und bezahlt werden. Wer das vergisst, wird spätestens bei der Ausreise freundlich daran erinnert, weil er nicht aufs Schiff oder ins Flugzeug gelassen wird, wenn der Beitrag noch nicht entrichtet wurde. Wer häufiger kommt, kann bei der Tourist-Information für 114 € eine **Jahreskarte** kaufen, Kinder von 6–13 J. zahlen für die Jahreskarte 72 €. Kinder bis 5 Jahre sind beitragsfrei (Erw. ab 14 Jahre 4,80 €/Kinder 6–13 J. 1,30 € pro Übernachtung in der Hauptsaison, 3 €/Kinder 6–13 J. 0,80 €. in der Nebensaison, nach den Weihnachtsferien bis Mitte Februar muss kein Gästebeitrag gezahlt werden). Gäste mit einer **Schwerbehinderung ab 50 GdB** müssen nur 80 Prozent der Abgabe entrichten, mit 100 GdB gilt die Beitragsfreiheit – auch für die Begleitperson. Die Kontrolle der Gästebeitragszahlung findet bei der Abreise statt, ohne diese kommt man nicht aufs Schiff. Der Gästebeitrag kann gezahlt werden in der Tourist-Information im Rathaus, im Schwimmbad, am Hafen oder im Inselmuseum. Als Nachweis müssen die An- und Abreisetickets vorgelegt werden. Mit der Gästekarte erhält man 1,5 Stunden täglich freien Eintritt in das Schwimmbad, kann am Thalasso-Strandsport teilnehmen, die Ausstellungen im Haus des Kurgastes, im Alten Warmbad und das Inselmuseum besuchen. Poolbillard und Tischtennis werden gebührenfrei im Haus des Kurgastes angeboten. In der Tourist-Info im Rathaus lassen sich mit der TöwerCard verschiedene Gesellschaftsspiele und auch GPS-Geräte für Geo-Caching-Touren ausleihen. Wer eine **handyfreie Zeit** auf Juist erleben möchte, kann sein Mobiltelefon dort kostenfrei aufbewahren lassen. „Digital Detox“ nennt das Inselmarketing diesen ungewöhnlichen Service.

Gesundheit und Hygiene

Allergiker

Viele gastronomische Betriebe nehmen inzwischen verstärkt **Rücksicht auf Allergiker** und verzichten z. B. bei der

179j_mna

Die Trinkwasserversorgung von Juist

Juists Trinkwasser hat eine **leicht gelbliche Färbung.** Hygienisch ist es völlig unbedenklich. Doch warum ist das so? Das Trinkwasser wird nicht vom Festland angeliefert, sondern aus mehreren **Süßwasserlinsen** auf der Insel gewonnen, die aus versickerndem Regenwasser gespeist werden. Es verdrängt das Salzwasser unter der Insel und schwimmt durch sein geringeres spezifisches Gewicht auf diesem. So kann sich im Sand unter der Oberfläche uhrglasartig eine **Süßwasserschicht** aufwölben, die von Salzwasser umgeben ist. An den Rändern der Süßwasserlinse entsteht eine Übergangs- und Brackwasserzone, die das Eindringen von Salzwasser von der Seite und aus der Tiefe verhindert. Der Sand des Inselsockels bildet dabei einen natürlichen Filter. Fünf der sieben Ostfriesischen Inseln gewinnen ihr Trinkwasser auf diese Weise.

Die gelbliche Färbung entsteht, weil der Grundwasserkörper bis in die torfigen, humusreichen Schichten der Insel hineinreicht und sogenannte **Huminstoffe** herauslöst. Diese organischen Stoffe sind jedoch völlig ungefährlich. Wollte man das Wasser vollständig klären, müssten bei der Wasseraufbereitung **Chemikalien** eingesetzt werden. Reste davon blieben im Wasser und es verlöre seine Reinheit. Die Gemeinde Juist, die das Wasserwerk betreibt, hat deshalb die Entscheidung getroffen, auf Chemikalien zu verzichten und das Wasser generell ausschließlich mit den beschriebenen natürlichen Methoden aufzubereiten.

Dem Trinkwasserreservoir gefährlich werden können **zu große Fördermengen** oder schwere **Sturmfluten.** Beides kann zu einem Meerwassereinbruch führen, was eine **Versalzung des Trinkwassers** nach sich zöge. Auf Jahrzehnte

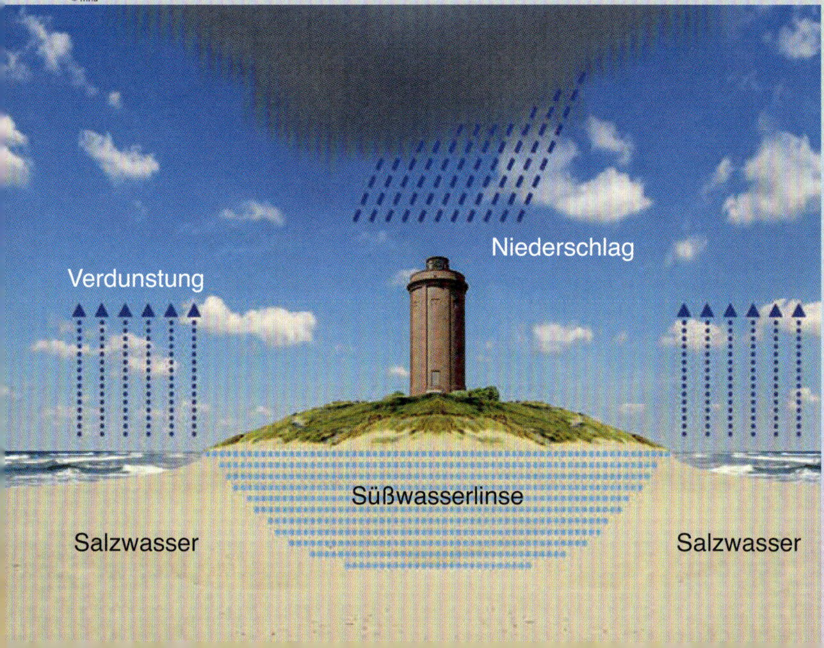

würde die Förderstelle somit unbrauchbar werden. Aus diesem Grund dienen die Küstenschutzmaßnahmen auch dem Schutz des Süßwasserreservoirs.

Auf Juist gibt es drei Hauptfördergebiete für das Wasser. Es wird mit einer **Pumpe durch Rohre** gefördert, die in die Süßwasserlinse hineinragen. Sie sind 15 bis 20 Meter lang und haben einen Durchmesser von 20 bis 30 Zentimetern. Das Rohwasser wird durch einen Kiesfilter von etwa drei Metern Höhe an die Oberfläche gepumpt und anschließend in das Aufbereitungswerk an der Karl-Wagner-Straße geleitet. Da das Wasser aus einer geringen Tiefe gefördert wird, muss es gegen Verunreinigungen stets gut geschützt werden. Dafür gibt es drei verschiedene **Schutzzonen,** die ersten beiden liegen in einem Umkreis bis etwa 100 Meter um jeden Brunnen, die erweiterte Schutzzone III umfasst den gesamten Inselbereich zwischen Deich und Dünen. Hier müssen besondere Auflagen erfüllt werden, beispielsweise bei der Lagerung von Brennstoffen und Müll, bei der Abfallentsorgung und bei der Viehhaltung.

Im Sommer während der Hauptsaison liegt der tägliche Wasserverbrauch bei ca. 1600 Kubikmetern, im Winter hingegen nur bei 300. Bei der Verteilung des Wassers spielt der Wasserturm, der 200 Kubikmeter fasst, eine wesentliche Rolle. Er dient zum Druckausgleich und als Notreserve. Ferner sorgt er dafür, dass die nächtliche Wasserversorgung sichergestellt ist. Das Rohrnetz für das Trinkwasser ist 24 Kilometer lang und versorgt knapp 700 Hausanschlüsse.

Speisezubereitung auf Gluten und Nüsse. Per Gesetz müssen die Inhaltsstoffe der Gerichte auf den Speisekarten ausgewiesen werden. Auch zahlreiche Unterkünfte achten auf eine allergikerfreundliche Ausstattung, die auf Teppichböden und Daunenbetten verzichtet, sodass auch Hausstauballergiker dort entspannt wohnen können. **Haustiere** sind meist nicht erlaubt. Im Gastgeberverzeichnis lässt sich die Ausstattung der Unterkunft an Piktogrammen erkennen.

Apotheke

63 **Seehund-Apotheke:** Warmbadstraße 5, Tel. 04935 1041.

Ärzte

- **Dr. Martin Birkenfeld:** Facharzt für Innere Medizin und Hausärztliche Versorgung, Friesenstraße 18, im Alten Warmbad, Tel. 04935 9229170.
- **Dr. Paul Okot-Opiro:** Strandpromenade 1, im Strandhotel Kurhaus, Tel. 04935 921544.

Zahnarzt

- **Torsten Dietze:** Gräfin-Theda-Straße 14, Tel. 04935 1856491.
- **Anrufbeantworteransage über diensthabende Zahnärzte am Festland:** Tel. 04931/ 9838266, www.kzvn.de.

Sozialstation

- **Diakonie Pflegedienst:** Tel. 0151 55162404 (*Hr. Wölfel*), Zentrale in Hage: Tel. 04931 974127.
- **DRK** – Deutsches Rotes Kreuz: Ortsverein Juist, Mittelstraße 3, Tel. 1260, Vermietung von Hilfsmitteln wie Rollstühlen, Rollatoren, Gehhilfen, Elektro-Scootern etc.

060j_mna

Hunde sind auf Juist an der Leine zu führen

Kurgäste

Haus des Kurgastes

Tägliche Öffnungszeiten sind von 10 bis 19 Uhr, an Tagen mit Veranstaltungen ist bis 22 Uhr geöffnet. Es gibt **Kinderspiel- und Jugendräume.**

- **Haus des Kurgastes:** Strandpromenade 6, Tel. 04935 809871
- **Kurverwaltung der Inselgemeinde Juist:** Tourist-Information im Rathaus, Strandstraße 5, Tel. 04935 8090; Nebenstellen im Hafen-Betriebsgebäude, geöffnet zu den An- und Abfahrtszeiten der Fähre, im Meerwasser-Erlebnisbad, nachmittags geöffnet, sowie im Inselmuseum im Loog.

Physiotherapie

- **Praxis „Watt beleven" Tim Köhler:** Billstraße 5, Tel. 04935 921918. Die Praxis hat eine Kassenzulassung. Termine bitte bereits vor dem Urlaub vereinbaren.
- **Kurmittelabteilung im TöwerVital:** auf der Düne, Tel. 04935 809865. Auch hier sollten Termine bitte möglichst schon vor dem Urlaub vereinbart werden.
- **Massagepraxis im Biohotel AnNatur:** Dellertstraße 14, Tel. 04935 918127 und mobil 0171 6572700. Sport-, Klang-, Reflexzonen- und ayurvedische Massagen sowie Fußreflexzonentherapie sind hier möglich

Thalasso

Thalasso nutzt die **Heilkräfte aus dem Meer.** Bei einer Thalasso-Kur geht man am Meeressaum spazieren, schwimmt im Meer und tut seinem Körper neben der Bewegung an der frischen Luft bei therapeutischen und kosmetischen Anwendungen mit Meerwasser, Meersalz, Schlick und Algen etwas Gutes. Die Mineralstoffe und Spurenelemente haben eine positive Wirkung auf den Körper. Ebenfalls positiv wirkt sich das Juister **Reizklima** aus. Auf Juist gibt ein umfangreiches Netz an **Thalasso-Kurwegen.** Die Wege sind ausgeschildert, zahlreiche Schautafeln vermitteln unterwegs umfassende Informationen. Eine Thalasso-Therapie hilft vor allem bei Atemwegserkrankungen, Erschöpfungszuständen oder Neurodermitis. Eine Thalasso-Kur kann vom Arzt verordnet werden oder muss selbst bezahlt werden, es sei denn, der behandelnde Arzt stellt für ambulante Anwendungen ein Rezept aus. Anwendungen zur Vorsorge und Kräftigung sind rezeptfrei und müssen generell selbst bezahlt werden. Thalasso-Kuren- und Anwendungen können im **TöwerVital** gebucht werden, verschiedene Anwendungen bieten auch das **Romantik Hotel Achterdiek,** das **Strandhotel Kurhaus Juist,** das **Hotel Pabst** und das **Biohotel Haus AnNatur** (→ Unterkunft, S. 87).

Mit Haustier unterwegs

Generell lässt sich auf Juist Urlaub mit dem Hund machen. Es gibt Unterkünfte, in denen man mit seinem Haustier wohnen kann. Es ist jedoch sinnvoll, schon **bei der Buchung der Unterkunft explizit danach zu fragen,** weil etliche Unterkünfte speziell für Allergiker eingerichtet und Haustiere dort untersagt sind.

Hunde

In der Ruhe- und Schutzzone des Nationalparks Niedersächsisches Wattenmeer müssen Hunde **angeleint geführt** werden, auch am Hundestrand, denn auf Juist leben viele unterschiedliche Ge-

059j_mna

Heiraten

Auf der Pferdeinsel Juist ist es normal, mit der **Kutsche zum Standesamt** zu fahren. Aber natürlich kann man auch zu Fuß oder per Fahrrad kommen. Das Standesamt liegt im historischen „Alten Warmbadehaus“, und die Zeremonie findet in einem stilvoll eingerichteten Raum statt, in dem 33 Personen Platz finden. Auch eine **Trauung am Strand** inklusive sandiger Füße ist möglich, denn dort können sich heiratswillige Paare seit Kurzem ebenfalls vor dem Standesbeamten das offizielle Ja-Wort geben. Bis dahin war nur eine kirchliche Trauung am Strand möglich. Zunächst muss man aber auf dem **Standesamt Juist** einen **Hochzeitstermin** vereinbaren und dann auf dem Standesamt in der Heimat die Anmeldung mit allen erforderlichen Unterlagen durchführen. Am Standesamt steht eine **Hochzeitsstele**, die zwei Muscheln zieren. Gegen eine Spende von 100 € können Juister Hochzeitspaare ein Namensschild gravieren lassen, das dann daran befestigt wird. Das Bestellformular dafür gibt es nur beim Standesamt auf der Insel.

- **Standesamt Juist:** Friesenstraße 18, Tel. 04935 809322, www.juist.de.
- **Bröker's Inselveranstaltungen:** Friesenstraße 28, Tel. 04935 921727, www.dieagentur-juist.de. *Lucia Bröker* organisiert auf Wunsch die komplette Hochzeit, gern auch am Strand.
- **Hochzeitsfotograf Michael Kersting:** Carl-Stegmann-Straße 22, Tel. 0163 4560163, E-Mail: m.kersting@hotmail.de.

< Die Hochzeitsstele

schöpfe auf sehr engem Raum zusammen. Im Ort und am Strand herrscht für Hunde vom 1. März bis 15. November und vom 20. Dezember bis zum 15. Januar ebenfalls Anleinpflicht. Während der Zeit vom 15. April bis zum Ende der ersten Oktoberwoche sind Vierbeiner am Badestrand generell verboten. Es gibt **zwei Hundestrände,** die ganzjährig genutzt werden dürfen. Auf dem umzäunten **Hundeauslaufplatz** dürfen die Vierbeiner **ohne Leine** tollen. Er liegt am östlichen Ende des Deichs, der Weg dorthin zweigt von der Flugplatzstraße ab in Richtung Wattenmeer. Es sollte selbstverständlich sein, die Hinterlassenschaften seines Vierbeiners zu beseitigen. Entsprechende Tüten sind bei der Tourist-Information und den zahlreich aufgestellten Spendern erhältlich. Bei Nichtbeachtung können vom Ordnungsamt **Verwarngelder** festgesetzt werden.

Information

→ Feiertage, Feste und Events, S. 65

Über die Website **www.juist.de** lässt sich ein monatlicher Newsletter mit **aktuellen Informationen und Angeboten** abonnieren.

- **Tourist-Information Juist:** im Rathaus, Strandstraße 5, Tel. 809800.
- **Fundbüro:** Friesenstraße 18, im Alten Warmbad

Gezeitenkalender

Am Hafen hängt die aktuelle Gezeitentabelle aus. Der Gezeitenkalender wird auch auf **www.juist.de** und auf der Website des Bundesamts für Schifffahrt und Hydrographie unter **www.bsh.de** sowie in der Juist-App veröffentlicht.

061j_mna

Presse

Über das Internet versorgen die „JNN“, die Abkürzung steht für *Juist Net News,* ihre Leser unter www.juistnews.de mit Aktuellem rund um die Insel. Aktuelle Nachrichten sind zudem im Lokalteil der Nordwest-Zeitung und im Internet über die Website www.nwzonline.de zu finden.

Wetter

Während der Saison wird an Werktagen der aktuelle Wetterbericht in den **Informationskästen am Rathaus** und in denen für Veranstaltungen ausgehängt. Darüber hinaus ist er regelmäßig im Internet zu finden unter **www.juist.de** und unter **app.juist.de.** Nützlich sind auch Internetseiten wie www.windfinder.com oder www.buienradar.nl und verschiedene Wetter-Apps.

Juist-Stiftung

Manchmal sind es besonders kleine Dinge und Gesten, die Großes bewegen – die Juist-Stiftung ist deshalb offen für Ideen-, Anlass- und Geldstiftungen. Die Spendengelder der Bürgerstiftung werden für eigene und fremde Projekte genutzt. Die Arbeit erfolgt transparent und unabhängig von Parteien, einzelnen Geldgebern, Unternehmen und Banken. **Gefördert werden verschiedene Juister Einrichtungen und Projekte.** Informationen darüber sind auf der Website zu finden. Spenden werden gern entgegengenommen.

- **Juist-Stiftung:** Postfach 1326, Tel. 04935 9218603, www.juist-stiftung.de.

Mit Kindern unterwegs

→ Hinweise zur Benutzung, S. 9

Babysitter

In der **Tourist-Information** im Rathaus ist eine aktuelle Liste mit Personen, die sich als Babysitter anbieten, erhältlich.

◁ Kult für Kids: Schiffchenteich auf dem Kurplatz

Kinder

Für Kinder ist der **Sandstrand** eine unendlich große Sandkiste, in der sich Sandkleckerburgen bauen lassen oder nach tollen Fundstücken aus dem Meer gesucht werden kann. Auch die Kurverwaltung hat verschiedene Aktivitäten für kleine Urlauber im Angebot, mit denen sich auch Regentage ganz gut überbrücken lassen. Und das **Meerwasser-Erlebnisbad** im *TöwerVital* ist ja auch noch da. Kult ist der **Schiffchenteich auf dem Kurplatz,** hier haben oft schon die Eltern gespielt. Gesellschaftsspiele verleiht die Tourist-Information im Rathaus.

Kleinkinder- und Spielplätze

- **am Alten Bahnhof**
- **im Loog**
- **Kleinkinderspielplatz bei den Tennisplätzen**

180j_mna

Spielräume

■ Sie befinden sich im **Haus des Kurgastes** (→ S. 70) und im **Loogster Huus** (Hammerseestraße 13), geöffnet täglich 10–19 Uhr.

Sonstiges

■ **Kinderuniversität:** alljährlich in den Sommerferien, genaue Termine siehe www.juist.de/Veranstaltungen.

■ **Basteln:** Während der Hauptsaison wird täglich Basteln für Groß und Klein ab acht Jahren angeboten. Man kann auch die Herstellung von Glasperlen lernen. Das Ganze findet statt bei „Elfember" im Haus Siebje, Friesenstraße 9, Ansprechpartnerin ist *Beate Striewe*, www.elfember.de.

■ **Fußballcamp:** alljährlich in den Sommerferien für Kinder von 5 bis 10 Jahren, Anmeldefristen und Kosten siehe www.juist.de/Veranstaltungen.

■ **Geocaching:** Juister Schnitzeljagd, zwei Touren stehen zur Verfügung. Auf www.juist.de lässt sich die kostenfreie App „Hide and Seek" herunterladen, die dafür benötigt wird.

■ **Wigand-Wattwurmclub:** Für Kinder im Alter von vier bis sieben Jahren bietet die Kurverwaltung im Sommer verschiedene Veranstaltungen an, von Basteln über Kinderdisco bis hin zum Bambini-Kinderlauf. Die Termine stehen im Veranstaltungskalender.

Jugendliche

Die Kurverwaltung hat im Haus des Kurgastes und im Loogster Huus verschiedene Möglichkeiten geschaffen, sich auch bei schlechterem Wetter **sportlich zu betätigen.** Es gibt eine Tischtennisplatte, Poolbillard und einen Kicker. Im Sommer werden ein Beach-Soccer-Turnier angeboten sowie weitere sportliche Wettkämpfe.

⌃ Kinderspielplatz hinter dem Deich

- **Jugend-Disco:** Die Termine stehen im Veranstaltungskalender *Strandlooper,* sie finden in der Regel freitags von 19 bis 22 Uhr im Haus des Kurgastes statt.
- **Jugendräume** befinden sich im Haus des Kurgastes und im Loogster Huus (täglich 10–19 Uhr).

Klima und Reisezeit

→ Reisegepäck und Ausrüstung, S. 77
→ Die Nordsee: Meer und Gesundheit, S.176

Auf Juist herrscht ein **gemäßigtes Klima** mit warmen Sommern und milden Wintern. Selten fällt das Thermometer unter die Null-Grad-Grenze. Im Sommer ist das Meer meist relativ ruhig und vergleichsweise warm. Die eigentliche Badezeit ist von Juni bis in den September hinein. Wie überall an der norddeutschen Küste weht der Wind oft kräftig überwiegend von West oder Nordwest. Das **Reizklima** an der Nordsee ist das ganze Jahr über sehr gesund. Die salzhaltige Meeresluft ist pollenarm und nicht nur für Allergiker und Menschen mit Erkrankungen der Atemwege ideal. Auf den Inseln ist die Luft noch besser als an der Küste und ein längerer Aufenthalt gut für die allgemeine Gesundheit. Die Bewegung an der frischen Luft tut gleich doppelt gut: dem Körper und der Seele. Die Herbst- und Wintermonate wegen der möglichen starken Stürme für eine Reise auszuschließen, sollte nicht die Konsequenz sein (→ Die Nordsee: Wind und Wetter, S. 165). Denn an Sturmtagen zeigen Küste, Wattenmeer und Inseln eine ihrer faszinierendsten Seiten. Wer sich dem Wetter stellt, kann prächtige Panoramen unter dramatisch bewölktem Himmel und schäumender See erleben – ein großartiges Naturerlebnis. Wetterfeste Kleidung sollte allerdings immer dabei sein.

Kommunikation unterwegs

Während der Fährüberfahrt und an den beiden Inselenden ist der Mobilfunkempfang nicht immer gewährleistet und abhängig vom Mobilfunkanbieter. Da sich Juist ganz im Westen von Deutschland befindet, kann es sein, dass sich das Telefon ins **niederländische Netz** einwählt. Kostenfreies WLAN siehe oben.

Internet/WLAN

Kostenloses WLAN der Gemeinde im Haus des Kurgastes während der Öffnungszeiten von 10 bis 19 Uhr, im Hafengebäude sowie im Loogster Huus.

LGBT+

Auf Juist ist der Umgang mit homo- und bisexuellen Menschen wie in ganz Norddeutschland **relativ entspannt.** Explizite Angebote für diese Zielgruppe gibt es auf der Insel jedoch nicht.

181j_mna

Notfälle

→ Gesundheit und Hygiene, S. 67
→ Sicherheit, S. 77

Polizei

Die Polizei ist für Verkehrsunfälle, Diebstahl oder für Ruhestörungen zuständig, denn auch in der Hauptsaison gilt es, Nacht- und Mittagsruhezeiten einzuhalten. Sie ist ebenfalls mit einem E-Bike und dem ersten E-Quad der niedersächsischen Polizei im Einsatz.

- **Notruf Polizei:** 110, Carl-Stegmann-Straße 1, Tel. 04935 1210
- **DGzRS** – Deutsche Gesellschaft zur Rettung Schiffbrüchiger, Station Juist, SRB „Hans Dittmer", Tel. 0175 2675816; Seenotleitung Bremen – Bremen Rescue: Werderstraße 2, 28199 Bremen, Tel. 0421 53687-0, UKW-Kanal 16, Notfallnummer 124 124
- **Notruf Feuerwehr:** 112
- **Notruf ärztlicher Bereitschaftsdienst:** 116 117 (bundeseinheitliche Rufnummer)

Öffnungszeiten

Die Geschäfte haben während der Hauptsaison länger und häufiger geöffnet als in der Neben- und Wintersaison. Viele verkaufen ihre Waren auch sonntags, manche haben über Mittag geschlossen. Die **„normalen" Öffnungszeiten** sind Montag bis Samstag von 9 oder 10 bis 12 oder 13 Uhr, von Montag bis Freitag auch nachmittags ab 15 bis 18 oder 19 Uhr. Meist stehen die Öffnungszeiten am Eingang.

Post

Die Agentur der Deutschen Post AG befindet sich im Laden 41 **Elektro Abel,** Friesenstraße 27, Tel. 04935 914047, elektro.abel@hotmail.de. Postbankkunden können hier auch kostenlos Geld vom Konto abheben.

- **Paketdienst Ulrich Gerber:** Dellertstraße, Tel. 04935 921198, www.gerber-juist.de/

Rauchen

In öffentlichen Gebäuden, Kneipen, Cafés und Restaurants ist das Rauchen verboten; Aunahmen sind besonders ausgewiesene Nebenräume und reine Raucherkneipen. Zigarettenstummel dürfen nicht auf der Straße oder am Strand entsorgt werden, sondern müssen im Hausmüll oder öffentlichen Abfallbehältern entsorgt werden.

Reisegepäck und Ausrüstung

Es ist empfehlenswert, sich bei einem Inselaufenthalt mit seiner Kleidung auf **Wetterwechsel** einzustellen. In der Regel ist es am Wasser deutlich windiger als im geschützteren Inselinneren. Windfeste Kleidung und eine **Regenjacke** sollten deshalb immer dabei sein – auch im Hochsommer. Durch den sogenannten **Windchill-Faktor** fühlen sich besonders am Strand die Temperaturen immer ein paar Grad kühler an.

Sehr bewährt hat sich in allen Jahreszeiten das **Zwiebelprinzip,** bei dem man Kleidung in mehreren Schichten übereinander trägt und bei Bedarf auch schnell ablegen kann. Beispielsweise beginnt man im Sommer mit dünner Unterbekleidung wie einem T-Shirt und einer „Zip-off-Hose", bei der sich der untere Teil mittels Reißverschluss abtrennen lässt. Darüber trägt man ein windfestes, wärmeres Oberteil, z. B. eine Softshell-Jacke oder einen Fleece-Pullover und eine dünne, winddichte Jacke. Den Abschluss bilden Regenjacke und -hose. Ein Loopschal rundet das ganze ab, er kann flexibel als Mütze oder um den Hals getragen werden, und schon ist man auf alle Wetter bestens vorbereitet.

Im Winter lassen sich mit stärker wärmenden Kleidungsstücken auch längere Strandspaziergänge sehr gut aushalten. Dann sollten natürlich Mütze, Schal und Handschuhe nicht fehlen.

Sicherheit

→ Notfälle, S. 76
→ Verhaltenstipps, S.93

Auch wenn die zahlreichen Inselkrimis anderes suggerieren, ist es auf den deutschen Nordseeinseln tatsächlich **relativ sicher.** Es gibt selten Gewalttaten, noch seltener Einbruch und Diebstahl. Trotzdem sollte darauf geachtet werden, dass die Geldbörse nicht unbewacht am Strand verbleibt, während man im Wasser ist, denn wie es das Sprichwort schon sagt: „Gelegenheit macht Diebe".

Sicherheit am Strand

→ Die Nordsee: Gefahren beim Baden, S. 175
→ Die Nordsee: Keine Experimente im Watt, S. 181

☐ Strandstraße mit Postauto, dem einzigen Elektrofahrzeug der Insel

065j_mna

Sport und Aktivitäten

Aktivitäten am Strand

Strandkörbe

Strandkörbe bucht man von Ostern bis Ende September direkt am Strand bei den Anbietern an den Übergängen; Informationen zu Preisen für Strandkörbe, -zelte und -stühle finden sich auf **www.juist.de.** Besonders in der Hauptsaison übersteigt die Nachfrage oft das Angebot an Strandkörben, aber Vorbestellungen sind leider nicht möglich.

- **Preise:** 1. Tag 12,50 €, 3 Tage 34 €, 1 Woche 70 €, 2 Wochen 126 €, 3 Wochen 175 €.

Strandsport

Zwischen Mai und September, siehe jeweils aktuelles Veranstaltungsprogramm, gibt es am Strand Fitness-Workouts, Wirbelsäulengymnastik, Nordic-Walking und verschiedene Wettkämpfe wie Beachsoccer-, Strand- und Beachvolleyballturniere. Außerdem finden diverse Inselläufe statt.

Ausflüge und Führungen

Auf der Website **www.juist.de** gibt es einen **Veranstaltungskalender,** in dem sich alle aktuellen Termine leicht finden lassen. Sie sind auch im regelmäßig erscheinenden gedruckten Veranstaltungskalender „Strandlooper Juist“ aufgeführt. Es gibt wesentlich mehr Veranstaltungen, als hier aufgeführt werden können, deshalb handelt es sich nur um einen Auszug. Die WebApp von Juist (app.juist.de) informiert täglich über aktuelle Veranstaltungen und mögliche Unternehmungen sowie Preise und Orte für den Kauf der entsprechenden Tickets.

44 Reisebüro Kiesendahl: Strandstraße 2, Tel. 04935 914080, E-Mail: kiesendahl-juist@t-online.de. Wer mit der Kutsche zur *Domäne Bill* oder zum Flughafen fahren möchte, kann hier die Tickets dafür kaufen, ebenso die für die Ausflugsfahrten zu den Seehundbänken. Sogar Rundflüge über das Wattenmeer und Flüge nach Helgoland sind im Angebot des Reisebüros.

Nationalpark-Haus

Im Nationalpark-Haus können verschiedene **Touren** durchs Wattenmeer und über die Insel gebucht werden. In vielen **Vorträgen** beispielsweise lässt sich Wissenswertes über Wind, Wetter, Müll im Meer, die Gezeiten und anderes erfahren. Es gibt **Wattwanderungs-Schnupperkurse** und auch längere Touren sowie **naturkundliche Spaziergänge** über Juist. Wer mag, kann sich mit der TöwerCard im Nationalpark-Haus einen Wanderrucksack inklusive Route um den Hammersee mit Bestimmungsbüchern ausleihen. Auch Ferngläser sind gegen Pfand erhältlich.

- **Naturführungen:** Erkundung der Lebensräume in Wattenmeer, Salzwiese und Düne mit Führern des Nationalpark-Hauses Wattenmeer. Termine siehe Veranstaltungskalender sowie Nationalpark-Haus. Für die verschiedenen Führungen muss man sich im Nationalpark-Haus vorab anmelden, die Preise liegen zwischen 7 und 35 €. Sie richten sich nach Dauer und Strecke der Veranstaltung.
- **Stadtführung** *„anno dazumal"*: Bei der Stadtführung schlüpft der Stadtführer in die Rolle einer historischen Persönlichkeit und berichtet, wie das Inseldorf früher aussah, Dauer 1,5 Std., 10 €.

☐ Badestrand mit bunten Strandkörben

☐ Schädelknochen eines 2012 am Kalfamer gestrandeten Finnwals

123j_mna

Kutschfahrten

Juist ist eine Pferdeinsel, der „2-PS-Hafermotor“ bestimmt den Takt. In den Ortschaften darf nur mit Schrittgeschwindigkeit gefahren werden, aber auch außerhalb geht es oft nicht schneller voran. Mit der Kutsche gibt es verschiedene Touren zur 1 **Domäne Bill** (Karte Umschlag vorn). Ein ganz besonderes Naturerlebnis ist eine Kutschfahrt am Strand. Alle Fahrten müssen vorab gebucht werden. Dies kann man im 44 **Reisebüro Kiesendahl** erledigen oder bei den Fuhrbetrieben (→ Verkehrsmittel, Fuhrbetriebe, S.95). Diese bieten auch individuelle Spezial- und Sonderfahrten an.

- **Individuelle Einzeltouren** beginnen bei 150 €, die Preisgestaltung richtet sich nach der Länge der Strecke und der Zeit sowie der Personenzahl. Kutschfahrten können auch für Hochzeiten bestellt werden.

Schiffstouren

Die Reedereien *Cassen-Tours* und *Frisia* kooperieren und bieten auf Juist über die Insel-Touristik verschiedene Schiffstouren an wie Fahrten zu den Seehundbänken, Fahrten mit Schaufischen, Tagesausflüge nach Norderney und Borkum (nur im Sommer).

- Aktuelle Termine und Preise über www.juist.de. Die Preise variieren, abhängig von der Dauer der Fahrt und zu fahrenden Strecke.

Radtouren

- **Radtour zu Geschichte, Kultur und Infrastruktur:** Dauer 1,5 Stunden, von Juni bis September, Termine siehe Veranstaltungskalender, 10 €.
- **Radtour „Juist unplugged“:** Eine zweieinhalbstündige Fahrradtour zum Thema Nachhaltigkeit auf Juist (im Sommer). Die Fahrt beginnt an der Aussichtsplattform des Otto-Leege-Pfads und endet an der Müllstation am Hafen. Während der Fahrt erklärt der Nachhaltigkeitsbeauftragte der Insel, welche Umweltschutzmaßnahmen auf Juist im Fokus stehen. Man muss für die Tour ein Fahrrad mitbringen. Anmeldung bis zum Vortag in der Tourist-Information, 12 €.

Memmertfeuer

Im Sommer ist ein Besuch im Rahmen einer Führung möglich.

- Die Öffnungszeiten stehen am Eingang. Führung im Sommer täglich, Einlass nur um 16 Uhr, Eintritt 4 €.

Rundflüge bieten interessante Perspektiven der Inseln

064j_mna

052j_mna

Ausstellungen

Wechselnde Ausstellungen in der Gemeindeverwaltung im Alten Warmbad: Friesenstraße 18, Tel. 04935 809322, von Mo bis Fr vormittags geöffnet 9.30–12.30 und Mo 15–16 Uhr sowie im Haus Siebje (Öffnungszeiten variieren und sind an der Tür angeschlagen), das ganz in der Nähe liegt.

Bücherei/Leseräume

- Bücherei und Leseraum der Interessengemeinschaft Loog: **im Inselmuseum,** Loogster Pad 29, offen während der Öffnungszeiten des Museums.
- Leseraum **im Haus des Kurgastes,** dort liegen während der Öffnungszeiten viele Zeitungen und Magazine aus.

Kino

- **Filmtheater mitten im Meer:** Friesenstraße 24, Tel. 04935 677. Während der Saison gibt es täglich vier bis fünf Vorstellungen.

Angler am Strand der offenen Nordsee

Kirchen

- **Evangelisch-lutherische Kirchengemeinde:** Wilhelmstraße 42, Tel. 04935 910910
- **Katholische Kirchengemeinde:** Dünenstraße 16, Tel. 04935 30

Rundflüge

Rundflüge ab Juist gibt es mit unterschiedlicher Dauer. 15 Minuten kosten 150 €, 30 Minuten 260 € und 60 Minuten 420 €. Flüge zu anderen Inseln sind möglich, Preise auf Anfrage bei der FLN. Tagesausflüge nach Helgoland (Erw. 182 €/Kinder bis 11 J. 131 €), Charter- sowie Hochzeitsflüge werden ebenfalls angeboten.

- **Inselflieger FLN:** Flugplatz Juist, Flugplatzstraße 31, Tel. 04931 93320, www.inselflieger.de.
- **Rundflüge** werden über das *Reisebüro Kiesendahl* angeboten, Strandstraße 2, Tel. 04935 914080.
- **Rundflüge im Motorsegler und Schnupperkurse** lassen sich bei der *Jugendausbildungsstätte Theodor Wuppermann e. V.*, Flugplatzstraße 31, Tel. 04935 213, oder bei der Flugleitung im Tower des Flugplatzes, Tel. 04935 399, buchen.

Sport

Die Juister Tourist-Information stellt regelmäßig **abwechslungsreiche Angebote zu sportlichen Aktivitäten** ins Netz, mehr dazu unter www.juist.de/vor-ort/aktiv/aktivangebote/, ferner gibt es besonders im Sommerhalbjahr jede Menge sportliche Wettbewerbe für jedermann.

■ **Sportverein:** Am Rathaus gegenüber der Post werden alle wichtigen Informationen in einem Schaukasten des *TSV Juist* ausgehängt.

Angeln

Auf Juist darf man ohne Angelschein in der Nordseebrandung angeln, sodass jeder sein Glück versuchen kann. Mit Geduld, Ausdauer und der richtigen Ausrüstung lassen sich Plattfische wie Scholle, Flunder, Kliesche und Butt fangen. Dafür wird eine spezielle Angelrute benötigt, die mit schweren Bleien versehen ist, sodass die Haken weit ausgeworfen werden können und sich im sandigen Boden gut festsetzen. Ein Geschäft, in dem man Angelbedarf kaufen könnte, gibt es nicht, die Ausrüstung muss jeder selbst mitbringen. Im Inselwatt von Juist findet man die besten Naturköder, dort gibt es reichlich Wattwürmer.

Fitness

■ **Fitnesspark am Janusplatz:** Am Janusplatz lassen sich rund um die Uhr an jedem Tag im Jahr an verschiedenen Fitnessgeräten Übungen machen. Idee und Finanzierung dazu kamen von der Juist-Stiftung.

■ **Fitness-Sport:** Im *TöwerVital* hat ein Fitnessstudio Einzug gehalten, bei dem man mit der TöwerCard Rabatt bekommt. Tageskarte 17 €, Wochenkarte 41 €, Monatskarte 85 €, Zehnerkarte 85 €. Hier werden unterschiedliche Trainingsbereiche angeboten wie Training mit Eigengewicht oder Kardiotraining.

Schwimmunterricht

Während der Saison gibt es regelmäßig Kurse für Kinder ab 5 J., vormittags ab 9.30 Uhr für 10 € pro Stunde in kleinen Gruppen. Auch Erwachsene können das Schwimmen noch lernen, dafür gibt es Einzelunterricht für 40 € die halbe Stunde.

■ **Weitere Infos** an der Schwimmbadkasse oder unter Tel. 04935 809863.

Tennis

Es gibt Außen- und Hallentennisplätze. Die Tennisschule bietet vom Einzelunterricht bis zum Intensivtraining für Gruppen und Einzelspieler viele Kurse an. Schläger und Schuhe verleiht die *Tennisschule Laux.*

■ **Tennisclub des Juister TC am Meer e. V.** und **Tennisschule Laux**: Cirksenastraße 8, Tel. 04935 528, www.tennisaufjuist.de.

Wassersport

■ **Surfen:** An der Seebrücke gibt es von Juni bis September Lehrgänge im Wind- und Kitesurfen.

■ **Stand-Up-Paddling** (SUP): Verleih von Boards an den Rettungsstationen des Hauptbadestrands und im Loogbad.

■ **Wassersportschule Juist:** am Hafen in Richtung Seezeichen, Tel. 0151 61857238, www.wassersportschule-juist.de. Windsurfen, Standup-Paddeling, Optimisten-Segeln, Verleih von Wassersportgeräten.

■ **Wassersportschule JuistKite**: Tel. 0151 1077 0750. Kitesurf-Training und Verleih von Kitesurf-Material.

Weiteres

- **Billard:** Im Haus des Kurgastes.
- **Boule:** westlich des zentralen Spielplatzes im Dorf. Boulekugeln sind bei der Tourist-Information gegen ein Pfand erhältlich.
- **Fliegen:** Segelflugkurse über die Jugendbildungsstätte *Theodor Wuppermann e. V. Juist*: Flugplatzstraße 31, Tel. 04935 921060, www.jubi-juist.de.
- **Fußball-Camp:** → Mit Kindern unterwegs, S. 73.
- **Geocaching:** Die moderne Schnitzeljagd ist auch auf Juist möglich. Weitere Informationen dazu gibt es in der Tourist-Information oder auf www.juist.de.
- **Nordic-Walking:** Infos bei der Tourist-Information. Im Rathaus lassen sich Stöcke ausleihen. Termine stehen im Veranstaltungskalender.
- **Tischtennis:** im Haus des Kurgastes und im Loogster Huus.
- **Yoga:** Großes Angebot für Einsteiger und Fortgeschrittene. Yogaraum Juist, Wilhelmstraße 57, www.yogaraum-juist.de.

TöwerVital

Das Gebäude liegt auf hohen Dünen zentral in der Nähe von Strandstraße und Strandpromenade. Dort sind ein **Meerwasser-Erlebnisbad,** eine Sauna, ein Solarium und eine Kurmittelabteilung mit Physiotherapie, Wellness-Anwendungen, Thalasso-Therapien und Massagen sowie ein Fitness-Studio zu finden. Die **Öffnungszeiten** sind auf www.juist.de und im Veranstaltungskalender „Strandlooper Juist" zu finden. Es gibt auch **Schwimmunterricht** und an manchen Tagen **textilfreies Schwimmen** für Saunagäste**. Kleine Kinder** können am Brodelbrunnen spielen, die Minirutsche nutzen und mit Wasserspielzeug agieren. Größere dürfen auf

Segelschule mit Schülern im Wattenmeer

182j_mna

095j_MTV

der **14 Meter langen Rutsche** ins Wasser rasen. Für Erwachsene steht ein **Whirlpool** zur Verfügung. Im Becken befinden sich ein Strömungskanal, Whirl-Liegen, Nackenduschen und Unterwassermassagedüsen. Wer mag, kann sogar einen „Wasserfall" erleben. Das Salzwasser fürs Schwimmbad kommt aus einem 80 Meter tiefen Brunnen. Die Sauna ist wunderschön und an Weihnachten und Silvester besonders gut besucht. Es gibt ein **Saunarium** (50–60 °C), ein **Dampfbad** (45 °C) mit Soleverneblung, reines Seewasser im Abkühlbereich und eine **Finnische Sauna** mit schönem Rundumblick, in der jede Stunde ein frischer Aufguss gemacht wird. Schöner kann man nicht schwitzen. Wer sein Gepäck nicht mit Bademantel und Saunalaken bestücken möchte, kann sich beides – die Bademäntel bis zur Größe 6XL – gegen eine Gebühr von 6 € an der Kasse ausleihen, ebenso gibt es Saunalaken für 2,50 € Gebühr. Die Eintrittspreise richten sich nach der Dauer des Aufenthaltes und danach, ob man die Sauna mitbenutzen möchte. Seit 2020 gilt ein günstigeres Tarifsystem für das Meerwasser-Erlebnisbad, welches der nachstehenden Website zu entnehmen ist.

■ **TöwerVital:** Warmbadstraße 3a, Tel. 04935 809862, www.juist.de/gesundheit/toewervital/meerwasser-erlebnisbad. Preise: Erlebnisbad Erw. 7–12 €/Kinder 6–13 J. 2–8 €, Sauna Erw. 12–21 €/Kinder ab 6 J. 10 €. Öffnungszeiten variieren nach Saison.

Wandern

Im Orts- und Inselplan, der im Veranstaltungskalender Strandlooper abgedruckt ist, sind **Wanderwege** eingezeichnet. Er ist in der Tourist-Information und im örtlichen Einzelhandel erhältlich. Wichtig für eine Strandwanderung sind die Angaben zu **Hoch- und Niedrigwasser.** Ruhezonen dürfen nicht betreten werden, das gilt besonders für das Kalfamer im Osten und das Billriff im Westen. Ansonsten sollte man auf ausreichend Flüssigkeit zum Trinken achten. Die Insel kann aufgrund ihrer Länge besonders bei Hitze im Sommer zu einer echten Herausforderung werden. Geführte Wanderungen zu verschiedenen Themen werden vom Nationalpark-Haus angeboten.

⌃ TöwerVital-Sauna mit Ausblick

Der 7. Längengrad

Einen Halbkreis vom Nordpol zum Südpol nennt man **Meridian,** *Längengrad* ist eine andere Bezeichnung dafür. Der 7. Längengrad beginnt wie alle anderen Meridiane am Nordpol. Dann verläuft er durch das Arktische Polarmeer und den Atlantischen Ozean, durch Norwegen und trifft in Deutschland zunächst auf Juist. Er durchquert die Insel in nord-südlicher Richtung. Richtigerweise wäre die Bezeichnung 7° Ost, weil Juist östlich von Greenwich in England liegt. An manchen Orten befinden sich **Meridiandenkmäler,** in Deutschland für den 7. Längengrad auf Juist und in Saarbrücken. Der Heimatverein Juist hat es übernommen, den 7. Längengrad an drei verschiedenen Stellen auf der Insel mit unterschiedlichen Mitteln zu kennzeichnen. Die nördlichste Markierung ist ein rundes Bronzerelief mit einer Aufsicht auf Juist und seine Lage im Wattenmeer. Der 7. Meridian ist durch eine Bronzeschiene symbolisiert, die quer durch die Strandpromenade und mitten durch das Relief verläuft. Das Meridiandenkmal befindet sich rund **150 Meter östlich des Wasserturms.** Ein weiteres Gedenkzeichen befindet sich im **Ostdorf auf dem Deich,** wo der Verlauf durch einen Streifen auf dem Weg markiert ist. Die dritte Stelle liegt auf der **Seebrücke** an der Position 6° 59′ 54″ Ost, wo ein rundes Bronzerelief in den Boden eingelassen ist, denn der 7. Längengrad verläuft einige Meter östlich des Bauwerks im Wasser.

Metallplakette 7. Längengrad

044j_mna

Wattwandern

Eine Wattwanderung ist ein einmaliges Erlebnis. Der Spaziergang auf dem Meeresgrund ist nur während weniger Stunden um Niedrigwasser möglich. Sie sollte aber **nur mit einem staatlich geprüften Wattführer** unternommen werden, denn die im Watt lauernden Gefahren werden von Landratten sehr leicht unterschätzt. Es gibt verschiedene Touren mit unterschiedlicher Länge, manche sind für Familien ausgelegt und führen nur wenige Hundert Meter ins Watt hinaus, andere dauern bis zu 2,5 Stunden und haben eine Länge von mehreren Kilometern, sind aber nicht für Kinder geeignet. Die Termine werden per Aushang, app.juist.de oder über den Veranstaltungskalender bekanntgegeben. Schon ab April ist der Wattboden mit 15 bis 20 °C relativ warm. Die meisten Wattführer beginnen deshalb bereits im April mit den ersten Touren und führen sie je nach Wetterlage bis in den Oktober hinein durch.

Das Juister Watt ist größtenteils so beschaffen, dass man in der Regel **barfuß** gehen kann. Es gibt nur wenige Stellen, an denen auf scharfkantige Austernschalen und Muscheln geachtet werden muss. Wer aber sehr empfindliche Füße hat und unbeschwert drauflosla ufen möchte, kann sich schützen, z. B. durch Surfschuhe. Über die Bodenbeschaffenheit sollte man sich am besten bei der Anmeldung beim Wattführer informieren. **Schuhe und Stiefel sind ungeeignet,** denn sie können sich im Schlick regelrecht festsaugen und bleiben dann stecken. Die Wattführer haben verschiedene Wattwanderungen unterschiedlicher Länge und mit unterschiedlichen Schwerpunkten im Angebot. Bei schlechtem Wetter fallen die Touren meistens aus. Am besten ist es, sich im Zweifel vorher zu erkundigen, ob die Tour stattfinden kann. Wind- und regenfeste Kleidung sollte jeder auf seiner Tour dabei haben.

068j_mna

32 **Wattführer Heino:** Rosengang 1, Tel. 04935 339 und mobil 0171 5225850, www.heino-juist.de. Bereits in dritter Generation ist die Familie als Wattführer tätig. *Heino* ist weit über die Insel hinaus bekannt. Seine erlebnisreichen Führungen sind spannend und unterhaltsam. Verschiedene Themenschwerpunkte führen dem Besucher das fragile ökologische System des Wattenmeers äußerst anschaulich und kompetent vor Augen. Besonders seine Gezeitenführung oder die große Flutbeobachtung zur Springflut sollte man sich nicht entgehen lassen.

■ **Nationalpark-Haus:** Carl-Stegmann-Straße 5, Tel. 04935 1595. Die Wattführer bieten Touren unterschiedlicher Länge an. Die Termine stehen im Veranstaltungskalender, hängen am Eingang zum Nationalpark-Haus aus und sind unter app.juist.de zu finden.

Sprache

→ **Menschen und Kultur: Die Sprache, S. 206**
→ **Exkurs, S. 208**

Auf Juist wird in der Regel **Hochdeutsch** gesprochen, einige wenige Menschen unterhalten sich auf **Plattdeutsch.** Da auf der Insel viele Menschen aus Polen leben und arbeiten, hört man häufiger auch die polnische Sprache.

Preiskategorien für Unterkünfte

Die in diesem Buch bewerteten Preise verstehen sich pro Person im Doppelzimmer mit Frühstück während der Hauptsaison.

- Kategorie ①: bis 50 €
- Kategorie ②: bis 100 €
- Kategorie ③: über 100 €

Unterkunft

Während der Ferienzeiten sind in der Regel die meisten Unterkünfte ausgebucht, es ist deshalb empfehlenswert, sich **frühzeitig** nach einem schönen Ferienquartier umzuschauen und **rechtzeitig zu buchen.** Während der Hauptsaison sehen es Hotels, Pensionen und Vermieter von Ferienwohnungen nicht gern, wenn man nur einen Kurzaufenthalt plant, manche geben einen Mindestaufenthalt von drei Tagen oder einer Woche vor. Oft sind die Preise an den ersten Tagen deutlich höher, manchmal gibt es bei längeren Aufenthalten auch Rabatt. Gelegentlich werden heute Tagespreise angegeben, das heißt, es gibt keine festen Preise mehr, sondern man muss eine konkrete Buchungsanfrage mit An- und Abreisetermin stellen. Die Preise werden dann tagesaktuell entsprechend der Nachfrage kalkuliert und angepasst. Um Überraschungen zu vermeiden, ist es zudem sinnvoll, vor der Buchung konkret **nachzufragen, was beim angegebenen Preis alles inklusive ist.** Nicht immer ist die Kalkulation eindeutig nachzuvollziehen. Manche Hotels und Pensionen bieten auch **Paketpreise mit zusätzlichen Leistungen** an. Die Preise von Ferienhäusern und -wohnungen richten sich nach Lage und Ausstattung. Die Preise für in den letzten Jahren neu gebaute Ferienhäuser unterscheiden sich kaum noch von denen der Hotels. Und auch die **Endreinigungspauschalen** fallen oft erheblich ins Gewicht. Die Details sollten vorher zur eigenen Sicherheit klar definiert sein.

◁ Farbenfroher Sonnenaufgang über dem Watt

Gastgeberverzeichnis

Die Tourist-Information bietet einen **Gästeservice** an, der beim **Suchen nach der passenden Unterkunft** hilft. Auch über die Website **www.juist.de** lässt sich mit einer datumsbezogenen Suche und Anfrage im Internet eine Unterkunft finden. Piktogramme erklären die Ausstattung auf einen Blick, z. B., ob die Wohnung barrierefrei, für Allergiker oder Familien geeignet ist oder ob der Vierbeiner dort ebenfalls wohnen darf. Man kann auch nach verschiedenen Kategorien wie Hotels, Pensionen, Ferienwohnungen und -häusern sowie nach der

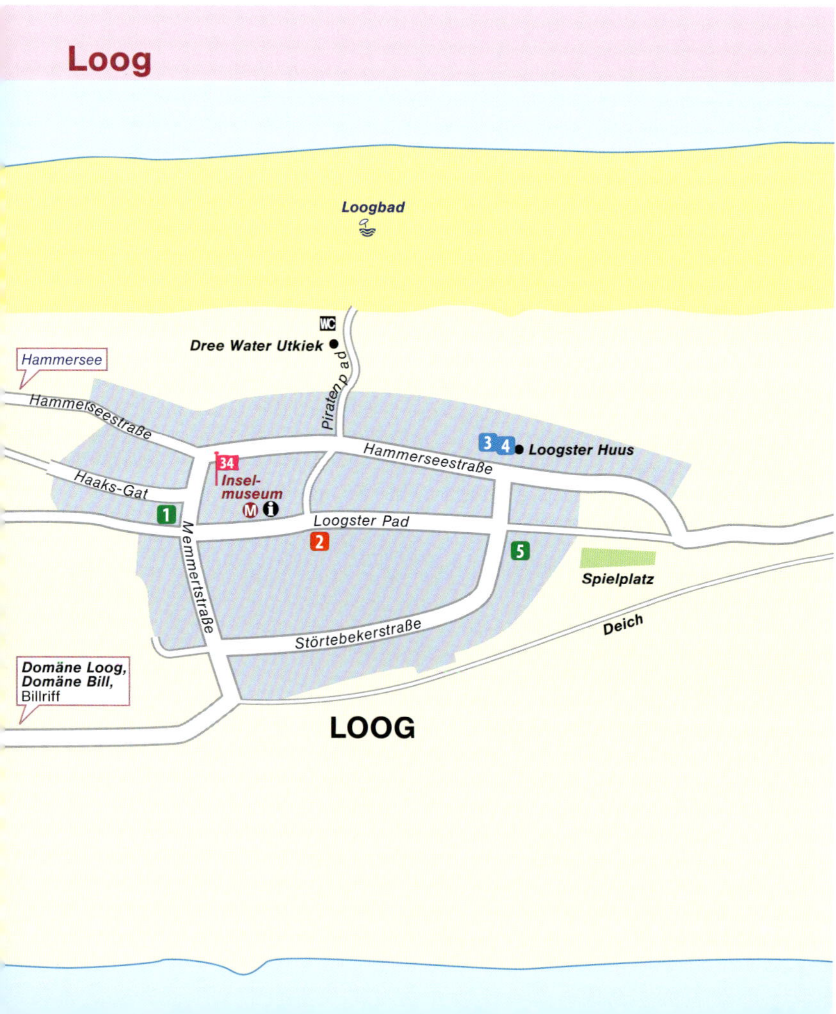

Ausstattung wie Spül- und Waschmaschine etc. suchen. Allerdings sind nicht alle Gastgeber vollständig aufgelistet, es gibt auch private Zimmervermittler. Viele Hotels bieten Zimmer und Apartments an.

Hotels

4 Strandhotel Kurhaus Juist③: Strandpromenade 1, Tel. 04935 9160, www.strandhotel-juist.de. Unterkunft für höchste Ansprüche im historischen Bauwerk mit Traditionsgeschichte. Die geräumigen Zimmer sind hervorragend eingerichtet, von den Balkonen aus bietet sich ein fantastischer Blick auf Meer oder den Ort. Im Wellnessbereich lässt es sich

050j_mna

herrlich entspannen. Das Hotel krönt eine begehbare Glaskuppel, von der aus man einen beeindruckenden 360°-Blick über die Insel hat.

2 Hotel Juister Hof – Strandhotel und Restaurant③: Strandpromenade 2, Tel. 04935 92040, www.juister-hof.de. In feinster Lage direkt an der Strandpromenade gelegen, verfügt das Haus über Zimmer, Apartments und Suiten mit 4-Sterne-Komfort. Es gibt eine Sauna, ein Schwimmbad und ein Restaurant mit gehobener Küche sowie einen Thalasso-Bereich. In der Hauptsaison wird nur wochenweise vermietet.

77 Romantik Hotel Achterdiek③: Wilhelmstraße 36, Tel. 04935 8040, www.hotel-achterdiek.de. Das Hotel liegt etwas abseits vom Trubel, aber zentrumsnah am Deich nahe dem Wattenmeer. Es gibt verschiedene Zimmerkategorien, Suiten, Maisonetten und ein Penthouse. Die Räumlichkeiten sind alle sehr gepflegt und modern eingerichtet. Zum Hotel gehört ein Wellnessbereich. Das Hotel engagiert sich bei Nachhaltigkeitsprojekten und unterstützt die Juist-Stiftung bei sozialen, kulturellen und umweltschützenden Projekten.

34 Nordseehotel Freese③: Wilhelmstraße 60–61, Tel. 04935 8010, www.nordseehotel-freese-juist.de. Zentral gelegenes komfortables Hotel mit 74 gepflegten Zimmern in gediegener Atmosphäre, Schwimmbad, Sauna, Fitnessbereich und einem gastronomischen Angebot, das auf bewusstes und nachhaltiges Essen und Trinken Wert legt. Es ist offizieller Unterstützer des *Slow Food Deutschland e. V.* Im Jahr 2017 feierte das Hotel seinen 80. Geburtstag.

26 Biohotel Haus AnNatur②: Dellertstraße 14, Tel. 04935 91810, www.annatur.de. In einer Nebenstraße des Zentrums gelegen, etwas abseits vom Trubel, befindet sich das *Biohotel AnNatur*, das komplett biologisch und allergikerfreundlich eingerichtet ist. Hier lässt es sich auch unter ayurvedischen Aspekten kuren. Es gibt Einzelzimmer, Doppel- und Zweibettzimmer sowie Studios mit Schlaf- und Wohnzimmer, während der Hauptsaison Mindestaufenthalt von einer Woche.

16 Hotel Pabst③: Strandstraße 15–16, Tel. 04935 8050, www.hotelpabst.de. Zwischen Strand und Rathaus liegt das familiengeführte *Hotel Pabst*, das eine weit über 100-jährige Tradition hat. Die Zim-

⌃ Das Hotel Pabst liegt direkt an der Strandstraße

mer mit gehobener Ausstattung werden in verschiedenen Größen angeboten. Es gibt eine Bar und ein Restaurant sowie eine großzügige Saunalandschaft mit Dünengarten.

40 **Hotel Atlantic**③: Wilhelmstraße 13, Tel. 04935 921900, www.hotel-atlantic-juist.de. Das Vier-Sterne-Haus liegt in unmittelbarer Nähe des Kurplatzes im Dorfkern. Es gibt eine Bar und ein Restaurant und für die Kleinen ein Spielzimmer. Das Hotel ist als Thalasso-Partner-Unterkunft ausgezeichnet.

19 **Hotel Westfalenhof**②: Friesenstraße 24, Tel. 04935 91220, www.hotel-westfalenhof.de. Das Hotel mit Apartmenthaus liegt im Ortsmittelpunkt von Juist und verfügt über Standardzimmer verschiedener Größe und Ausstattung. Von der Hauptstraße aus ist mit einem Fahrstuhl ein barrierefreier Zugang möglich.

56 **Hotel Friesenhof**②: Strandstraße 21, Tel. 04935 8060, www.friesenhof.info. Im Jahr 1901 wurde dieses familiengeführte Hotel eröffnet. Im Dachgeschoss gibt es eine großzügig angelegte Saunalandschaft, die einen hervorragenden Blick über den Ort und das Wattenmeer bietet. Die Gäste können auch ein Schwimmbad und einen Fitnessraum nutzen.

Pensionen

72 **Pension Haus Christa**②: Dünenstraße 11, Tel. 04935 237, www.haus-christa.de. Die Pension liegt im Ostdorf. Das familiengeführte Haus bietet helle geräumige Zimmer, in denen auch Familien mit Kindern herzlich willkommen sind.

35 **Villa Charlotte**②: Wilhelmstraße 9, Tel. 04935 216, www.villacharlotte.de. Die familienfreundliche Pension liegt mitten im Dorf. Auf der gemütlichen Veranda werden Frühstück und auf Wunsch Abendmenüs serviert.

62 **Haus Seemannstreu**②: Hellerstraße 2, Tel. 04935 269, www.seemannstreu.de. Die familiengeführte Pension direkt gegenüber vom Janusplatz hat allergikerfreundliche Nichtraucher-Zimmer ohne Teppichboden.

74 **Pension Angelika**②: Mittelstraße 7, Tel. 04935 1004, www.haus-angelika.de. Das familiengeführte Haus mit 100-jähriger Tradition liegt im Ostdorf. Morgens gibt es ein Frühstücksbufett und auf Wunsch Halbpension. Nachmittags wird ein kleines Teebüffet angeboten. Es gibt einen Garten mit Spielecke.

68 **Hotel-Pension Haus Carola**②: Friesenstraße 17, Tel. 04935 1059, ww.hauscarolajuist.de. Das kleine Haus liegt zentral am Aufgang zum Hauptbadestrand. Die Einrichtung ist im Landhaustil und Kinder sind herzlich willkommen.

47 **Hotel-Pension Peterhof**②: Carl-Stegmann-Straße 17, Tel. 04935 9219966, www.juist-peterhof.de. Das Nichtraucherhaus im Dorfkern hat verschiedene Zimmer sowie eine Sauna.

☐ Hotel Friesenhof und Spelunke

183j_mna

Buchungsportale im Internet

Als Ergänzung zu den sorgfältig zusammengetragenen Unterkunftsempfehlungen in diesem Buch können Buchungsportale wie **Booking.com, hrs.de, Agoda.com oder AirBnB.de** dazu genutzt werden, aktuelle Preise und die Bewertungen anderer Reisender einzusehen sowie Unterkünfte direkt zu buchen.

Die Plattformen arbeiten mit Unterkünften aller Art zusammen und machen diese für Reisende leicht auffindbar. **Bewertungen, Fotos und Filtermöglichkeiten** nach zahlreichen Details helfen bei der Auswahl. Auch der Kontakt zwischen Vermietenden und Unterkunftssuchenden sowie die Bezahlung können über die Plattformen abgewickelt werden.

Eine gewisse **Vorsicht** ist bei der Benutzung dennoch geboten. Wann immer möglich, sollten die Angaben mit zusätzlichen Quellen überprüft werden. Sind die **Bewertungen** wirklich auf allen Plattformen und Suchmaschinen so gut? Sind sie so zahlreich, dass ein Missbrauch unwahrscheinlich ist? Weshalb genau fanden die Bewertenden die Unterkunft gut und stimmt das mit meinen Interessen überein? Häufig hilft die jeweils eigene Internetseite der Unterkunft, Google Street View oder ein Anruf, um **genauere Informationen** zu bekommen.

Wem einzelne Aspekte besonders wichtig sind, der sollte auf jeden Fall genau prüfen – z. B. ob der versprochene „geschlossene Parkplatz“ wirklich so beschaffen ist, dass man das vollgepackte Auto dort stehenlassen möchte. Auch der angepriesene „Bestpreis“ und die durch die Plattformen suggerierte knappe Verfügbarkeit lösen sich bei einem Anruf vielleicht in Luft auf, weil die Vermietenden einen eigenen günstigen Preis bieten, um sich die teure **Vermittlungsprovision** an die Plattform zu sparen.

Während die Plattformen also eine praktische Hilfe bei der Reiseplanung sein können, empfiehlt sich doch häufig ein **kritischer zweiter Blick!**

062j_mna

67 Villa Seestern②: Friesenstraße 16, Tel. 04935 921814 oder mobil 0162 8753322, www.villa-seestern.de. Die alte Jugendstilvilla liegt sehr zentral im Ortskern. Die Frühstückspension hat behagliche Gästezimmer, und der Morgen beginnt mit einem reichhaltigen Frühstücksbüfett.

52 Pension Ostfriesland②: Bahnhofstraße 3, Tel. 04935 91850, www.haus-ostfriesland-juist.de. Die zentral gelegene Pension legt Wert auf eine gepflegte und angenehme Atmosphäre.

Jugendherberge und Hostel

2 Jugendherberge① **(Karte S. 88),** Loogster Pad 20, Tel. 04935 92910, www.juist.jugendherberge.de. Die Jugendherberge liegt im Ortsteil Loog und bietet viel Platz und Spielmöglichkeiten für Familien mit Kindern. Nur Vollpension. Voraussetzung für eine Unterkunft ist die Mitgliedschaft im DJH.

12 Hostel Haus Wolff①: Gräfin-Theda-Straße 1 (Haus des Kunsthandwerks), Tel. 0176 81091471, www.haus-wolff.de. Die sechs einfachen Zimmer, davon zwei Einzelzimmer, verfügen über eine Waschgelegenheit, eine Gemeinschaftstoilette und auf jeder Etage befindet sich ein Duschbad. Das Frühstück muss man sich selbst machen und auch extra bezahlen. Der Frühstücksraum dient auch als Aufenthalts- und Fernsehraum, Zimmer 1 hat einen Balkon. Es gibt eine Küche und viele Stammgäste, weshalb man frühzeitig buchen sollte.

Verhaltenstipps

→ Sicherheit, S. 77
→ Plastikmüll vermeiden, S. 95

Drachen

Juist ist eine **Pferdeinsel.** Und wenn Pferde eines nicht mögen, dann sind das lustig im Wind flatternde Drachen. Sie werden durch die Unruhe am Himmel scheu und sind für den Kutscher nur noch schwer oder gar nicht mehr zu lenken. Drachenliebhaber dürfen ihrem Hobby deshalb nur an den beiden **ausgewiesenen Drachenstränden** nachgehen. Der eine liegt etwa 800 Meter östlich vom Hauptbadestrand entfernt, der andere zwischen den Strandaufgängen Siedlung und Loogbad.

Drohnen

Sowohl Drohnen als auch Quadrokopter sind auf Juist **verboten.**

Möwen

Möwen dürfen **generell nicht gefüttert werden,** da die Vögel Krankheiten übertragen können und die Gefahr besteht, sich zu verletzen. Bitte achten Sie aus eigenem Interesse darauf, **Speisen nicht ungeschützt im Freien** zu sich zu nehmen. Die Tiere sind raffiniert und nähern sich auch von hinten mit halsbrecherischen Flugmanövern an. Dann kann das Eis oder Fischbrötchen schnell weg sein.

Ruhezeiten

Vom 20. März bis 31. Oktober gilt eine **Mittagsruhe** von 13 bis 15 Uhr und eine **Nachtruhe** von 22 bis 8 Uhr morgens.

◁ Achtung! Möwen sind gefräßig!

Verkehrsmittel

→ Anreise, S. 48
→ Autofahren, S. 56

Juist ist **autofrei**, es gibt nur Ausnahmen für Feuerwehr, Polizei, Notarzt und Baustellenfahrzeuge. Hauptsächlich genutzte Fahrzeuge sind Pferdekutschen, als weitere Transportmittel kommen E-Bikes, Fahrräder und Bollerwagen hinzu. Wer eine längere Strecke gefahren werden will, muss ein Pferdetaxi bestellen.

Wie überall in Deutschland gilt auch auf Juist die **Straßenverkehrsordnung**. Fahrräder dürfen keine Rettungswege versperren, auf der Strandpromenade gilt Fahrradverbot.

Fahrradfahren

Fahrräder sind auf der autofreien Insel neben den Pferden das **Verkehrsmittel Nummer eins.** Doch auch auf einer Insel gilt die Straßenverkehrsordnung, insbesondere die Regel „rechts vor links". Ebenso sollte es klar sein, dass rücksichtsvoll und einzeln hintereinander gefahren und Richtungswechsel mit der Hand angezeigt werden. Bei Dunkelheit muss das Fahrrad beleuchtet sein.

Viele Straßen und Zuwegungen sind nur für Fußgänger erlaubt. Es sollte darauf geachtet werden, dass abgestellte Fahrräder die Rettungswege und Straßen nicht versperren und dass die ordnungsgemäße und reibungslose Belieferung der Geschäfte gewährleistet bleibt. Leider kommt es besonders in der Hauptsaison regelmäßig vor, dass im Notfall, wenn die Minuten zählen, Rettungsfahrzeuge nicht vorbeikommen. Fahrräder bitte in den dafür vorgesehenen Bereichen abstellen, keinesfalls auf dem Zugang zur und auf der Strandpromenade, denn sie ist ein Rettungsweg. Gegenseitige Rücksichtnahme sollte selbstverständlich sein, auch und besonders im Urlaub.

☑ Fahrradverleih InselRadgeber

057j_ mna

Fahrradverleih

Die Fahrradverleihe auf der Insel sind gut bestückt. Die meisten haben inzwischen **auch E-Bikes** im Programm. Kinderanhänger, Bollerwagen oder Kettcars – fast alles lässt sich kostenpflichtig ausleihen. **Tipp:** Die Preise im Loog sind meist etwas günstiger.

In der Saison sollte man sich sein Wunschfahrrad vorreservieren, denn dann kann es zu Engpässen kommen.

57 Familie *Melching* in der **Villa Germania:** Wilhelmstraße 17, Tel. 04935 297, www.germania-juist.de.

25 **Fahrradverleih Schönrock:** Dellertstraße 9, Tel. 04935 388, www.juist-fahrrad.de.

36 **Fliegender Holländer:** Wilhelmstraße 58, Tel. 04935 914914, www.fliegender-hollaender-juist.de.

58 **Frische Brise:** Wilhelmstraße 46, Tel. 04935 297.

75 **Juist Pirates Bike Center:** Mittelstraße 8, Tel. 04935 1894, www.fahrrad-juist.de.

30 **InselRadgeber:** Wilhelmstraße 1, Tel. 04935 9213989, www.inselradgeber.de.

UNSER TIPP: Das Velomobil ist eine Fahrradrikscha mit elektrischer Unterstützung. Sie ist ideal, wenn man eine oder zwei mobilitätseingeschränkte Personen flexibel über längere Strecken über die Insel kutschieren möchte (ab 75 €). Radeln muss man natürlich selbst.

5 **Fahrradverleih Schwips (Karte S. 88):** Loogster Pad 10, Tel. 04935 8171, www.schwips-juist.de.

65 **Heike's FahrRad:** Hellerstraße 2, Tel. 04935 269, www.seemannstreu.de.

Das 34 **Nordseehotel Freese** bietet eine Fahrradrikscha mit Fahrer, die ein oder zwei Personen z. B. zu einem Ausflug zur *Domäne Bill* oder zum Flughafen bringen kann (Preise von 10 – 90 €).

Fuhrbetriebe

- **Inseltaxi Huf:** Flugplatzstraße 11, Tel. 04935 664, www.huf-juist.de.
- **Fuhrbetrieb Kannegieter:** Flugplatzstraße 13, Tel. 04935 498, www.fuhrmannshof.de.

5 **Fuhrbetrieb Schwips (Karte S.88):** Loogster Pad 10, Tel. 04935 8171, www.schwips-juist.de.

- **Kofferservice Ulrich Gerber:** Dellertstraße, Tel. 04935 2382018, www.gerber-juist.de.
- **Hafenspedition:** Hafen 1, Tel. 04935 9218501, www.hafenspedition-juist.de.

Plastikmüll vermeiden

Auf den Inseln ist besonders deutlich spürbar, wie viel Plastik im Meer unterwegs ist, gerade dann, wenn Stürme den Abfall auf die Strände spülen. Durch den Abrieb kommt es zu gefährlichem **Mikroplastik.** Inzwischen wird geschätzt, dass bereits rund 270 Millionen Tonnen Plastikmüll in den Weltmeeren schwimmen. Das entsetzt besonders im Vergleich mit der Biomasse aller Fische in den Meeren, die rund 300 Millionen Tonnen beträgt. Daran ist mehr als deutlich zu sehen, dass das ein ernsthaftes Problem für Mensch und Tier bedeutet. Zumal die Biomasse durch Überfischung täglich weniger wird und die Unterwassermüllströme täglich zunehmen. **Das beste Plastik ist das, das gar nicht erst entsteht.** Es liegt deshalb im Trend, Plastik nach Möglichkeit zu vermeiden. Beispielsweise mit **wiederverwendbaren Einkaufstaschen,** geeigneten Aufbewahrungsbehältern für Lebensmittel oder plastikfreien Trinkwasserflaschen für unterwegs. Manche Geschäfte machen inzwischen plastikfreies Einkaufen möglich. Danach zu fragen, schadet nicht, ganz im Gegenteil. Vielleicht ist der Urlaub der richtige Moment, um bewusst zu versuchen, auf Plastik zu verzichten.

3 Natur

»Juist liegt mitten im Wattenmeer und ist rundherum von Watt- und Sandflächen umgeben. Die Insel ist nicht nur ein bedeutender Rast-und Brutplatz für Vögel, sondern es gibt auf dem kleinen Eiland auch abwechslungsreiche Landschaftsformen und eine beeindruckende Artenvielfalt.

< Zugewachsener Weg am Hammersee

119j_mna

Landschaftsformen

Nationalpark und Weltnaturerbe

Das Wattenmeer der Nordseeküste zwischen dem niederländischen Den Helder und dem dänischen Esbjerg ist die **weltweit größte zusammenhängende Wattlandschaft.** Die Wattenmeerregion umfasst rund 22.000 Quadratkilometer, etwa die Hälfte fällt bei Niedrigwasser trocken. Alle in Deutschland liegenden Wattenmeergebiete, das sind rund 63 Prozent der Gesamtfläche, wurden zu **Nationalparks** erklärt. Der älteste ist der 1985 gegründete **Nationalpark Schleswig-Holsteinisches Wattenmeer** mit einer Fläche von rund 4400 Quadratkilometern. Nur ein Jahr später wurde der **Nationalpark Niedersächsisches Wattenmeer** gegründet. Er umfasst das Gebiet vom Dollart an der niederländischen Grenze und die Ostfriesischen Inseln im Westen bis in den Osten nach Cuxhaven an die Fahrrinne der Außenelbe. Er ist 3458 Quadratkilometer groß. Die Ostfriesischen Inseln gehören ebenfalls zum Nationalparkgebiet, ausgenommen sind nur bebaute Flächen wie Ortschaften, Häfen, Flugplätze etc. Dort ist der Naturschutz jeweils auf andere Art und Weise geregelt. Rund 30 Prozent der Wattenmeerflächen gehören zu den Niederlanden und etwa sieben Prozent zu Dänemark. Nach langen erfolgreichen Schutzbemühungen erklärte die UNESCO den Nationalpark zum **Biosphärenreservat,** seit 2009 gehört er zum **UNESCO-Weltnaturerbe.**

Juist ist Bestandteil des Nationalparks Niedersächsisches Wattenmeer. Ein Großteil der Insel ist in drei verschiedenen Schutzzonen eingeteilt. Ausgenommen sind nur das Dorf mit Hafen und Deponie, das Loog, das Klärwerk, die *Domäne Bill*, das *Café Wilhelmshöhe* und der Flugplatz. Die Gemeinde Juist fühlt sich dazu verpflichtet, die Natur der Insel und ihrer Umgebung dauerhaft zu erhalten und Besuchern Wissen über diesen einzigartigen Lebensraum zu vermitteln. So hat sich Juist selbst zur **Insel der Nachhaltigkeit** erklärt und folgt dem Motto *Natur Natur-Sein-Lassen.* Für den Schutz der Natur und Umweltbeobachtung ist die Nationalparkverwaltung in Wilhelmshaven zuständig, eine Behörde des Landes Niedersachsen, die dem Ministerium für Umwelt, Energie, Bauen und Klimaschutz untersteht.

Das Wattenmeer ist mit jährlich **zehn bis zwölf Millionen Zugvögeln** das vogelreichste Gebiet Mitteleuropas und zentrale Drehscheibe auf dem Weg der Zugvögel, die im Watt einen Zwischenstopp einlegen. Darunter sind rund zwei Millionen Möwen und Seeschwalben, zwei Millionen Gänse und Enten und sieben Millionen Watvögel. Rund 100.000 Brutpaare ziehen hier ihre Jungen auf. Im Wattenmeer gibt es über 60 Fischarten, es ist die Kinderstube für Seehunde, Kegelrobben und Schweinswale. Es ist zu beobachten, dass die durch den Klimawandel bedingten höheren Temperaturen die Tier- und Pflanzenwelt verändert. Beispielsweise halten auch invasive Arten wie die Nilgans oder die chinesische Wollhandkrabbe Einzug und verdrängen heimische Arten.

184j_mna

Naturschutzgebiete

Auf Juist selbst gibt es mehrere ausgewiesene Schutzgebiete und Vogelbrutgebiete. Die Flächen der **Schutzzone I** (Ruhezone) dürfen in der Regel aus Naturschutzgründen nicht betreten werden oder sind wie das Billriff nahezu komplett gesperrt. Zur Schutzzone I zählen die beiden Inselenden **Billriff** und **Kalfamer,** der Rest der Insel gehört überwiegend zur Schutzzone II (Zwischenzone), und der Strand vor dem Dorf und dem Loog gilt als Schutzzone III (Erholungszone). Die Flächen der **Schutzzone II** sind eingeschränkt zu betreten. Prinzipiell darf man sich dort auch außerhalb der Wege bewegen, nicht aber in der Brutzeit der Vögel vom 1. März bis 31. Juli – dann muss man auf den ausgewiesenen Wegen bleiben. In der **Schutzzone III** sind Störungen durch motorisierte Fahrzeuge nicht gestattet, aber es ist erlaubt, sich dort frei zu bewegen. Ausgewiesene Vogelbrutgebiete der Schutzzone I sind am Kalfamer und auf dem Gemeinde-Heller, also dem Vorland zwischen Dorf und Flugplatz, zu finden. Hier haben viele seltene Vogelarten Brut- und Rastplätze. Am Kalfamer befindet sich auch ein kleines **Informationshäuschen** über die Vogelwelt der Nordsee. Im Billwald, liebevoll „Wäldchen" genannt, steht ein Wärterhaus, in dem während der Öffnungszeiten ebenfalls zahlreiche Informationen zur Inselnatur zu finden sind.

⌃ Trockenliegendes Boot im Watt

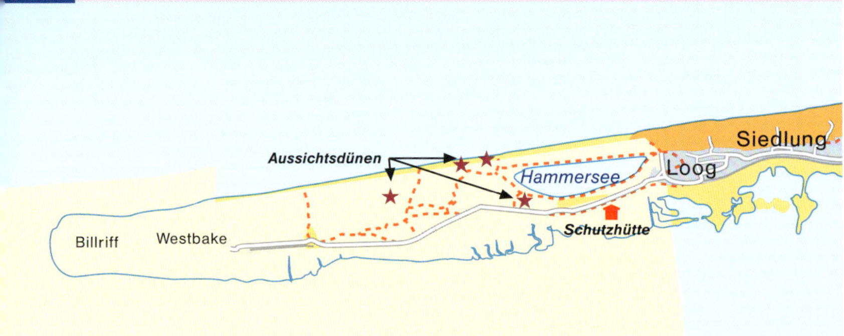

Niedersächsisches Wattenmeer

Dieses Gebiet ist mit 3458 Quadratkilometern eine großflächig zusammenhängende Naturlandschaft aus Außensänden, bis zu rund zehn Meter tiefen Strömungsrinnen, Seegatten, zahlreichen Prielen und Wattflächen. In vielen Orten an der Niedersächsischen Küste und teilweise auf den Ostfriesischen Inseln befinden sich **Nationalpark-Häuser** mit Informationen rund um den Nationalpark. Das Niedersächsische Wattenmeer ist von besonderer Bedeutung, vor allem für eine speziell angepasste Fauna an Wirbellosen. Hier ist die Kinderstube der Nordseefische und es gibt **bedeutende Seevogelbrutbestände.** Zusätzlich dient das niedersächsische Wattenmeer als Nahrungs- und Rastbiotop für Seehunde, Wat- und Wasservögel.

Aussichtsdüne nahe dem Hammersee

124j_ mna

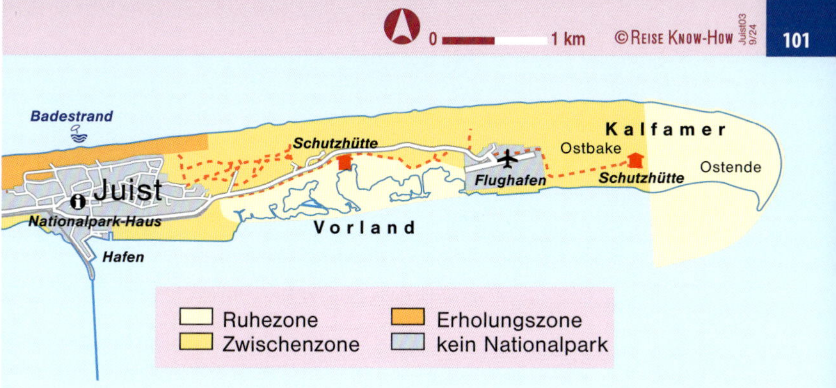

Geologie und Veränderung der Insel

Die Ostfriesischen Inseln sind sogenannte **Schwemminseln.** Sie entstanden durch Meeresablagerungen und das Zusammenspiel von Gezeiten, Strömungen, Wellen und Wind. Diese bestehen aus einem Gemisch aus Sand und Watt, das sich im Laufe der Jahrhunderte durch Pflanzenbewuchs verfestigte. Nach und nach entwickelte sich dort eine **spezielle Tier- und Pflanzenwelt.** Auf Juist gibt es am West- und Ostende sowie auf der Nordseite Sandstrände und Dünenlandschaften, im Westen befindet sich ein künstlich angepflanzter kleiner Wald. Auf der Südseite sind ausgedehnte Wattgebiete, Salzwiesen und Heller, so nennt man die teilweise beweideten Flächen. Ackerflächen sucht man indes vergeblich.

Der um die Insel herumliegende Übergangsbereich zwischen Land und Meer wird täglich bei Hochwasser überflutet und fällt bei Niedrigwasser wieder trocken. So strömt das Wasser der Nordsee bei auflaufendem Wasser durch die zwischen den Inseln liegenden Seegatten, so nennt man die schmalen und tiefen Strömungsrinnen, auf die riesigen Wattflächen zwischen den Ostfriesischen Inseln bis zum Festland. Ist der Höhepunkt der Flut erreicht, fließt das Wasser wieder in die offene See zurück. Bis zu rund zwei Dritteln fällt das Wattenmeer zwischen den Inseln und dem Festland bei Niedrigwasser trocken. Da die Tide-rinnen relativ schmal sind, entstehen starke **Gezeitenströme,** die den Meeresboden verändern. Im Westen der Insel befinden sich mit der Osterems und im Osten mit dem Spaniergat sowie dem anschließenden Buisentief zwei tiefe Seegatten.

Kräfte sammeln für den Weiterflug

Der **Schnepfenvogel Knutt,** der in Ostkanada und Nordsibirien brütet, legt während des Vogelzugs regelmäßig einen Zwischenstopp im Wattenmeer ein. Er muss hier für den Weiterflug sein Gewicht fast verdoppeln. Dazu frisst er rund **700 Plattmuscheln** – täglich!

Seit etwa 1950 liegen die Strände und Dünen im Westen von Juist im Abbruch. Ursächlich sind großräumige strukturelle Veränderungen im Bereich der Osterems, wodurch sich auch Sände an der Bill und an der Kachelotplate anlagern. Letztere befindet sich bereits in der Entwicklung von einer hohen Sandbank zu einer neuen Insel.

Nach wie vor verändert sich Juists Form. Ursache dafür ist die sogenannte **Ostdrift.** Sie führt dazu, dass sich die Inseln Jahr für Jahr um einige Meter nach Osten bewegen: Der Gezeiten-Hauptstrom nagt regelmäßig am westlichen Ufer. Die Sandverluste im Westen und die Zuwächse im Osten entstehen durch die Strömungsverhältnisse im Bereich der jeweiligen Seegatten. Besonders große Auswirkungen haben schwere Sturmfluten. Auf Juist lässt sich die **Ost-West-Drift** sehr gut an den Schutzdünen am Billriff erkennen. Während dort die Randdünenkette durch winterliche Sturmfluten immer stärker beschädigt wird, wächst sie am Kalfamer auf und vergrößert sich. Die große Sandbank am Billriff im Westen schützt die Insel aber noch auf natürliche Weise. Das Dorf ist im Norden durch die **Dünen** und im Süden durch einen **Deich** geschützt. Insgesamt gibt es auf Juist 18,4 Kilometer Schutzdünen und rund 5,4 Kilometer Hauptdeiche.

Der **Niedersächsische Landesbetrieb für Wasserwirtschaft, Küsten- und Naturschutz** (NLWKN) überwacht die Entwicklung der Strände und Dünen mit modernen satellitengestützten Vermessungstechniken. Computerbasierte Simulationsmodelle berechnen mittels der Daten, ob die Schutzdünen noch breit und hoch genug sind, um die **Sturmflutsicherheit** der Insel zu gewährleisten. Besonders die Hammerdünen sind regelmäßig durch Abbrüche bedroht. Ergeben die Messungen, dass der Schutz der Insel nicht mehr gegeben ist, werden immer wieder Maßnahmen wie Sandaufschüttungen durchgeführt. Die Dünenkette am nördlichen Rand

Morgenstimmung im Wattenmeer vor Juist

des Hammersees wurde zuletzt im Jahr 2014 auf einer Länge von 750 Metern verstärkt. 50.000 Kubikmeter Sand wurden naturnah und landschaftsgerecht innen und außen in die Schutzdüne eingearbeitet, bis die erforderliche Höhe von mindestens zehn Metern und einer Breite von 50 Metern erreicht war. Unmittelbar danach wurde zum Schutz vor Erosion und zur Stabilisierung **Strandhafer** gepflanzt und mit einer dünnen Lage aus Heu, das von den Inseldeichen stammt, bedeckt.

Lebensräume und Pflanzenwelt

Wattgebiete

Der Begriff „Watt" entstammt dem altfriesischen Wort *wad,* was so viel heißt wie seicht oder untief. Er bezeichnet auch Gebiete, in denen man waten kann. Wenn Inseln, Halligen oder Sandbänke

122j_mna

die Strömung abbremsen, kann in den dazwischen gelegenen Gebieten durch mit den Wellen herangetragenes Sediment, das zu Boden sinkt und sich ablagert, **Watt** entstehen. Man unterscheidet je nach Art der Bodensedimente zwischen Schlick-, Sand- und Mischwatten. Schwerere Bestandteile wie kleine Steine, Sand und Muschelschalen setzen sich bereits im bewegten Wasser ab, dadurch entsteht das **Sandwatt.** Der Meeresgrund wird mit der Nähe zur Küste immer flacher und das Wasser ruhiger. Hier sinken feiner Sand, Ton und organische Bestandteile auf den Grund, die das **Mischwatt** bilden. Direkt vor der Küste entsteht schließlich mithilfe von Mikroorganismen das feine **Schlickwatt** mit einem hohen Anteil an organischen Substanzen. Vor Juist gibt es vorwiegend ausgedehnte Sandwattflächen. Sie fallen zweimal täglich zum Teil trocken und werden bei auflaufendem Wasser nach und nach wieder überflutet. Der mittlere Tidenhub, also der Unterschied zwischen Niedrig- und Hochwasser, liegt auf Juist bei durchschnittlich 2,56 Metern; damit ist er stark genug, um Sand und Sediment aus dem Meer anzuspülen. Durch die **Priele,** das sind tiefere Rinnen im Watt, läuft das Wasser auf und wieder ab.

Auf den ersten Blick wirkt das Wattenmeer so, als sei dort nicht viel Leben zu finden. Es ist jedoch sehr nährstoffreich und bildet die Lebensgrundlage für **zahlreiche Kleinstlebewesen.** Bei genauer Betrachtung lässt sich erkennen, dass es sich tatsächlich um einen der **produktivsten Lebensräume der Erde** handelt. Wer im Watt leben will, muss mit extremen Bedingungen zurechtkommen. Es gibt starke Temperaturschwankungen, der Salzgehalt verändert sich ständig, und neben den häufigen Überschwemmungen herrschen an einigen Stellen starke Strömungen. Dennoch gibt es im Watt und auf der Insel mehr als **10.000 Tier- und Pflanzenarten,** die sich perfekt an diesen speziellen Lebensraum in der Nordsee angepasst haben. Das Wattenmeer ist die größte **Wildnis** im dichtbevölkerten Mitteleuropa und seine Natur ist noch weitgehend intakt. Darum genießt es den höchstmöglichen Naturschutz.

Wer eine **Wattwanderung** macht, wird die unterschiedlichen Wattarten mit bloßen Füßen am besten spüren können. Direkt am Ufer ist das weiche Schlickwatt, wo man beim Laufen „schwarze Socken“ bekommt und bis zu den Knien versinken kann. Im Mischwatt dagegen schmatzt der Boden beim Betreten leicht und man sinkt auch nur wenig ein. Am besten lässt sich auf den festen Sandrippeln des Sandwatts laufen. Eine Wattwanderung ist eine Wanderung auf dem Meeresgrund. Meist sind nur der Wind, die Rufe der Vögel und die leise knisternden Geräusche des Wattbodens zu hören.

[>] Salzwiese am Rand des Wattenmeeres

073j_mna

Salzwiesen

Zwischen Deich und Wattenmeer befinden sich an Juists Südseite kleinere Salzwiesen, auch **Salzmarsch** oder **Vorland** genannt – es handelt sich um den Übergang von den regelmäßig überfluteten Watten zum sturmflutsicheren Inselkern. Jede Flut schwemmt **Schwebeteilchen** ins ufernahe Watt, und das feine Material sinkt dort ab. Im Lauf der Jahre verfestigt sich das Sediment durch den Bewuchs mit Pflanzen. Salzwiesen haben einen ganz speziellen Charakter und lassen sich in **drei Zonen** einteilen, die vom Salzgehalt des Bodens bestimmt werden: die mehrmals täglich überflutete **Quellerzone** *(Salicornietum)*, die untere Salzwiese – auch nach dem gleichnamigen Gras **Andelgraszone** *(Puccinellietum)* genannt – und die obere Salzwiese oder **Rotschwingelzone** *(Festucetum)*, die nur noch selten im Jahr überspült wird. Im Deichvorland vor dem Juister Flugplatzdeich gibt es als Küstenschutzmaßnahme **Lahnungen,** das sind doppelte Pfahlreihen mit dazwischen verschnürten Sträuchern, sogenannte **Faschinen.** Lahnungen reduzieren die Strömungsgeschwindigkeit des Wassers und schützen dadurch das Vorland. Das ist notwendig, weil es hier überwiegend aus Sand und nicht aus Klei, einem extrem feinen, aber schwerem marinen Sediment, besteht und deshalb sehr empfindlich ist, sodass es schnell weggespült werden kann. Lahnungen sind nicht nur zur Sicherung des Vorlands gut, sie begünstigen auch die Entstehung von Salzwiesen.

Die etwa 50 Pflanzenarten der Salzwiesen haben sich an die extremen Lebensbedingungen hervorragend angepasst. Im Frühjahr ab Mai bis in den herbstlichen Oktober verändern sich Salzwiesen ununterbrochen. Im Früh-

Die Zonen der Salzwiesen

Name	Pionier- oder Quellerzone	Andelgraszone (untere Salzwiese)	Rotschwingelzone (obere Salzwiese)
Überflutungen/ Jahr	ca. 700	ca. 200	ca. 10 bis 20
Typische Pflanzen	Queller Schlickgras	Andelgras Dreizack Keilmelde Meersenf Strandaster Strandflieder Strandsode etc.	Boddenbinse Rotschwingel Strandgrasnelke Strandbeifuß/ -wermut Strandwegerich Tausendgültenkraut Zahntrost etc.

jahr zeigen sich die Büschel der rosafarbenen Strandgrasnelken zwischen dem dunkelgrünen Andelgras. Im Spätsommer verwandelt der Strandflieder alles in ein lilafarbenes Blütenmeer. Strandsode und Queller tauchen die Salzwiesen im Herbst in ein sattes Rotbraun. Sämtliche hier wachsenden Pflanzen müssen sich gegen das Salzwasser schützen und verfolgen dabei verschiedene Überlebensstrategien, die meist mit dicken Stängeln und festen harten Blättern einhergehen. Mit den härtesten Bedingungen hat der Queller in der **Pionierzone** zu kämpfen, denn er muss mit dem höchsten Salzgehalt im Boden fertigwerden. Um das in den Zellen gespeicherte Salz zu verdünnen, nimmt er viel Wasser auf und quillt dabei im Lauf des Sommers immer mehr auf. Im Herbst färbt er sich leuchtend rot und stirbt schließlich am zu hohen Salzgehalt. Das Schlickgras hingegen gibt das aufgenommene Salz über Drüsen wieder ab.

Queller, im Volksmund auch „ostfriesische Salzstange“ genannt, ist essbar und hat einen kräftigen, leicht salzigen Geschmack. Im Nationalpark steht er aber unter Schutz und darf nicht gepflückt werden. Wer ihn jedoch probieren möchte, kann Queller aus Zuchtbeständen in gut sortierten Fischgeschäften kaufen und sogar gleich roh probieren oder in der Pfanne in Öl mit Zwiebeln leicht anbraten und dann als Beilage servieren.

▷ Dünenwäldchen im Dünental

Waldgebiete

Im Westen der Insel auf dem Weg zur Bill und am Hammersee wurden **künstlich kleine Waldanpflanzungen** angelegt. In den geschützten Dünentälern wachsen die Bäume etwas höher, in ungeschützteren Lagen wachsen sie mit dem Wind schief – das wird **Windschur** genannt. Beim Vogelwärterhaus hinter dem Hammersee befindet sich eine Aussichtsdüne, von der aus man die Kronen der größeren Bäume sehen kann. Das Wäldchen besteht aus Mischwald mit Nadelbäumen wie z. B. Kiefern und Eichen, Birken, Schwarzerlen und Weiden. Da das Wäldchen zum Nationalpark gehört, wird es nicht bewirtschaftet. Am **Goldfischteich im Ostdorf** wurden ebenfalls einige Bäume und Büsche angepflanzt, darunter Schlehen, Holunder, Weißdorn, Stechginster und Sanddorn.

Dünenschutz

Dünen sind ein äußerst **empfindlicher Lebensraum,** sie dürfen deshalb nicht betreten werden, denn die Gräser, die den Sandabtrag durch Wind und Wasser schützen sollen, dürfen nicht zerstört werden. Jeder Schritt abseits der Wege vernichtet wertvollen Lebensraum. Die Pflanzen **stehen unter Schutz,** Pflücken und Ausreißen sind **streng verboten.** Um an den Strand zu kommen, gibt es zahlreiche Übergänge, die leicht an den signalroten Kreuzen zu erkennen sind. Die Dünen sind ein wichtiger Schutz für die Insel.

194j_mna

Strand und Dünenlandschaften

Der Strand

Rund **19 Kilometer Sandstrand** gibt es auf Juist, er zieht sich die gesamte Nordseite der Insel entlang und geht auch um die Inselspitzen im Westen und Osten. Auf der Südseite hingegen befinden sich Wattgebiete, dort gibt es keinen Strand. Der Strand ist im westlichen Bereich der Insel sehr schmal und geht dort sofort in die Weißdünenlandschaft über.

Der Strandhafer mit seinen meterlangen Wurzeln stabilisiert den feinen Dünensand

075j_mna

Dünenlandschaft

Auf Juist gibt es nur einen schmalen Gürtel aus **Weißdünen,** der sich an der gesamten Nordseite und teilweise auch flächig an den Inselenden gebildet hat. Für manche Tier- und Pflanzenarten ist die stetige Veränderung der Dünenlandschaft notwendig. Die sogenannten Weißdünen bilden ein natürliches Bollwerk gegen die heranstürmende Nordsee. Sie werden nicht mehr von ihr überflutet, bestehen aus **feinem Quarzsand** und sind hauptsächlich mit **Strandhafer** bedeckt. Der Strandhafer ist die Pflanze, die als erste aus dem Sand sprießt und die Dünen mit ihrem ausgeprägten Wurzelwerk zusammenhält. Es ist kaum zu glauben: Bis zu **30 Meter tiefe Wurzeln** verankern eine Pflanze im Dünensand. Der Strandhafer benötigt die Nährstoffe des Sandes, und nur er verkraftet als einzige Pflanze die Mischung aus Sandstrahlgebläse, Trockenheit und ständiger Übersandung. Erst durch die langen Wurzeln der Dünengräser kann sich aus losem Sand eine Düne bilden. Mit der Zeit sammelt sich dort immer mehr Sand an. Nur Strandhafer, -roggen und -distel wachsen in diesem ganz speziellen Lebensraum der Weißdünen.

Aus den Weißdünen gehen normalerweise flachere **Graudünen** hervor und aus diesen die **Braundünen.** Doch da der Dünengürtel auf Juist nur sehr schmal ist, sind hier nur Weiß- und Graudünen zu erkennen. Die Dünen sind sehr schnell vom Bewuchs vorwiegend aus Sanddorn und Hundsrosen bedeckt, sodass sie als Dünenlandschaft kaum noch wahrzunehmen sind. Die **Hundsrose** *(Rosa canina)* liebt das Küstenklima und ist inzwischen weit verbreitet. Aber auch die als **Kartoffelrose** *(rosa rugosa)* bezeichnete Wildrose mit den pinkfarbenen Blüten ist sehr häufig zu sehen. Sie stammt ursprünglich aus China. Auch die heimische Wildrose **Bibernellröschen** *(Rosa pimpinellifolia)* ist fast kriechend zwischen den Dünen anzutreffen und auf Juist häufig zu sehen. Sie wurde vor einigen Jahrhunderten in die Gärten geholt und diente als Stammmutter vieler frühblühender Gartenrosen. Vor dem Dorf entlang der Strandpromenade wächst der Dünengürtel seit einigen Jahren wieder sichtbar an und wird immer höher. Die dort immer noch stehende Strandmauer ist inzwischen so gut wie nicht mehr zu sehen und wird heute als Promenade wahrgenommen. Auch die breite Treppe zum Badestrand vor dem Strandhotel Kurhaus muss man suchen. Ihre Position ist nur noch an den seitlichen Treppenköpfen auszumachen.

129j_nf

076j_dw

Lebensräume und Tierwelt

Rast- und Brutvögel

Das Wattenmeer ist die **vogelreichste Region Europas.** Die Ostfriesischen Inseln sind ein Magnet für viele Vögel und deshalb auch für Vogelkundler. Besonders während des Vogelzugs ist Juist als **Rastplatz** von großer Bedeutung. Die Zugrouten sind abhängig von der Art – die meisten Zugvögel folgen einer **von Nordost nach Südwest** ausgerichteten Achse. Die Mehrzahl der Arten brütet im Gebiet von Skandinavien bis nach Nordwest-Russland. Ihre Überwinterungsgebiete liegen zwischen Großbritannien und Westafrika. Die Vögel verlassen ihre Brutgebiete, weil sie dort im Winter keine Nahrung mehr finden. Die Wissenschaft geht inzwischen davon aus, dass der Vogelzug von den Tropen ausging und die Vögel zusätzliche Nahrungsressourcen im Norden nutzen wollten. Die meisten Arten ziehen von März bis Mai in den Norden und fliegen zwischen September und November in den Süden zurück. Insekten fressende Arten erscheinen in der Regel im Frühjahr später und ziehen im Herbst früher in die Winterquartiere, als Samen fressende Zugvögel.

Beim Vogelzug legen die Tiere **weite Strecken** zurück. Die Wintergoldhähnchen sind etwa so groß wie ein kleines Hühnerei und wiegen nur vier bis sieben Gramm, dennoch fliegen sie **bis zu 500 Kilometer am Tag.** Einen der weitesten

⌃ Löffler in flachem Wasser

‹ Kratzdiesteln sind typische Pflanzen für karge Böden

Vögel beobachten

UNSER TIPP: Es gibt auf Juist einige Punkte, die besonders gut zur Vogel- und Naturbeobachtung geeignet sind. Das sind beispielsweise die drei Aussichtsplattformen an der **Strandpromenade,** die Aussichtsplattformen auf dem **Otto-Leege-Pfad im Dünengürtel** sowie an der **Flugplatzstraße** und die Aussichtsplattform **hinter dem Flugplatz am Kalfamer.** Auch die **Augustendüne** und die **Aussichtsdüne beim Vogelwärterhaus** auf dem Weg zur Bill eignen sich gut zur Vogelbeobachtung. In den Büschen brüten beispielsweise Heckenbraunellen, Fitis, Zaunkönig und Mönchsgrasmücke. Am Hammersee sind sowohl Entenvögel als auch Singvogelarten meistens mehr zu hören als zu sehen, während der Zugzeiten auch Gartenrotschwanz und Trauerschnäpper. Im Nationalpark-Haus kann man sich gegen eine Leihgebühr ein **Fernglas ausleihen.**

Die **besten Vogelbeobachtungspunkte** sind:

- der Spülsaum am Strand
- der Kalfamer
- der Hammersee mit Aussichtsdünen am Westende
- der Otto-Leege-Pfad
- die Augustendüne
- das Billriff

Wege hat die Küstenseeschwalbe, die in der Nordpolarregion brütet und im Winter bis in die Südpolarregion zieht. Im Laufe ihres Lebens summiert sich die Gesamtdistanz der Zugflüge auf die Strecke zwischen Erde und Mond – rechnet man die Versorgungsflüge hinzu, würde sie die Gesamtlänge von 400.000 Kilometern sicherlich überschreiten. Im Sommer sind Seeschwalben auf Juist am Kalfamer und am Billriff zu beobachten. Zählungen haben ergeben, dass **mehr als 120 Zugvogelarten** den Raum rund um Juist als Zwischenstopp nutzen.

Durch die Insellage finden auf Juist und der benachbarten Vogelinsel Memmert Vögel, die sich gegen die durchsetzungsstarken Arten auf dem Festland kaum behaupten können, noch ihre Nischen. Die Vielfalt ist deshalb vergleichbar groß. **Juists Oststrand** ist einer der wichtigsten Rastplätze der deutschen Nordseeküste für **Sanderlinge,** im Winter sind dort bis zu 1000 Tiere zu sehen. Die knapp 20 Zentimeter langen kleinen Watvögel halten sich überwiegend am Spülsaum des Strands auf, wo sie im Sand nach angespülten Kleinkrebsen und Würmern picken. Sie sind die kleinsten und in ihrem Winterkleid hellsten Watvögel und werden auf Plattdütsk wegen ihrer rastlosen Suche auch „keen tied“ (keine Zeit) genannt. Sanderlinge erreichen ihre Brutgebiete in Sibirien auf bis zu 5000 Kilometer langen **Non-Stop-Flügen,** bei denen sie von ihren großen Fettreserven zehren und bis zu 60 Prozent ihres Körpergewichts verlieren.

Auf Juist gibt es offene, halboffene und geschlossene Landschaften. Das bietet rund 220 Vogelarten Schutz und vielen anderen Tieren einen Unterschlupf. Sie brüten im Frühsommer in den Dünen, Salzwiesen und im Wäldchen, darunter auch seltene Sumpf- und Waldohreulen. Im Meer und auf dem Hammersee schwimmen besonders zu den Zug-

[>] Der Knutt ist ein Schnepfenvogel und rastet während der Zugzeiten auf Juist

zeiten **viele Entenvögel** wie Pfeif- und Spieß-enten. Auf den Salzwiesen sind Grau-, Ringel- und Brandgänse zu sehen, manchmal lassen sich einige wenige Nilgänse dort blicken – meist an der Bill. Auch Stock-, Pfeif-, Knäkenten und Teichrallen fühlen sich rund um Juist wohl. Auf der gesamten Insel sind vor allem die **Austernfischer** mit ihrem markanten Ruf allgegenwärtig, Alpenstrandläufer suchen im Watt nach Futter, und Möwen sind überall zu finden. Die Salzwiesen bieten besonders den **Bodenbrütern** wichtige Nist- und Futterplätze. Hier ist auch die relativ kleine **Ringelgans** häufig beim Fressen zu sehen. Sie ist an ihrem weißen Halsring zu erkennen und die einzige Gans, die zum Trinken kein Süßwasser benötigt.

Auf dem Billriff, der vorgelagerten Kachelotplate und der Vogelinsel Memmert finden besonders **Alpenstrandläufer** und **Pfuhlschnepfen** optimale Lebensbedingungen vor. Für einige Arten wie den **Löffler,** die **Uferschnepfe** und den **Großen Brachvogel** ist Juist ebenfalls ein guter Brutplatz. Auch eine Reihe von **Greifvögeln** hat sich auf Juist niedergelassen, darunter Korn- und Rohrweihe, Mäusebussard, Turm- und Wanderfalke, Habicht und Sperber. Ebenso finden verschiedene Möwenarten, Fasane, Rabenvögel und Tauben hier ausreichend Futter.

Bei vielen Arten lässt sich schon an der Schnabelform erkennen, was sie am liebsten fressen. So ist der Schnabel des **Sandregenpfeifers** kurz, er vertilgt am liebsten Wattschnecken. Der **Rotschenkel** frisst Baltische Plattmuscheln, die im Sand vergraben sind, sodass sein Schnabel schmal und lang ist. Noch länger ist der des **Austernfischers,** der damit nach Seeringelwürmern gräbt. Den längsten Schnabel hat der **Große Brachvogel** für seine bevorzugte Nahrung, die Pierwürmer. Die **Brandente** sucht nach Wattschnecken und Plattmuscheln, ihr Schnabel ist leicht nach oben gebogen. Einige Vögel haben eine besondere Technik entwickelt, um an ihre Nahrung heranzukommen. Sie trampeln im seichten Wasser auf der Stelle, bis kleine Vertiefungen entstehen, die sogenannten **Trampelwannen,** in denen Muscheln, Würmer und Krebse zum Vorschein kommen und so zur leichten Beute werden.

Besonders der rundherum stark verbuschte **Hammersee** lockt viele **Singvögel** an, die hier in den Weißdorn-, Sanddorn- und Holunderbüschen viele

078j_dw

128j_dw

Möglichkeiten finden, sich zu verstecken. Zahlreiche Insekten dienen als Nahrung, im Herbst locken die Beerenfrüchte die Vögel an. Auf der Wasseroberfläche, die vom Weg aus kaum zu sehen ist, tummeln sich Gänse und Enten. Manche von ihnen platzieren ihr Gelege sogar oben auf einer Bisamburg. Vom Aussichtspunkt am Südwestende lassen sich im Frühjahr manchmal **Waldschnepfen** bei der Balz beobachten, im Sommer besteht die Chance, dort **Rohr- und Kornweihen** zu sehen. Im Wald und den Gebüschen, aber auch in den Ortschaften, fallen Vögel insgesamt weniger auf als am Strand, weil sie sich besser verstecken können. Hier leben unter anderem Ringeltauben, Buchfinken, Amseln, Kohlmeisen, Rotkehlchen und Sperlinge.

Auf den bewuchsfreien Flächen aus Sand und Muschelschill finden besonders an den Inselenden streng geschützte **Strandbrüter** wie Sandregenpfeifer, Seeregenpfeifer und Zwergseeschwalben ideale Brutbedingungen vor. Sie bauen kein Nest, sondern legen ihre Eier, die durch ihre Färbung bestens getarnt sind, einfach **ungeschützt** in kleine Bodenmulden. Strandbrüter sind meist klein und unauffällig. Aber da selten ideale Brutbedingungen ohne menschliche Störungen herrschen, ist ihre Zahl seit vielen Jahren stark rückläufig. Besonders Regenpfeifer und Seeschwalben sind gefährdet. Wenn sich Spaziergänger nähern, verlassen die Altvögel ihr Nest und die Eier oder Küken bleiben dann **schutzlos** zurück, können auskühlen oder durch die Sonnenstrahlen überhitzen. Um die Vögel nicht zu stören, ist es

⌃ Zwei Sanderlinge im Schlick des Wattenmeers

am besten, einen weiten Bogen um das Nest zu machen und auf die Schutzgebiete zu achten.

Auffliegende Vogelschwärme sind zwar ein ästhetischer Anblick, aber meist auf rücksichtsloses Verhalten von Menschen zurückzuführen, die geschützte Gebiete betreten oder sich nicht an die Leinenpflicht für ihre Hunde halten. Bei jedem Auffliegen verbrauchen die Vögel wertvolle Energie, die sie für den Flug in ihre Sommer- oder Winterreviere dringend benötigen. Deshalb bittet der Nationalpark Niedersächsisches Wattenmeer darum, wirklich nur die ausgewiesenen Wege zu nutzen.

Säugetiere am und im Meer

In der Nordsee rund um Juist gibt es drei große Säugetierarten, die dort relativ gute Lebensbedingungen vorfinden. Es handelt sich um **Seehunde, Kegelrobben** und **Wale.** Alle Robben leben am und im Meer, oft sind sie auf den großen Sandbänken zu sehen. Sie haben sich an das Leben im Wasser perfekt angepasst. Im Sommer werden **Ausflugsfahrten zu den Seehundbänken** angeboten. Die Schiffe halten so viel Distanz, dass sich die Tiere nicht gestört fühlen und ins Meer flüchten, sondern sich gut beim Ausruhen beobachten lassen. Manchmal sind Robben auch am Strand zu sehen, kommen ihnen die Menschen aber zu nahe, flüchten sie ins sichere Wasser. Man sollte zur eigenen Sicherheit so viel Abstand wie möglich halten und die Tiere auf keinen Fall anfassen. Rund 40.000 Seehunde und mehr als 6000 der streng geschützten Kegelrobben leben heute wieder im gesamten Wattenmeer. Die Kegelrobben waren seit knapp 1000 Jahren in der Deutschen Bucht ausgerottet. Aber gegen Ende des letzten Jahrhunderts kamen sie von England und Schottland zunächst in die Niederlande und breiteten sich Stück für Stück nach Norden aus. Die Bestände der Kegelrobben in Niedersachsen nehmen zu, die der Seehunde nehmen etwas ab. Man vermutet, dass das Wattenmeer seine Kapazitätsgrenze erreicht hat. Aber sicher ist das nicht.

Ihren **spindelförmigen Körper** treiben die Robben mit den hinteren Flossen an, mit den Vorderflossen wird gerudert. Zwischen ihren Zehen befinden sich Schwimmhäute. Gesunde Robben haben eine **gut ausgebildete Fettschicht.** Sie isoliert die Wärme im kalten Wasser. Beim Tauchen bleiben Nase und Ohren geschlossen, sodass sie bis zu 30 Minuten unter Wasser bleiben können. Erwachsene Seehunde fressen ausschließlich Fisch, also im Wattenmeer

Rund um den Hammersee

Der **Hammersee** ist ein Feuchtbiotop, das vielen Vögeln Unterschlupf bietet. Obwohl man ihn zu Fuß komplett umrunden kann, lässt sich nur an ganz wenigen Stellen durch das dichte Grün ein Blick auf das Wasser erahnen. Den besten Blick bietet die **Aussichtsdüne** am südwestlichen Ende. In der Nähe befindet sich ein Vogelwärterhaus, auch dort gibt es eine Aussichtsdüne, von der aus das Wäldchen gut zu sehen ist.

Die Vogelinsel Memmert

Die knapp sechs Quadratkilometer große Insel Memmert, südwestlich von Juist gelegen und zum Landkreis Aurich gehörend, entstand im **17. Jahrhundert** aus einer Sandbank. Sie blieb über längere Zeit stabil, sodass sich die **erste Vegetation** ansiedelte. Als die Hochsände dann auch bei Sturmfluten nicht mehr vom Meer überspült wurden, konnte sich die Tier- und Pflanzenwelt weiterentwickeln. So entstand aus einer **Sandbank** die heutige Insel Memmert. Nur 1,5 Quadratkilometer der Insel werden auch bei Springtide-Hochwasser nicht überflutet, sodass sich nur diese Fläche als **Brutplatz für Vögel** eignet. Seit 1924 ist Memmert staatliches Naturschutzgebiet und gehört heute zur **Schutzzone I des Nationalparks Niedersächsisches Wattenmeer.** Memmert darf ohne schriftliche Genehmigung der Nationalparkverwaltung nicht betreten werden – mit einer Ausnahme: Nach der Brutsaison ab August darf eine begrenzte Anzahl von Personen im Rahmen einer **geführten Exkursion** mit Juists Nationalparkwart die Insel betreten.

Memmert ist eine der wirklich wenigen **wilden Gegenden Deutschlands.** Außer Sandfangzäunen und Pflanzungen von Dünengras darf in die Natur nicht eingegriffen werden. Nur der Vogelwart hält sich von März bis November hier auf. Durch die **Ostdrift** der Insel musste das Vogelwarthaus in den letzten 100 Jahren schon mehrfach verlegt werden. Heute steht es in den als relativ sicher geltenden Norddünen. Der **Vogelwart** ist für Vogelzählungen, das Einsammeln von Müll und die Beachtung der nationalparklichen Regelungen verantwortlich. Zum Glück, denn früher wurden von Juist aus regelmäßig Vogeljagden unternommen und von Eiersammlern die Gelege der Vögel geplün-

080j_mna

dert. Als der Insellehrer und Naturforscher *Otto Leege* (1862–1951) 1906 bei einem Besuch dort praktisch keinen unversehrten Vogel mehr entdeckte, sondern stattdessen Patronenhülsen, verhungerte und angeschossene Vögel vorfand, musste er handeln. 1907 wurde Memmert zur **Vogelkolonie** erklärt und 1921 die erste Wärterhütte errichtet.

Heute brüten und leben auf der Insel wieder seltene Vögel, denn Memmert ist ein **wichtiges Brut- und Rastgebiet.** Auf den bei Ebbe trockenfallenden Flächen finden die Vögel ausreichend Nahrung, um sich und ihren Nachwuchs zu ernähren oder sich, wie die Knutts, Fettreserven für den Weiterflug anzufressen. Auf Memmert sind besonders während der Zugzeiten große Schwärme von **Gänsen und Enten** anzutreffen, aber auch Seeschwalben und Säbelschnäbler sowie der Große Brachvogel, Rotschenkel und Austernfischer. Seit kurz vor der Jahrtausendwende hat auch der bedrohte **Löffler** hier eine Heimat gefunden. Greifvögel wie Korn- und Rohrweihen oder Sumpfohreulen, eine der seltensten Brutvogelarten, ziehen hier ebenfalls ihre Jungen auf, denn es gibt wenig Fressfeinde. Rund 40 Arten brüten auf der Insel. Dass der Naturschutz sinnvoll ist, zeigen auch die großen Brutkolonien der Herings- und Silbermöwen.

◁ Vogelinsel Memmert am Horizont

Grundeln, Sandaale, Wittlinge und verschiedene Plattfische, während sich junge Seehunde vor allem von Garnelen ernähren. Für ausgiebige Beutezüge verlassen die Seehunde das Wattenmeer und schwimmen hinaus in die Nordsee, wo sie bis zu drei Tage auf die Jagd gehen und sich anschließend, wenn sie wieder zurück im Wattenmeer sind, eine ebenso lange Ruhepause gönnen.

Früher wurden die Seehunde an der Nordsee **gejagt,** seit Mitte der 1970er-Jahre ist das in Deutschland jedoch nicht mehr erlaubt. Ihre größten Feinde sind Störungen am Ruheplatz, der Verlust ihrer Lebensräume und die Verschmutzung des Meerwassers. Bei den Kegelrobben richtet auch die Überflutung ihrer Wurfplätze Schaden an. Deshalb wird der größte Teil der Kegelrobben inzwischen auf der **Helgoländer Düne** und der Kachelotplate geboren. Jährlich im Winter kommen dort inzwischen fast 700 Jungtiere auf die Welt.

Woher der **Schweinswal,** die einzige regelmäßig im Wattenmeer vorkommende Walart, seinen Namen hat, ist unbekannt. Schweinswale gehören zu den **wandernden Tierarten** und kommen nur auf der Nordhalbkugel der Erde vor. Meist ziehen sie im Frühjahr an die Küste und im Herbst in tiefere Bereiche der Nordsee. Die besten Zeiten zur Walbeobachtung sind zwischen März und Mai, aber man braucht Geduld und Glück, um die bis zu 2,5 Meter langen Meeressäuger zu sichten. Schweinswale leben allein oder in kleinen Gruppen bis zu zehn Tieren. Die Nordsee ist die **Kinderstube der Schweinswale,** von denen dort geschätzt zwischen 15.000 und 40.000 Exemplare leben. Leider sind die Bestände seit vielen Jahren rückläufig, was in

Waltraud erzählt uns ihre Geschichte

Hallo, mein Name ist Waltraud und ich bin eine **Zwergwaldame.** Dass Du mein Skelett hier sehen kannst, ist gar nicht selbstverständlich, denn normalerweise lebe ich in tieferen Gewässern als der Nordsee. Warum ich trotzdem hier bin, das möchte ich Dir kurz erzählen.

Alles begann an einem Nachmittag **vor der Küste Islands.** Ich schwamm dort so rum und war gerade dabei, mir so richtig den Bauch mit Heringen vollzuschlagen, als plötzlich ein großes Motorboot auf mich zukam. Auf dem Schiff standen drei **Männer mit Gewehren** in den Händen und begannen, auf mich zu schießen. Wie Du Dir vielleicht vorstellen kannst, hatte ich große Angst und versuchte, so schnell wie möglich von dort wegzukommen. Leider vergebens, denn das Boot war viel schneller als ich und kam immer näher heran. Ich wusste zwar nicht, warum die Männer auf mich schossen, aber eins war klar: Für mich war diese Situation **lebensgefährlich.**

Die Männer schossen immer wieder auf mich ein und trafen dabei unter anderem meinen Kopf, die Rippen und die Wirbelsäule. Dort sind auch jetzt noch einige grüne Stellen, die auf die Gewehrkugeln hindeuten. Ich versuchte, möglichst lange unter Wasser zu bleiben, um dem Gewehrfeuer zu entgehen, doch seit meinem **Bandscheibenvorfall** (zu sehen an den beiden miteinander verwachsenen Wirbeln) vor einigen Jahren, fällt mir das Abtauchen sehr schwer. Als ich gerade wieder einmal auftauchen wollte, kam mir das Boot so nahe, dass es mich rammte. Dabei wurde mein Schädel über dem Auge an-

045j_mna

geknackst, was Du auch noch sehen kannst. Anscheinend hatten die Männer nun aber genug von mir, da das Schiff plötzlich abdrehte. Ich war durch diesen Angriff ganz schön niedergeschlagen, fühlte mich aber noch imstande, diese unerfreuliche Gegend zu verlassen und **in Richtung Nordsee zu schwimmen.** Auf dem Weg dorthin merkte ich allerdings, dass meine Verletzungen doch stärker waren, als ich das selbst wahrhaben wollte, und dass mein Ende nicht mehr fern sein würde.

Meine Kräfte ließen immer mehr nach, aber ich wollte unbedingt noch bis zum **Wattenmeer** schwimmen. Ich hatte schon so viel darüber gehört, es aber noch nie gesehen. Aus alten Erzählungen wusste ich, dass dies **ein ganz besonderes Meer** sein sollte. Also schwamm ich drauf los und tatsächlich, als ich im Wattenmeer ankam, zog mich diese Landschaft sofort in ihren Bann. So viele Lebewesen, wie hier vorkommen, hatte ich noch nie gesehen. Seehunde, Schollen, Austernfischer und vieles mehr. Ich für meinen Teil war sehr glücklich, diesen Lebensraum noch kennengelernt zu haben und konnte nun in aller Ruhe dem Ende entgegensehen. Und so strandete ich dann im Oktober 2011 **am Westende der Insel Juist** und schlief dort sanft ein.

(Abdruck mit freundlicher Genehmigung des Nationalpark-Hauses Juist)

◁ Das Zwergwalskelett stand bis vor dem Umbau des Nationalpark-Hauses Juist in der Ausstellung und hat nun in einem Glaskasten davor seinen Platz gefunden, wo es rund um die Uhr angesehen werden kann.

Zusammenhang mit der Verschmutzung der Nordsee und dem zunehmenden Lärm unter Wasser gebracht wird. Der Lärm der Schiffe und Offshore-Parks macht es den Tieren schwer, sich mithilfe der **Echoortung** unter Wasser zu orientieren. Der Schweinswal ist vom Aussterben bedroht und steht auf der Roten Liste der gefährdeten Arten.

Tiere in den Salzwiesen

In diesem extremen Lebensraum leben viele, zum Teil hoch spezialisierte Tiere und Pflanzen. Darunter sind allein **400 Insektenarten** auf nur 25 Salzwiesenpflanzen zu finden. Hier leben zum Beispiel Salz-, Gall-, Lauf-, Weinbeerblatt- oder Strandfliederrüsselkäfer, aber auch Wiesenschaumzikaden, Dickkopffalter, Schwebfliegen, Siebenpunkte und **viele Schmetterlingsarten** wie Admiral und Wickler. Gegen die Überflutungen haben die Tiere eine Menge Überlebensstrategien entwickelt. Die Larven von vielen Salzwieseninsekten leben im Pflanzeninneren, während Käfer häufig im Boden Schutz suchen oder sich mit wasserabweisenden Haaren schützen. So überleben sie auch bei zeitweiliger Überflutung.

Wild- und Nutztiere der Insel

1928 wurden **zwei Rehböcke und fünf Ricken** auf Juist ausgesetzt. Inzwischen hat sich daraus eine stattliche Population von **200 bis 300 Tieren** entwickelt, da sie keine natürlichen Feinde haben. Im

Die Bienenköniginnen von Juist

An drei Tagen in der Woche ist im Sommer ein besonderer Experte auf der Insel: der **Bienenbelegstellenleiter.** Seine Aufgabe ist es, von Imkern eingeschickte und noch unbegattete Bienenköniginnen für die Zucht von Bienen der Rasse *Carnica* zu nutzen. War das Unterfangen erfolgreich, wird die Befruchtete mitsamt ihren Arbeiterbienen in einem kleinen Paket wieder an den Imker zurückgeschickt. Natürlich gibt es dazu ein offizielles Zertifikat, dass es sich um eine echte „Inselkönigin" handelt.

Doch warum werden die Bienenköniginnen überhaupt verschickt? Ein besserer Ort für eine reinrassige Zucht als eine Insel ist kaum vorstellbar. Die **isolierte Lage** sorgt dafür, dass keine anderen Honigbienen vom Festland dorthin kommen. Es bieten sich also perfekte Rahmenbedingungen, um auszuschließen, dass die Bienenkönigin von einer zu einer anderen Bienenrasse gehörenden Drohne befruchtet wird.

Die **Juister Bienenbelegstelle,** so die offizielle Bezeichnung für den Ort, an dem Bienen einer Bienenrasse gezüchtet werden, liegt nahe beim Café Wilhelmshöhe in den Dünen. Die kleinen Völker mit nur wenigen hundert Bienen und einer Bienenkönigin kommen nach ihrer Ankunft auf der Insel in die sogenannten **Aufzuchtkästchen.** Die Bienenkönigin hat nun zwei bis drei Wochen Zeit, um ihre sogenannten **Hochzeits- oder Begattungsflüge** zu unternehmen. Die kurze Zeitspanne, in der das überhaupt möglich ist, liegt zwischen Ende April und Mitte Juni.

Um Zeit und Kraft zu sparen, sind in der Nähe der Aufzuchtkästen sogenannte **Vatervölker** unterbracht. Acht bis zehn Tage nach dem Schlüpfen sind die männlichen Bienen bereits geschlechtsreif und schwärmen aus. Die reinrassigen Drohnen sammeln sich an den Sammelplätzen in luftiger Höhe von rund zehn Metern und warten darauf, dass sie ihren Samen an eine Bienenkönigin weitergeben dürfen. Doch ihr Leben ist nur von kurzer Dauer, denn ihr einziger Lebenszweck ist es, ihren Samen weiterzugeben. Maximal fünfzehn Zuchtdrohnen kommen während des Inselaufenthalts der Bienenkönigin bei ihr zum Zug. Quasi noch während des Geschlechtsakts stirbt die Drohne und fällt tot zu Boden. Die übrigen Drohnen, die ihre Samen nicht weitergeben konnten, leben vielleicht noch ein wenig länger. Aber sie werden in ihren Bienenstöcken nicht mehr aufgenommen und verhungern in der Regel nach wenigen Tagen. Die Aufzucht der Bienen ist also eine **reine Frauensache.**

Mit dem Nachwuchs verhält es sich wie beim Roulette. Der Bienenbelegstellenleiter kontrolliert regelmäßig die Brutwaben in den Aufzuchthäuschen, um zu sehen, ob die Königin in die Eiablage gegangen ist. Ist das der glückliche Fall, wird das neue Bienenvolk verpackt und und zurück ans Festland geschickt.

133j_ mna

Sommer verstecken sie sich weitgehend im Gebüsch, während sie vor allem im Winter, wenn nicht so viel Trubel herrscht, durchaus auch auf der Strandpromenade und im angrenzenden Dünenbereich zu finden sind. Da die Insel keine Verbindung zum Festland hat, fehlen hier einige dort weit verbreitete Säugetierarten wie Füchse oder Maulwürfe. Die **Pferde** der Insel machen das Gros der **Nutztiere** aus, rund 200 Tiere werden für die vielen Transportaufgaben eingesetzt. Sie stehen zum Weiden meist auf dem Deichvorland.

In den Dünen, Wiesen und auch im Wald finden **Fasane, Hasen** und **Kaninchen** viele Verstecke. Diese drei Arten sieht man besonders häufig. Vor allem im Frühsommer hört man die Fasane nicht selten laut rufen. Mit ihrem prächtigen, bunt schillernden Federkleid sind die Männchen gut zu erkennen und auch kaum zu übersehen. In den unterschiedlichen Landschaften und im Wald finden verschiedene **Insektenarten** und **Spinnen** ihren Lebensraum. Besonders zahlreich ist die Artenvielfalt in den Salzwiesen.

Das Nationalpark-Haus

Es befindet sich in der **Carl-Stegmann-Straße 5** im ehemaligen Bahnhofsgebäude. Von außen sieht es nicht spannend aus, aber wer sich hineinwagt, findet auf dem interessant gestalteten Areal jede Menge auch kindgerecht aufbereiteter **Informationen rund um das Wattenmeer** und seine Bewohner. An den Mitmach-Exponaten lernen Klein und Groß das Wattenmeer und seine Natur besser kennen. Zusätzlich werden spezielle **Naturführungen** sowie **Spiel- und Bastelstunden** angeboten.

Die Tierwelt im Sand und im Watt

Wer glaubt, dass es sich bei Sand um einen Ort ohne Leben handelt, wird jetzt staunen, denn hier leben die sogenannten **Sandlückentierchen.** Das sind mikroskopisch kleine Lebewesen. In der Sandlückenfauna sind Tiere aus fast allen Stämmen vertreten, die oft bizarre Formen aufweisen: Bärtierchen, schalenlose Schnecken und Seescheiden, die Vorläufer der Wirbeltiere. Die Pflanzenfresser unter den Sandlückenbewohnern ernähren sich von Bakterien und Mikroalgen, sie selbst sind Futter für andere Arten. Dieser Naturkreislauf im Kleinen hat eine schöne Nebenwirkung: **Er reinigt den Strand.** Im Watt leben Tiere, die sich auf die jeweilige Wattart spezialisiert haben – oft in einer enormen Dichte. Das ist nur aufgrund ihrer Größe möglich, die allermeisten lassen sich erst unter dem Mikroskop als einzelne Tiere identifizieren.

Das **Schlickwatt** ist quasi der Weidegrund für die winzigen Wattschnecken, die sich von Mikroalgen ernähren. Im Mischwatt fühlen sich Strandschnecken, Herz-, Platt- und Pfeffermuscheln wohl. Sie graben sich im Boden ein und saugen die Algen mit einem langen Saugrohr ab, *Sipho* genannt. Die Herzmuschel beispielsweise filtert so 2,5 Liter Wasser in einer Stunde. Wer durch das Watt geht, wird mit ziemlicher Sicherheit Austernschalen der **Pazifischen**

082j_ mna

Auster finden. Sylter Austernfarmer hatten sie 1986 eingeführt. Die **Europäische Auster** jedoch ist inzwischen nahezu ausgestorben. Anhand ihrer Schalen lassen sich beide Arten eindeutig identifizieren: Die der Europäischen Auster sind dunkelgrau und leicht gerillt, während die der Pazifischen Auster meist heller, viel größer und stark gewellt sind. Oftmals sind mehrere Schalen zu einem seltsam geformten Gebilde zusammengewachsen.

In etwa 30 Zentimetern Tiefe leben dann die „Sandfresser", die **Wattwürmer.** Wo Sandpierwürmer aktiv sind, ist leicht erkennbar. Sie leben in einer U-förmigen Wohnröhre, an deren einem Ende der Wurm das Sediment frisst, die Nährstoffe herausfiltert und am anderen Ende als sauberen Sand wieder ausscheidet. Am Anfang der Röhre entsteht dadurch ein kleiner Trichter, am Ende ein Haufen „Sandspaghetti". Beim Bäumchenröhrenwurm hingegen ragt der Filterapparat für die Nährstoffe wie ein kleiner Baum aus dem Watt ins Wasser.

In den etwas tieferen Bereichen des Watts und im Wattenmeer leben die gräulich und unauffällig aussehenden **Nordseegarnelen.** Ihre typische rosa Farbe erhalten sie erst durch das Kochen. Häufig sind **Strandkrabben,** die zu den Krebstieren gehören, deren gehäutete Panzer oder ihre Überreste zu sehen. Sie sind eine beliebte Beute bei Vögeln und Fischen. Strandkrabben bewegen sich im Seitwärtsgang. Ob man ein männliches oder weibliches Exemplar vor sich hat, lässt sich durch das am Bauch befindliche Dreieck erkennen: Bei den Weibchen ist es rundlich, bei den Männchen spitz. Die Flachwasserbereiche rund um Juist sind die Kinderstube

⌃ Muschelschalen im Sand

› Eine Strandkrabbe gräbt sich wieder ins Watt

der Nordseefische. Hier wachsen besonders häufig kleine **Plattfische** wie Scholle, Flunder und Seezunge auf. Werden sie größer, rücken sie in tiefere Bereiche der Nordsee vor.

Gut zu wissen: Auch wenn es verschiedene Einschätzungen zum Klimawandel gibt, belegen Langzeitdatenreihen, dass sich die **Nordsee deutlich stärker erwärmt** als die Weltozeane im Mittel. Neun der zehn wärmsten Sommer seit Beginn der Wetteraufzeichnungen gab es in diesem Jahrhundert. Die Nordsee ist in den vergangenen 50 Jahren um **1,7 °C wärmer** geworden, wie die Wissenschaftler des Alfred-Wegener-Instituts mit einer Langzeitdatenreihe belegen. Damit ist die Deutsche Bucht eines der sich am schnellsten erwärmenden Küstenmeere überhaupt. Die Folge ist, dass sich **auch Flora und Fauna verändern.** Kälte liebende Arten wie der **Kabeljau** werden **seltener** oder verschwinden ganz und ziehen in Richtung Norden. Und Arten aus wärmeren Gefilden wandern ein, die bisher nicht in der Nordsee lebten. Heute tummeln sich nicht nur **Sardinen** und **Sardellen** in der Nordsee, sondern es wurde auch schon mehrfach der weltweit schwerste Knochenfisch, der in Asien, Afrika und Australien lebende **Mondfisch,** gesichtet. Die **Streifenbarbe,** ein beliebter Speisefisch aus dem Mittelmeer, war früher nur als Sommergast in der Nordsee. Heute geht sie den Fischern auch im Winter immer häufiger ins Netz. Dafür

Biodiversität im Watt – die Bevölkerungsdichte auf einem Quadratmeter

- bis zu 1000 **Wattwürmer**
- bis zu 2000 **Herzmuscheln**
- bis zu 4000 **Schlickkrebse**
- bis zu 100.000 **Wattschnecken**
- bis zu 2.500.000 **Sandlückentiere**

005j_mna

Krabbe oder Garnele?

Die Nordseekrabben heißen eigentlich **Langschwanzgarnelen,** als „Krabben" bezeichnet man die rundlichen **Kurzschwanzkrebse** mit den kräftigen Scheren. An der Nordseeküste sind letztere oft **Wollhandkrabben,** die Anfang des 20. Jahrhunderts nach Europa eingeschleppt wurden und in Ostasien als Delikatesse gelten. Dennoch hat sich in der Umgangssprache „Krabbe" für die Nordseegarnele durchgesetzt.

Die kleine Garnele ist ein **typischer Bewohner des Wattenmeers.** Sie zieht sich bei Ebbe ins Meer zurück und kommt mit der Flut wieder ins Wattenmeer. Hauptfangzeit ist in den wärmeren Monaten, denn wenn es kälter wird, ziehen sie sich in tiefere Bereiche zurück. Im allgemeinen Sprachgebrauch sind Krabben, Garnelen und Shrimps dasselbe. Meist werden sie **geschält** verkauft. Sie sind auch an der niedersächsischen Nordseeküste zu finden und werden dort ebenfalls als Krabben oder Granat bezeichnet. In Ostfriesland nennt man sie auch **Porren.**

Die Garnelen werden direkt nach dem Fang noch an Bord der typischen Spezial-Fischkutter mit seitlichen Auslegenetzen **gekocht,** erst dadurch bekommen sie ihre charakteristische Rotfärbung. Man kann frische Garnelen fertig gepult oder mit Schale kaufen (1 kg ergibt gepult etwa 350–400 g Krabbenfleisch). Das Pulen macht zwar etwas Arbeit, aber danach hat man sich seine eiweißreiche Mahlzeit auch wirklich verdient, und frischer geht es nicht, denn die fertig gepulten Garnelen haben in der Regel bereits eine lange Reise hinter sich – oft wird diese Arbeit aus wirtschaftlichen Gründen in Nordafrika erledigt. Um beim Pulen nicht zu viel Arbeit zu haben, ist die sogenannte **A-Sortierung** die beste Wahl.

115j_mna

Mit etwas Übung hat man den Bogen schnell raus: Zum Pulen nimmt man den Garnelenkopf zwischen Daumen und Zeigefinger der einen Hand und den Schwanz mit der anderen Hand. Dann werden beide Enden wie beim Auswickeln eines Bonbons vorsichtig gegeneinander gedreht, bis ein leises Knacken signalisiert, dass der Panzer gebrochen ist. Das ist der Zeitpunkt, um mit Gefühl eine Schalenhälfte abzuziehen. Die andere Hälfte lässt sich dann vorsichtig leicht aus dem Rest des Panzers herausziehen.

Nordseekrabben sind eine **gesunde Mahlzeit** und ein **richtiger Fitmacher** mit hochwertigem Eiweiß, Aminosäuren sowie lebenswichtigen Vitaminen und Mineralstoffen. Zudem haben sie wenig Fett und einen geringen Fettsäuregehalt. Mit knapp 100 Kalorien pro 100 Gramm (gepult) sorgen sie trotzdem für ein schnelles Sättigungsgefühl. Oft wird das Krabbenfleisch im **Fischimbiss auf Brötchen** angeboten. In Restaurants kommen sie zum Fisch hinzu oder mit Rührei zur Geltung. Als Salat mit Mayonnaise, wie man ihn in den Supermärkten bekommt, verlieren sie aber an Geschmack. Besser macht man den Salat selbst mit einer Joghurtsoße, einer Marinade oder mit einem Spritzer Zitronensaft an, denn dann schmeckt man die feinen, leicht süßlichen Geschmacksnuancen viel besser heraus. Der Sud der ausgekochten Schalen ergibt eine sehr feine Basis für eine Fischsuppe, wenn man ihn nach dem Kochen einfach durch ein Sieb schüttet, danach durch ein Küchenhandtuch gießt und dabei auffängt.

[<] Ditzumer Krabbenkutter am Horizont vor Juist

sind die Bestände des Kabeljaus rückläufig, denn diese Fische lieben kalte Meere. Da auf den Muschelbänken der Nordsee inzwischen die **Pazifische Auster** dominiert, die mit den Miesmuscheln um Nahrung konkurriert, bleiben die Miesmuscheln heute im Durchschnitt etwas kleiner als früher. Auch die Zahl der **Austernfischer** und anderer Miesmuscheln fressender Seevögel im Wattenmeer hat durch die Verbreitung der Pazifischen Auster abgenommen. Diese Vögel sind auf das Knacken von Miesmuscheln spezialisiert. Dafür hämmern sie mit ihrem Schnabel auf die Schale ein, bis sie zerbricht. Bei den dickschaligen Pazifischen Austern funktioniert diese Technik aber nicht. Im November und Dezember werden in der Nordsee immer wieder tote südliche Fischarten wie **Schwert-, Mond- und Thunfische** gefunden, weil sie von der Winterkälte überrascht werden und nicht mehr rechtzeitig in den Süden zurückschwimmen können. Im Jahr 2012 zählten die Wissenschaftler bereits 52 eingeschleppte Arten, ungefähr eine Art pro Jahr kommt hinzu. Sie erreichen die Nordsee wie die Australische Seepocke meist als blinde Passagiere an der Außenwand großer Schiffe oder gelangen aus den Ballastwassertanks in die Nordsee. Die Zu- und Abwanderung der Arten führt langfristig dazu, dass sich die **Ökosysteme angleichen** und sich das Zusammenspiel der Arten, die über lange Zeiträume eine Lebensgemeinschaft bildeten, verändern wird.

Umweltschutz im Urlaub und im Alltag

Dass drei Viertel des Mülls im Meer aus **Plastik** besteht, ist weitgehend bekannt, der größte Teil sind **Einwegverpackungen.** Die Erkenntnis, dass sein Umfang immer größer wird und auch uns Menschen gefährdet, ist inzwischen bei vielen Verbrauchern angekommen. Das Hauptproblem ist, dass das Plastik erst nach **350 bis 450 Jahren zersetzt ist,** Fischernetze sogar erst nach 650 Jahren. Davor zerfällt es in immer kleinere Teile. Sind sie kleiner als fünf Millimeter, spricht man von **Mikroplastik.** Viele Plastikteilchen sind so klein, dass man sie mit bloßem Auge nicht mehr erkennen kann.

Gerade im Meer sind diese kleinen Partikel aber ein besonderes Problem, denn das Mikroplastik gelangt in die **Nahrungskette,** wie sich in Muscheln und Meerestieren wie Fischen, Garnelen und Krebsen nachweisen lässt. Dort reichert es sich sogar an. Wenn wir diese Tiere essen, gelangt das Mikroplastik **auch in den menschlichen Körper.** Für mehr als eine Million Seevögel und 100.000 andere Meerestiere ist der Plastikmüll tödlich, weil sie sich darin verheddern oder ihn schlucken. Noch sind die Auswirkungen nicht vollständig erforscht, aber sicher ist, dass die im Plastik enthaltenen Weichmacher und Flammschutzmittel giftig sind.

Beim **Müll im Meer** handelt es sich um unterschiedlichste Stoffe wie Plastiktüten, -flaschen, Teile von Fischernetzen und deren Abrieb, Plastikwannen, Fender und vieles mehr. Er kommt mit der Flut oder im Sturm an die Küstenufer. Im Sommer wird er von den Kurverwaltungen morgens weggeräumt, damit der Strand sauber ist, aber wer im Herbst oder Winter nach einem Sturm am Strand entlanggeht, kann den Plastikmüll meist **säckeweise** einsammeln. Auch andere Gifte landen in den

083j_mna

Ozeanen. Jeder Einzelne kann auch im Kleinen einen Beitrag zum Schutz der Umwelt leisten. Hier ein paar Beispiele für einen einfachen Anfang:

Vernünftig einkaufen: Das Wichtigste ist es, Plastikverpackungen zu vermeiden und sie gar nicht erst in die Umwelt gelangen zu lassen. Ein Stoffbeutel oder Einkaufskorb ist wiederverwendbar und leistet nicht nur während der Ferien gute Dienste. Am besten unverpackte, lose Ware einkaufen.

Einmalverpackungen vermeiden: Coffee-to-Go mag morgens eine bequeme Sache sein, aber der Müll braucht viele Jahre, bis er sich zersetzt hat. Dosen beispielsweise benötigen 200 Jahre. Es ist also viel besser, seinen eigenen Coffee-to-Go-Becher einfach mitzubringen oder Pfandsysteme zu nutzen, die inzwischen oft angeboten werden. Die Umwelt freut es und ein gutes Gewissen darf man auch haben. Andere Getränke werden auf Juist zumeist in Mehrweg-Pfandflaschen angeboten.

Biologische Produkte verwenden: Wer Bioprodukte kauft, vermeidet Umweltgifte. Die strengen Biosiegel wie Demeter oder Bioland geben eine hilfreiche Orientierung bei den Nahrungsmitteln, der Blaue Engel hilft bei Produkten wie Papier, Lacken und Pflanzenschutzmitteln. Leider sind Bio-Produkte im Supermarkt oft in Plastik verpackt, irrsinnigerweise, damit sie nicht von anderen Lebensmitteln „vergiftet" werden. Daher ist unverpackte Ware die bessere Wahl.

Saubere Wäsche und ein gutes Gewissen: In vielen Waschmitteln ist wasserschädliches Phosphat enthalten und vor allem Weichspüler ist sehr umweltschädlich. Es gibt inzwischen sehr gute phosphatfreie Waschmittel, auf den schädlichen Weichspüler lässt sich ebenfalls gut verzichten. Eine Alternative zu herkömmlichen Waschmitteln sind Waschnüsse, die man im Drogeriemarkt bekommen kann. Ein paar davon in einem Waschsäckchen in die Maschine geben und mitwaschen.

Das Auto ab und zu stehen lassen: Das lässt sich auf dem autofreien Juist natürlich einfach umsetzen. Auch bei der Anreise ist man mit der Bahn in der Regel gut unterwegs, denn der Fähranleger liegt ganz dicht am Endhaltepunkt. Auf der Insel nutzt man das Fahrrad oder geht zu Fuß. Und vielleicht tut die Bewegung auch so gut, dass nach dem Urlaub zu Hause das Auto des Öfteren in der Garage bleibt und stattdessen der Drahtesel oder Schusters Rappen zum Einsatz kommen.

Müll am Strand einsammeln: Beim Spaziergang am Spülsaum wird besonders im Winter, wenn der Strand nicht täglich gesäubert wird, das Müllproblem jedem sofort ins Auge springen. Nehmen Sie einfach eine Tüte mit und sammeln Sie ein paar Teile auf, die Sie fachgerecht im Müll entsorgen oder in einer der Strandmüllboxen, die an mehreren Stellen auf Juist aufgestellt sind. Das sind große Gitterboxen, in denen der Plastikmüll deponiert wird. Diese Boxen werden regelmäßig geleert. Wenn jeder auch nur ein wenig mitnimmt, ist schon viel getan.

< In den Strandmüllsammelboxen kann jeder seine Plastikmüll-Funde entsorgen, häufig sind das Teile von Fischernetzen, Kanister, Plastikflaschen oder Folien

134j_Stk

4 Inselgeschichte Juist

»Etwa seit dem 14. Jahrhundert gibt es eine feste Besiedlung auf Juist. Seitdem durchlebte die Insel eine wechselvolle Geschichte. Die Menschen lebten damals überweigend in Armut, erst ab dem 19. Jahrhundert verbesserte der Seebädertourismus das insulare Leben. Heute ist der Fremdenverkehr der alles bestimmende Wirtschaftsfaktor.

[<] Ab 1904 durften auf Juist Familien an einem bestimmten Strandabschnitt baden

Der Name Juist

Der seltsam anmutende Name der Insel wird „Jüst" ausgesprochen – mit langem „Ü". In alten Urkunden finden sich auch die Schreibweisen „Just", „de Juest" und „Juyst". Der Name leitet sich ziemlich sicher vom friesischen Wort „Güst" ab, das steht für karg, trocken oder unfruchtbar. Und genau das war die **Sandbank,** die zur Insel wurde, auch lange Zeit. In jüngerer Vergangenheit seit den 1990er-Jahren wird Juist oft mit dem Zusatz **„Töwerland"** versehen. Im friesischen bedeutet „töwer" so viel wie „Zauber" – die „schönste Sandbank der Welt", wie die Einwohner ihre Insel nennen, wird auf diese Weise perfekt vermarktet.

Küste im Wandel

Weite Teile des Gebiets der heutigen Nordsee waren gegen Ende der Weichsel-Kaltzeit vor ca. 11.600 Jahren **trockene Tundra.** Das sogenannte **Doggerland** erstreckte sich zwischen den Britischen Inseln und dem europäischen Festland. Riesige Eisschilde an den Polkappen banden damals noch das Wasser der Ozeane, der **Meeresspiegel** lag etwa 60 Meter unter dem heutigen Niveau. Man kann sich kaum noch vorstellen, dass über das fruchtbare Land und seine Ebenen Kleinwild und Hirsche zogen. Auf der Suche nach Beute durchstreiften es auch die Jäger und Sammler der Steinzeit. Doch das Klima wurde wärmer, die Eisschilde der Nordhalbkugel schmolzen und der Meeresspiegel stieg stetig an. Vor etwa 5000 Jahren erreichte die vordringende Nordsee die Bereiche der heutigen Küstenlinie.

Die südliche Nordseeküste zeichnet sich durch eine **sehr geringe Neigung** aus, das Meer geht nur sehr langsam in Land über. Bei Flut verschwindet es unter den Nordseewellen, und bei Ebbe

werden viele Quadratkilometer Schlick sichtbar. An der Kante zum Wattenmeer, einige Kilometer vom Festland entfernt, lagerten sich **Sedimente** ab. Aus unendlich vielen Sandkörnern bildeten sich im Lauf der Zeit **Sandbänke.** Vor ungefähr 2000 Jahren waren diese zu einer Höhe angewachsen, sodass sie auch bei Hochwasser nicht mehr überspült wurden. Pionierpflanzen wie **Queller** und **Strandhafer** festigten den Sand und ließen Dünen wachsen. So entstand die Kette der West- und der Ostfriesischen Inseln. Sowohl die Form als auch die Anzahl der frühen Inseln sind allerdings bis heute unbekannt.

Küstenblick mit Münzfernrohr

148j_mna

Die Nordsee zur Zeit der Antike

Inwieweit die Nordsee zur Zeit der Antike von Griechen oder Römern tatsächlich befahren wurde, ist ungewiss, ebenso, ob der Hellene *Pytheas von Massila* (etwa 380–310 v. Chr.) bei seinen Seereisen das Wattenmeer der Nordsee tatsächlich erreichte. Aus seinen Berichten geht aber hervor, dass an den Stränden der Insel *Abalus* **Bernstein** angespült wurde. *Pytheas* beschrieb das „Gold des Nordens" erstmals zutreffend als **fossiles Baumharz.** Mit *Abalus* (oder Abalon) könnte die **Insel Helgoland** gemeint sein. Die römischen Berichte entstanden etwas später zur Zeit um Christi Geburt. Sie beziehen sich auf die Eroberungsversuche der Römer im nördlichen Germanien. Das Römische Reich beherrschte in der frühen Kaiserzeit den gesamten Mittelmeerraum und strebte eine weitere Ausdehnung nach Nordosten an. Die Insel **Burchana** wurde erstmals vom griechischen Geschichtsschreiber Strabon (etwa 63 v. bis 23 n. Chr.) unter dem Namen *Byrchanis* erwähnt. Der römische Historiker *Plinius der Ältere* (23 oder 24 bis 79 n. Chr.) übersetzte den Namen der Insel ins Lateinische als *Burchana fabaria.* Diese Insel lag strategisch wichtig vor der Emsmündung und wurde von den Römern 12 v. Chr. erobert. Burchana war wohl eine frühere Form der heutigen Nordseeinsel **Borkum.**

Am westlichen Ufer der Ems in der Höhe der Ortschaft Jemgum befindet sich der **archäologische Fundplatz Bentumersiel.** Der Ort diente den Römern um die Zeit von Christi Geburt möglicherweise als Hafen und Versorgungsstützpunkt. Denn über die Ems gelangten römische Truppen weit ins Innere des zu erobernden Landes. Plinius' Berichte beziehen sich auf die kriegerischen Handlungen im nördlichen Germanien. Die sogenannten **Germanenkriege** gipfelten im Jahr 9 n. Chr. in der **Varusschlacht,** die den Invasoren eine vernichtende Niederlage einbrachte. Dass jedoch die römischen Feldherren *Drusus* und *Tiberius* weiter auf die Nordsee kamen, als bis zu den Mündungen der Flüsse Ems, Weser und Elbe, ist relativ unwahrscheinlich. Denn mit den **gefährlichen Fahrwassern** im flachen Wattenmeer hatten die Eroberer große Probleme. So berichtete der Geschichtsschreiber *Cassius Dio* (um 163–229 n. Chr.): „Als *Drusus* dann in das Land der Chauken eingefallen war, geriet er in eine gefährliche Lage, da seine Schiffe in Folge der Ebbe des Ozeans auf dem Trockenen sitzen blieben."

Besiedlung einer ehemaligen Sandbank

Halbwegs **lagestabile Dünen** waren die Voraussetzung für die Besiedlung einer jungen Insel. Neben der Gefahr durch **Sturmfluten** gefährdeten aber auch **Flugsand** und **Wanderdünen** die menschlichen Siedlungen. Die Ostfriesische Insel **Buise** könnte aus **Burchana** entstanden sein. Anderen Quellen zufolge könnte

Buise ein Teil der ehemaligen Marscheninsel **Bant** gewesen sein. Buise ging im 17. Jahrhundert endgültig unter. Das östliche Ende der Insel wurde zu **Oesterende,** heute nennt man es **Norderney.** Belegt ist, dass Bant eine kleine Hallig zwischen Juist und der Leybucht war. Nach fortwährenden Landverlusten wurde Bant schließlich 1780 völlig überflutet und verschwand in der See. Im Hochmittelalter bildete sich auch der östliche Mündungsarm der Ems, die **Osterems.** Sie trennt bis heute Borkum und Juist. Ob Burchana, Buise oder Bant: Die Theorien zeigen in erster Linie, dass die genaue Entwicklung der Ostfriesischen Inseln **schwer nachzuweisen** ist. Denn Quellen aus dem Spätmittelalter gibt es zu diesem Thema nicht, und viele Überlieferungen sind widersprüchlich.

In einer Lehensurkunde aus dem Jahr 1398 werden die Inseln Borkyn, Just, Buise, Oesterende, Balteringe, Langoch, Spikeroch und Wangeroch benannt. Das ist eine frühe Aufzählung der bewohnten Ostfriesischen Inseln, wenn auch unter anderen Namen. Archäologische Funde lassen darauf schließen, dass Juist zu dieser Zeit besiedelt war. Das Leben der frühen Siedler aber war sicher nicht einfach. Im Spätmittelalter soll es **ausreichend Weideland** gegeben haben, um Landwirtschaft zu betreiben. So zumindest berichtete der ostfriesische Chronist *Henricus Ubbius* (um 1495–1541), außerdem schrieb er über wilde Pferde, die auf Juist lebten. Aber wegen häufiger Überflutungen änderte sich das. Es gab zunehmend weniger Salzwiesen, die als Weideland für das Vieh genutzt werden konnten. Daneben war schon immer die **Fischerei** von großer Bedeutung für die Insulaner. Die Frauen zogen in kleinen Gärten Gemüse, in den Dünen gingen sie auf Kaninchenjagd. Die Kinder sammelten dort Möweneier aus den Nestern, auch diese ergänzten den Speiseplan. Im Winter peitschten **Stürme** die Nordsee auf und überfluteten die Salzwiesen sowie den kleinen Siedlungsbereich immer wieder. Schützende Deiche gab es damals auf der Insel noch nicht. Auch Wanderdünen und Flugsand machte den Insulanern ständig zu schaffen. Entsprechend langsam entwickelte sich die Gemeinde, im Jahr 1650 standen auf Juist nur 20 Häuser. Aber bereits im 17. Jahrhundert gab es die **erste Inselkirche.** Ihr über 40 Meter hoher Turm diente den Seefahrern als **Orientierungshilfe,** das Bauwerk wurde vermutlich vom Bistum Bremen finanziert. Gestanden hat es

Trutz, Blanke Hans

Der Dichter *Detlev von Liliencron* (1844–1909) beschreibt die **Naturgewalt der See** in der berühmten Ballade „Trutz, Blanke Hans" eindrucksvoll:

„Mitten im Ozean schläft bis zur Stunde
ein Ungeheuer, tief auf dem Grunde.
Sein Haupt ruht dicht vor Englands Strand,
die Schwanzflosse spielt bei Brasiliens Sand.
Es zieht, sechs Stunden, den Atem nach innen
und treibt ihn, sechs Stunden, wieder von hinnen.
Trutz, Blanke Hans!

Doch einmal in jedem Jahrhundert entlassen
die Kiemen gewaltige Wassermassen.
Dann holt das Untier tief Atem ein
und peitscht die Wellen und schläft wieder ein.
Viel tausend Menschen im Nordland ertrinken,
viel reiche Länder und Städte versinken.
Trutz, Blanke Hans!"

085j_lkJ

zwischen der Bill und dem Loog, aber etwas weiter nördlich. Aus heutiger Sicht also in der Nordsee, gar nicht weit vom Strand entfernt.

Schiff auf Strand

Eine weitere Einkommensquelle der armen Insulaner bot der Strand. Begehrtes Strandgut war **Holz,** es fand als Bau- und Brennmaterial Verwendung. Auch ganze Schiffe gingen nahe der Insel unter, die Gewässer im ostfriesischen Wattenmeer waren und sind wegen zahlreicher, sich ständig verändernder Untiefen und starken Strömungen immer gefährlich. Neben dem Holz der Schiffe wurden auch **geladene Waren** ans Ufer der Insel gespült. Auch wenn ab Mitte des 15. Jahrhunderts die ostfriesischen Landesfürsten Anteile des Gewinns für sich in Anspruch nahmen, blieb das Interesse am **„strandjern"** groß. Hartnäckig halten sich Gerüchte, dass sogar **falsche Leuchtfeuer** angezündet worden waren, um Schiffe mit wertvoller Fracht in die Irre zu leiten, das gilt jedoch hauptsächlich für die Nordfriesischen Inseln. Für die Einhaltung des Strandrechts sorgte der Inselvogt, er teilte die Schätze aus dem Meer zwischen den Landesherren und den Insulanern auf. Beliebt waren die Vögte nur selten, oft genug versuchten die Einheimischen, gefundenes Strandgut vor ihnen zu verbergen.

Stürme, Fluten und Kirchen

Schwere Folgen für Juist hatte im Februar 1651 die **Petriflut.** Die Wassermassen zerstörten große Teile der schützenden Dünenkette und **rissen Juist in zwei Teile.** Die entstandene Lücke zwischen den verbliebenen Inselteilen nannten die Juister *Hammer,* das Wort stammt vom friesischen *Hammrich* ab. Es beschreibt als Weide oder Wiese genutztes Niederungsland. Durch die schwere Sturmflut ging auch **wertvolles Weideland** verloren, die Kirche mit dem hohen Turm wurde stark beschädigt und schließlich zur Ruine. 1660 musste das Bauwerk abgebrochen werden, aus den Trümmern erschufen die Menschen ein neues, aber kleineres Gotteshaus. Und das an anderer Stelle, denn **das Inseldorf musste verlegt werden.** Weiter östlich hinter den übrig gebliebenen Dünen entstand das neue Inseldorf. Doch in der Nacht vom 4. auf den 5. März 1715 vernichtete das Meer mit der **Fastnachtsflut** erneut Siedlung und Kirche. Nach der Katastrophe wurden auf Juist **zwei neue Dörfer** errichtet, eines im Westen an der Bill und eines östlich vom Hammer. Beide bekamen auch eine Kirche. Aber bereits zweieinhalb Jahre später sorgte die **Weihnachtsflut** 1717 erneut für Verwüstungen ungeheuren Ausmaßes. **28 Menschen ertranken** auf dem Heimweg in einer plötzlich aufkommenden Flut zwischen Billdorf und Loog, kurz zuvor hatten sie noch in der Westkirche Weihnachtslieder gesungen. Das **Billdorf** samt Kirche musste daraufhin wegen starker Zerstörungen aufgegeben werden.

Die gewaltigen Naturereignisse hatten verschiedene Auswirkungen auf die Bevölkerung der Insel. Durch die Verringerung des Weidelandes und durch Versalzung veränderte sich der Lebenserhalt der Insulaner in Richtung **Seefahrt.** Ziemlich erfolgreich betrieben sie **Handel** mit ihren Schiffen. Einige Seefahrer heuerten auch auf **Walfangschiffen** an und verdienten ihren Unterhalt im nordeuropäischen Eismeer. Durch den leicht gestiegenen Wohlstand stieg auch die Einwohnerzahl auf 350 an. Aber das **Ostdorf,** auch *Loogdorf* genannt, blieb weiterhin den Gefahren der See ausgesetzt. Die **Neujahrsflut 1720** bedrohte die Siedlung erneut. Die ersten Menschen bauten deshalb neue Häuser weiter westlich im Dellert, im **heutigen Ostdorf.** Auch verlegten die Insulaner den Friedhof 1742 in Richtung Westen, an die Stelle der heutigen Inselkirche. Etwa um 1770 begannen die Insulaner damit, den ungefähr zwei Kilometer großen Durchbruch der Petriflut an der Südseite Juists **zuzuschütten** – zunächst jedoch ohne Erfolg. Aber etwa 100 Jahre später beendete die Baumaßnahme die Zweiteilung der Insel.

[<] Zeichnung der alten Inselkirche auf Fliesen

185j_mna

Inselpastor Janus

1771 kam *Gerhard Otto Christoph Janus* (1741–1805) als Inselpastor nach Juist. Er wollte die Kirche nach Westen verlegen und begann deshalb einen umfangreichen Schriftverkehr: Gesuche, um den Standort des Gotteshauses zu verlegen, für die Genehmigung für den Umzug des Gebäudes und die Bitte um Erlaubnis einer Kollekte für die Finanzierung des Neubaus. Schließlich schrieb er in dieser Sache eine **Bittschrift** an den Landesherrn König *Friedrich den Großen.* 1776 endlich plante man den **Kirchenneubau.** Zum Weihnachtsfest 1779 weihte Pastor *Janus* Juists fünfte Inselkirche ein. Die Kanzel von 1732 stammt aus Kirche Nummer vier im Loogdorf. Mit dem Bau der fünften Kirche wurde auch die Position des Inseldorfs vorgegeben. Inselpastor *Janus* hatte neben dem kirchlichen Amt auch den **Schuldienst** zu überwachen und schrieb Berichte über den Zustand der Dünen und des Weidelandes. *Janus* zog bereits im Juni 1779 wieder aufs Festland in die Nähe von Wittmund zurück, aber er hatte die Entwicklung der Insel Juist entscheidend vorangebracht. Der **Janusplatz** erinnert noch heute an ihn. Pastor **Janus** gilt heute als Vater des Seebädergedankens. Er richtete 1783 eine weitere Bittschrift an Friedrich den Großen, in der er die **Einrichtung eines Seebads** auf Juist anregte. Das Dokument ist das älteste der deut-

Der Janusplatz erinnert an den für die Juister Seebadgeschichte wichtigen Pastor *Gerhard Janus*

schen Seebädergeschichte. Leider wurde der Anregung nicht entsprochen, der Gedanke war seiner Zeit vermutlich zu weit voraus.

Die Franzosenzeit

1806 begann der französische Kaiser *Napoleon Bonaparte* den Krieg gegen Preußen. Nach dem **Frieden von Tilsit** 1807 wurde Europa in einen **russischen** und einen **französischen** Einflussbereich aufgeteilt. Juist wies man dem damals zu Frankreich gehörenden Holland zu. Laut einer Verfügung mussten die Insulaner fortan **Niederländisch** sprechen. Wegen der sprachlichen Verwandtschaft zum Friesischen soll ihnen das nicht schwer gefallen sein. Zwölf Juister Schiffe lagen damals aufgrund von Napoleons Wirtschaftsblockade, der **Kontinentalsperre,** im Ausland fest. Durch die Auswirkungen aber verarmte die Inselbevölkerung völlig, es fehlte deshalb an allem.

Zu dieser Zeit war der Inselpastor *Leiner* im Amt, der seine Predigten auch auf Niederländisch halten musste. Er verlief sich 1809 im Nebel und verunglückte tödlich, was die Gemeinde hart traf, weil ein Nachfolger fehlte. 1811 kam es noch schlimmer: 36 holländische Soldaten unter französischer Führung **besetzen Juist.** Die Inselkirche wurde zur Festung ausgebaut, sogar Schießscharten in die Außenmauern geschlagen. Die Besatzer kamen im Pfarrhaus unter. An *Napoleons* Russlandfeldzug 1812 sollen sogar fünf Juister teilgenommen haben, sie kehrten jedoch nicht mehr zurück. Nach der endgültigen Niederlage der Franzosen 1813 endete die Kontinentalsperre und die Besatzer verließen Juist. Danach war die Insel Teil des **Königreichs Hannover.** Die Inselkirche wurde nach der Besatzung wieder hergerichtet, und im Jahr 1822 schließlich kam auch endlich wieder ein neuer Pfarrer auf die Insel.

Der Beginn des Badebetriebs

Der britische Arzt *Richard Russell* (1687–1759) stellte die Theorie auf, dass **Meerwasser zu Therapiezwecken** eingesetzt der **Gesundheit** zugute käme. In **Brighton** setzte er seine Theorien in die Praxis um. Und dort, in England, begann die **Seebäderkultur.** *Russell* trug maßgeblich dazu bei, dass Aufenthalte an der See in der zweiten Hälfte des 18. Jahrhunderts beliebt wurden. Es gab kaum mehr Zweifel daran, dass **Meeresheilkunde** und **Thalasso-Therapie** in Verbindung mit **pollenarmer Luft** den menschlichen Atemwegen zugute kommen. Dieses Wissen verbreitete sich daraufhin auch in Deutschland. Ein großer Befürworter der britischen Entwicklung war der Göttinger Mathematikprofessor *Georg Christoph Lichtenberg* (1742–1799). Er hatte den Badebetrieb in England kennengelernt. In einer Streitschrift stellte er die Frage: Warum hat Deutschland noch kein großes öffentliches Seebad?

Zehn Jahre nach der Bittschrift des Juister Inselpastors *Janus* wurde 1793 mit **Heiligendamm** an der Ostsee der **erste deutsche Seebadeort** gegründet.

Der Goldrausch der Ostfriesen

Im 15. Jahrhundert war Ostfriesland nach **langjährigen Häuptlingskämpfen** schließlich befriedet, und unter Graf *Ulrich* kam es zu einer **Blütezeit** in den Bereichen **Handwerk und Kunst.** Von ihren Reisen brachten Seefahrer und Kaufleute neben anderen Wertgegenständen auch **Schmuck** mit nach Hause. Dieser war in **Filigrantechnik** gefertigt, die im Fernen Osten weit verbreitet war. Die nun zu Wohlstand gekommenen Friesen wollten zeigen, dass sie mit dem französischen Landadel mithalten können. **Silber und Gold** spielten bei den Friesen schon seit langer Zeit eine große Rolle. Man kann es sich heute kaum vorstellen, aber bereits **Karl der Große** (747–814) gestattete es ihnen, sich – ohne Steuern dafür zu zahlen! – von Kopf bis Fuß mit Gold zu behängen. In einer Polizeiverordnung von 1545 forderte sogar die sonst eher für ihre Bescheidenheit und Sittenstrenge bekannte Gräfin *Anna von Ostfriesland* (1501–1575) die ostfriesischen Edelfrauen dazu auf, **ihren Reichtum öffentlich zu zeigen.**

Die Ostfriesinnen kamen dem gern nach. Prächtige Frauentrachten entstanden, die über und über mit **Goldplatten** verziert waren. Sie waren mit Scharnieren verbunden, damit man sich in der Tracht noch bewegen konnte. Zusätzlich wurden zur Zierde auch noch schöne **Edelsteine** verwendet. Doch heute ist keine dieser Trachten mehr vorhanden, es gibt nur noch wenige Zeichnungen, die belegen, wie prachtvoll sie wohl ausgesehen haben. Der damalige Herr der nahe bei Norden gelegenen Lütetsburg, Häuptling *Unico Manninga* (1529–1588), ließ im Jahr 1580 Zeichnungen davon anfertigen, weil er die kunstvolle Tracht für die Nachwelt sichtbar machen wollte. Denn er ahnte, dass Kleidung und Schmuck vergehen würden. Der schwindende Reichtum sorgte dann tatsächlich dafür, dass die zur Schau gestellten Werte wieder in klingende Münze verwandelt werden mussten.

105j_GIKR

Ostfriesentracht einer Adeligen um 1580

Schwere Sturmfluten zwischen dem 13. und dem 16. Jahrhundert veränderten die Nordseeküste stark, auch die **Meeresbucht Dollart** entstand durch eine solche Katastrophe. *Ubbo Emmius* (1547–1625), ein Gelehrter und Geschichtsschreiber, beschrieb 1616 die **Geschichte der versunkenen Ortschaften,** darunter waren auch Kleinstädte mit Kirchen und vielen Hundert Einwohnern. Auch der immense Reichtum, der damals mit den Menschen und Orten in den Fluten versunken war, wurde erwähnt. Von *Emmius* wird über die Stadt **Torum** berichtet, dass dort eine Vielzahl Goldschmiede und ein Münzmeister gewirkt haben sollen. Das schönste Dorf jedoch soll **Reiderwolde** gewesen sein, in dem einst 180 verheiratete Frauen gelebt hatten, die eine Goldtracht mit einem auffälligen Brustschmuck in Form einer Schale trugen.

Um 1750 erblühte die **ostfriesische Goldschmiedekunst** mit der Filigrantechnik ein zweites Mal. Damals entstand kostbarer Familienschmuck, der von Generation zu Generation weitergegeben wurde. Er besitzt immer wiederkehrende Motive wie Herzen, Rosetten und Muscheln, aber auch Ranken, Schiffchen und Kreuze. Heute gibt es an der deutschen Nordseeküste nur noch eine Handvoll von Goldschmieden, die diese aufwendige Technik beherrschen. Die **Juister Meistergoldschmiede** ist eine davon. Hier wird seit 1995 in Filigrantechnik nicht nur 18-karätiges Gold zu wunderschönen Schmuckstücken verarbeitet.

1797 folgte dann bereits Juists Nachbarinsel **Norderney** – Pastor *Janus* hatte also durchaus den richtigen Gedanken gehabt. Aber er war der Zeit einfach voraus gewesen und kam mit seiner Bitte ein paar Jahre zu früh. 1840 nahm der Inselvogt *Johann Christian Friedrich Meine* (1785–1863) Kontakt zur damaligen obersten Landesbehörde auf. Mit Unterstützung des Amtsmannes *Fastenau* in Norden folgte im gleichen Jahr die **offizielle Gründung des Seebads Juist.** Doch leider hatte das mutige Unternehmen keinen Erfolg, dem Badebetrieb fehlte es an Gästen und somit war er unrentabel. Im Jahr 1858 wurde der Betrieb wieder eingestellt. Ein schwerwiegender Grund für das Ausbleiben der Kurgäste war sicher die damals recht **beschwerliche Anreise.**

Die zweite Seebadgründung

Nach dem Deutsch-Dänischen Krieg 1864 und dem Deutschen Krieg 1866 wurde Juist nach Auflösung des Königreichs Hannover zur **preußischen Provinz.** 1870 wagten einige Juister einen **zweiten Anlauf,** um ein Seebad zu betreiben. Viele Maßnahmen waren für einen Erfolg nötig, so wurden eine **Badekommission** ins Leben gerufen und staatliche Behörden informiert. Die Ostfriesische Landschaft, die Nachfolgerin der Ostfriesischen Landstände mit Sitz in Aurich, stellte im Mai 1872 Mittel zur Verfügung: **500 Taler** gab es zum Aufbau eines Seebades. Davon konnten **be-**

festigte Wege zum Strand angelegt und **Strandzelte** beschafft werden. Ein erstes **Warmbad** wurde errichtet und natürlich eine **Badeordnung** erlassen. In der Verordnung vom 17. Juli 1882 heißt es unter Paragraph 1: „Der Badeplatz der Herren ist von dem der Damen getrennt; beide Plätze sind durch Tafeln mit **Herrenbad** bzw. **Damenstrand** bezeichnet. Der Raum zwischen beiden Tafeln darf nicht genutzt werden." Paragraph 5 informierte die Gäste: „Die Badenden haben den Anordnungen der Badedienerschaft unweigerlich Folge zu leisten, widrigenfalls ein Strafgeld in Höhe von 8 guten Groschen zu Gunsten der Armenkasse Juist erhoben werden kann. Zuwiderhandlungen können auch den Ausschluß vom Wiederbaden nach sich ziehen."

Die erneute Gründung eines Seebades auf Juist hatte nun **Erfolg.** Das hing sicher auch mit den inzwischen **verbesserten Anreisebedingungen** zusammen. Im Juni 1871 gründeten 23 Männer aus Norden und von Norderney die **Dampfschiffrhederei Norden.** Bereits 1872 verkehrte der erste Dampfer regelmäßig zwischen dem **Anleger Norddeich und den Inseln Juist und Norderney.** 1883 wurde die Stadt Norden an das deutsche Eisenbahnnetz angeschlossen. Von dort mussten die Badegäste allerdings noch mit der Kutsche zum Hafen nach Norddeich kommen. Auf Juist gab es aber noch keinen Anleger, die Inselbesucher mussten **vom Schiff in pferdegezogene Kutschen umsteigen,** um dann übers Wattenmeer befördert zu werden. So gelangten sie zwar trockenen Fußes auf die Insel, aber die Anreise war immer noch umständlich.

Schon im Jahr 1883 kamen **700 Kurgäste** nach Juist. Um die anfallenden Kosten zu decken, wurde im selben Jahr erstmals eine **Kurtaxe** erhoben. Bei den Badegästen führte das natürlich zu Unmut, zumal die Begründung dafür schwach ausfiel: Die anderen Seebäder tun es halt auch. Der Konflikt lässt sich bis heute nicht wirklich lösen, denn manch einer mag auch heute noch nicht so recht verstehen, dass er Kurtaxe bezahlen soll. Aber auch damals fügten sich die Inselbesucher schließlich. Die Kurtaxe ist ein **wichtiger Beitrag für den Gemeindehaushalt,** der nur durch etwa 1500 Einwohner finanziert wird. Die Infrastruktur muss jedoch für etwa 14.000 Menschen ausgelegt sein, denn so viele Menschen bevölkern Juist während der Hauptsaison.

Juist hatte lange keinen Schiffsanleger, sodass die Badegäste im flachen Wasser des Wattenmeeres ausgebootet werden mussten

087j_Stk

Der Badebetrieb in alten Zeiten

Mit der Badeordnung aus dem Jahr 1873 war das Badeleben auf Juist nach **strengen Moralvorschriften** geregelt. Im gleichen Jahr wurde auch das **Warmbadehaus** eröffnet. Für das Bad in der offenen Nordsee gab es **Damen- und Herrenbäder,** die laut Vorschrift mindestens 150, besser noch 500 Meter auseinanderliegen sollten. Auf Juist erinnern der Damenpfad im Westen und der Herrenpfad im Osten des Dorfs daran, wohin die beiden Wege früher führten. Jungen über acht Jahren durften nicht mehr mit ihrer Mutter zum Baden gehen, sondern wurden der Obhut des Vaters oder eines Badewärters übergeben. Aber auch das Baden selbst war genauestens geregelt. Die Strandwärter achteten darauf, dass die Regeln eingehalten wurden. Üblich waren damals die sogenannten **Badekarren,** eine Art hölzerne Umkleidekabine auf Rädern. Hatte man sich seine Badebekleidung übergestreift, wurde der Karren mit einem Pferd so weit wie möglich hinaus ins Wasser gezogen. Pferd und Badewärter kehrten an den Strand zurück. Durch die zur Seeseite gewandte Tür des Badekarrens konnte der Badegast, durch ein kleines Zelt vor Blicken geschützt, ein paar Mal ins knietiefe Wasser tauchen. War er nach dem Bad wieder fertig umgezogen, hisste er eine kleine Flagge und der Badewärter kam herangeeilt, um den Badekarren samt Badegast wieder zurückzuholen. Kurz nach der Wende zum 20. Jahrhundert lockerten sich die Sitten etwas und **Strandkörbe** verdrängten die Badekarren zunehmend. Aber das **Tragen von weiten Badeanzügen** war weiterhin Pflicht. Es sollte damit verhindert werden, dass beim Baden **geschlechtsspezifische Körperformen** erkennbar waren. Aber schon im Jahr 1905 wurde auf Juist ein **Familienbad** gegründet.

186j_Stk

Im Jahr **1840** wurde das **Seebad Juist** gegründet, musste aber wegen der zu geringen Nachfrage wieder geschlossen werden. **1866** erfolgte der **zweite Gründungsversuch** – dieses Mal erfolgreicher, denn die Zahl der Gäste nahm stetig zu. 1884 verzeichnete Juist schon 700 Badegäste pro Jahr. Zum Vergleich: Heute sind es 186 mal so viele. Nachdem der Seebädertourismus an Fahrt aufgenommen hatte, setzte sich bei den Insulanern die Erkenntnis durch, dass die Kurgäste ein einträgliches Geschäft seien, und sie versuchten, sich ein Stück vom Kuchen zu sichern. Die meisten der traditionellen Inselhäuser waren jedoch zu klein, um Fremdenzimmer einzurichten. So war es noch bis in die 1970er-Jahre in vielen Familien üblich, im Sommer in Schuppen, Garagen oder Ställe umzuziehen und die eigenen Gemächer an Gäste zu vermieten. Im **Inselmuseum** im Loog gibt eine anschauliche Sammlung an Gegenständen aus der Seebäderzeit, beispielsweise Badebekleidung und auch einen Badekarren.

< Strandzelte auf Juist – sie waren die Vorgänger der Strandkörbe

Otto Leege und Enno Ahrends

Der Naturwissenschaftler *Otto Leege* (1862–1951) kam im Jahr 1882 auf die Insel Juist, er übernahm eine Stelle als **Lehrer.** Stark interessierten ihn die Tier- und Pflanzenwelt auf den Inseln im Wattenmeer. Zu seiner Zeit wurden Vögel auch während der Brutzeit rücksichtslos bejagt, darüber hinaus dezimierten Eiersammler die Gelege. *Otto Leege* wurde zum frühen **Naturschützer.** Besonders angetan hatte es ihm die benachbarte **Sandbank Memmert,** die er 1888 zum ersten Mal betrat. Erst durch ihn wurde Memmert zur Insel, denn er baute **Sandfangzäune** und pflanzte **Strandhafer.** Seine Bemühungen zum Schutz der Vogelwelt führten 1907 dazu, dass die Insel Memmert zur **Vogelkolonie** erklärt wurde. So fanden die bis dahin von Juist aus organisierten **Vogeljagden ein Ende.** Der Gemeinderat von Juist berief 1892 als ersten Badearzt *Dr. Enno Ahrends* auf die Insel. Kurz darauf wurde dieser auch der erste Bürgervorsteher und übernahm gleichzeitig die Ämter des Badekommissars und eines Standesbeamten. *Enno Ahrends* gilt heute als **Wegbereiter der modernen Thalasso-Therapie.** Ebenfalls an der Inselnatur interessiert, freunden sich *Ahrends* und *Leege* an. Fortan arbeiteten sie gemeinsam an naturwissenschaftlichen Themen.

118j_mna

Badeort im Aufschwung

1892 wurden in **Norddeich** die Hafenanlagen vergrößert und die Fahrrinne mit einem **Leitdamm** abgesichert. Im gleichen Jahr verlängerte man die **Eisenbahnstrecke** von Norden bis auf die neue Mole des Hafens. Die Anreise nach Juist per Schiff wurde dadurch deutlich komfortabler und schneller. Auf der Insel errichtete man 1894 einen **hölzernen Anleger,** der ein Stück ins Wattenmeer ragte. Ab 1898 kamen Gleise auf den Steg, und die Inselbesucher und Sommerfrischler konnten dann deutlich bequemer als vorher mit einer Pferdebahn vom Schiff zum Inseldorf gelangen. Die folgenden **Herbststürme** zerstörten die Anlage jedoch. Am 4. August 1899 wurde die **erste motorbetriebene deutsche Inselbahn** in Betrieb genommen. Die Strecke verlief vom Anleger im Watt zur Insel in Richtung Dellert und knickte dort nach Osten zum Bahnhof ab. So stieg die Zahl der Badegäste weiterhin. Schon 1892 betrug sie 2260. Die neu herausgegebene Kurzeitung „Seehund" berichtete 1895 „von 3463 Gästen und 74 Passanten".

Diese positive Entwicklung löste auf der Insel einen regelrechten **Bauboom** aus, überall im Dorf entstanden Hotels oder vorhandene Häuser wurden vergrößert und verschönert. Einige Insulaner kommentierten die ersten zweistö-

⌃ Das alte Warmbadehaus wurde 1899 in Betrieb genommen und steht heute unter Denkmalschutz, im Vordergrund eine Skulptur des Künstlers Karl Ludwig Böke (1927–1996)

⌃ Der erste Schiffsanleger von Juist lag weit draußen im Wattenmeer, die Gäste fuhren mit der Inselbahn ins Dorf

ckigen Gebäude jedoch kritisch. Das größte Zeichen des wirtschaftlichen Aufschwungs aber war das **1898** eingeweihte **Strandhotel Kurhaus** hoch oben auf dem Dünengürtel. „Das weiße Schloss am Meer“ mit seiner heute denkmalgeschützten Fassade ist ein architektonisches Juwel und schon von Weitem sichtbar. 1899 wurde ein neues, das heutige **„Alte Warmbad“** in Betrieb genommen. Das Wasser dafür kam mittels einer mit Dampfkraft betriebenen Pumpe direkt aus dem offenen Meer ins Gebäude. **1901** eröffnete das zentral im Ort gelegene **Hotel Friesenhof.** 1903 legte der Verschönerungsverein Juist auf *Otto Leeges* Initiative hin die **Goldfischteiche** östlich des Dorfes an – sie sind heute zu einem einzigen Teich „zusammengewachsen“. 1904 wurde erstmals ein Strandabschnitt zum **Familienbad** erklärt. Diese Maßnahme war zur prüden Kaiserzeit ziemlich umstritten. Manch einer störte sich sogar am Anblick nackter Kleinkinder, die älteren Kinder und die Erwachsenen hatten sowieso hautbedeckende Badekleidung zu tragen.

Auch die **Inselkirche** profitierte vom Tourismus. Schon wegen der großen Anzahl von Badegästen wurde das Gebäude im Jahr 1900 vergrößert und besser ausgestattet. 1908 kam dann ein **21 Meter hoher Kirchturm** zum erneuerten Gotteshaus hinzu, mit Turmuhr und neuen Glocken. Weil viele Inselbesucher und Kurgäste aus dem westfälischen Raum oder dem Rheinland kamen, wurde bis 1910 zusätzlich eine **römisch-katholische Kirche** errichtet. Der neoromanische Backsteinbau in der Dünenstraße trägt den Namen „Zu den heiligen Schutzengeln“.

090j_Stk

043j_mna

Bewegte Zeiten

Neben der 1871 gegründeten Reederei wurde 1893 eine zweite auf Norderney ins Leben gerufen, die **Norderneyer Dampfschiffrhederei Einigkeit.** Nach anfänglichem Konkurrenzkampf rauften sich die beiden Betriebe zusammen. 1906 nahm dann die **Neue Dampfschiffs-Reederei Frisia** als drittes Unternehmen den Betrieb auf. Den Kampf um die Beförderung der Badegäste überlebte die 1893 gegründete Reederei nicht, die verbleibenden fusionierten kurze Zeit später. **Seit 1917** gibt es die **Aktienge-**

⌃ Die katholische Kirche „Zu den heiligen Schutzengeln" wurde 1910 eröffnet

sellschaft Reederei Norden-Frisia. Denn gute und möglichst bequeme Anreisemöglichkeiten waren und sind noch heute die Bedingung für einen erfolgreichen Seebädertourismus.

Der Anfang des neuen Jahrhunderts war eine gute Zeit, von Jahr zu Jahr stieg die Zahl der Kurgäste. 1907 waren es 5562, 1910 kamen 6957 und 1912 wurden schon 7358 Besucher gezählt. 1912 gastierte im Strandhotel Kurhaus *Friedrich August III.* (1865–1932), König von Sachsen, auf Juist. Selbstverständlich mit seiner Familie und dem dazugehörenden Hofstaat. Mit *Wilhelm Altmanns* ging der König auf Seehundjagd, mit *Otto Leege* besuchte er das Vogelparadies Memmert. Im Folgejahr stieg die Gästezahl auf 7522. Die Jahre vor dem Ersten Weltkrieg **festigten Juists Ruf als Familienbad.** Aber bei allen Erfolgen gab es auch Probleme. Eines war der seit Beginn des 20. Jahrhunderts immer schmaler werdende **Hauptbadestrand.** Eine ungünstig verlaufende Meeresströmung war der Auslöser dafür. Stürme beschädigten die schützenden Dünen stark. Den Strand konnte man nur über eine Holztreppe an der Dünenkante erreichen. 1913 begannen die Juister mit dem Bau einer **schützenden Strandmauer,** im ersten Bauabschnitt sollte sie rund 1382 Meter lang werden. Doch dann stoppte die positive Entwicklung plötzlich, denn im Sommer 1914 brach der **Erste Weltkrieg** aus.

Am 1. August erklärte das Deutsche Reich Russland und am 3. August Frankreich den Krieg. In den letzten Julitagen verließen die Badegäste die Insel, alle **wehrfähigen Insulaner** wurden zum **Dienst an der Waffe** einberufen. Einige von ihnen starben im Seegefecht am 28. August 1914 vor Helgoland, sie waren auf dem Kreuzer SMS Cöln stationiert gewesen. Die Royal Navy versenkte das Schiff gleich zu Beginn des Kriegs, einige tote Seeleute trieben an die Strände von Juist und Norderney. Drei weitere in den Krieg gezogene Juister starben noch 1914. Im folgenden Jahr wurden ältere Juister Männer in Emden als Wachkommandeure ausgebildet, **Unbefugte** durften sich während des Kriegs der Insel **nicht nähern.** Im November 1918 schließlich unterschrieben Vertreter des Deutschen Reichs die **Kapitulationsschrift,** der Erste Weltkrieg war zu Ende. Heute erinnert ein Denkmal neben der Inselkirche an die gefallenen Insulaner.

Die 1920er-Jahre

Während des Kriegs mussten die Zurückgebliebenen, darunter auch Frauen, den **Inselschutz** weiterführen. Neue Anpflanzungen stabilisierten die Randdünen. Die Strandmauer wurde fertiggestellt. Doch schon während der Bauzeit wuchsen wegen veränderter Strömungsverhältnisse Strand und Dünen wieder an, was sich positiv auf den natürlichen Schutz der Insel auswirkte. So wurde die ursprüngliche Planung, das Dünenschutzwerk im zweiten Bauabschnitt auf 2400 Meter Länge zu errichten, fallen gelassen. Vor dem Strandhotel Kurhaus führte eine **breite Freitreppe mit 30 Stufen** zum Strand hinunter. Weitere Treppen gab es am Damenpfad und an der Herrenstrandstraße, weil die Geschlechter damals noch getrennt baden mussten. Nur wer heute am Strandübergang neben dem Strandhotel Kurhaus noch genau hinschaut, sieht, dass dort einmal eine Treppe war. Wenige Reste des oberen Geländers sind noch sichtbar.

Die erste **Badesaison zur Friedenszeit** fand **1919** statt, die Gäste konnten auf der neuen Strandmauer flanieren. Aber der Badebetrieb hatte noch nicht wieder die Stärke wie vor dem Krieg. Ein Hindernis für den erneuten Aufschwung und Folge des Krieges war der **rasante Anstieg der Inflation,** das Geld verlor zusehends seinen Wert. Dennoch wurde zum Schutz des Inseldorfes am Wattenmeer zwischen 1919 bis 1922 ein **erster Deich** im Süden des Dorfes errichtet. Am Bahnhof beginnend schützte er das Ostdorf.

Einen **erneuten Aufschwung** nahm das Seebad Juist erst nach **Einführung der Rentenmark** am 1. November 1923, dadurch stoppte die Inflation schlagartig. Juists **eigene Stromversorgung** reichte jedoch nicht mehr aus, seit 1925 versorgte ein von Norderney verlegtes Kabel die Insel mit Energie. 1932 wurde dann eines vom Festland zur Insel verlegt und angeschlossen. Die **Wasserversorgung** wurde ebenfalls modernisiert, seit 1928 ist der **Wasserturm** in Betrieb. Neben dem neuen Wahrzeichen der Insel eröffnete im gleichen Jahr ein **neues evangelisches Pfarrhaus** in der Wilhelmstraße seine Türen. Westlich der Hammerbucht begann die Anpflanzung tausender Bäume, auch das spätere Dünenwäldchen geht auf eine Initiative von *Otto Leege* zurück. Ab 1928 legten die Insulaner im nördlichen Bereich der Hammerbucht den **Hammerdeich** an. Dennoch brach 1932 bei einer Sturmflut Meerwasser durch den Sanddamm und

Burgenbau am Strand 1921 mit der Promenade im Hintergrund

092j_Stk

Wie der Tee nach Ostfriesland kam

Der Teestrauch ist etwa **5000 Jahre alt.** Die Geschichte des Tees begann also lange vor unserer Zeitrechnung und beschränkte sich zunächst auf den **asiatischen Raum.** Es waren holländische Kaufleute, die **1610** den ersten Tee aus Asien nach Amsterdam mitbrachten. Das neue Getränk war noch umstritten. Zu dieser Zeit wurde in Ostfriesland als Hauptnahrungsmittel **Bier** getrunken. Doch der niederländische Arzt *Dr. Cornelius Bontekoe* (1647–1685) schwärmte in einem seiner Bücher über die positive Wirkung der aufgebrühten Blätter: „Tee kann einen Menschen, der beinahe am Ende seiner Kräfte ist und gleichsam den einen Fuß bereits im Grabe hat, neue Kraft und neues Leben geben". So setzten sich die Teebefürworter schließlich durch und der **Siegeszug des Tees** begann dank einer erfolgreichen Marketing-Kampagne. Denn inzwischen weiß man, dass *Bontekoe* für seine Aussagen von der Niederländischen Ostindien-Kompanie bezahlt wurde.

Das Leben der Ostfriesen richtete sich traditionell schon immer nach **Westen** aus, denn im Norden lag die Nordsee und im Süden und Osten erschwerten die Moore das Reisen. Von den Niederlanden aus machte der Tee dann schnell den Sprung über die Ems nach Ostfriesland. So kam er dann auch auf die Ostfriesischen Inseln. Denn traditionell bestanden zwischen beiden Regionen gute Handelsbeziehungen.

Damals wurde **eine Menge von 50 Tassen pro Tag** empfohlen – pro Person, versteht sich. Für die körperlich sehr anstrengende Arbeit brauchten die Menschen jede Menge Energie. Sie spürten die anregende Wirkung des Tees schnell und nahmen diese Empfehlung deshalb sehr ernst. Der preußische König **Friedrich II.** wollte den Tee verbieten lassen, aber er konnte sich damit nicht durchsetzen. Die Adelige *Katharina von Braganza* dagegen verbreitete die Teekultur am englischen Hof und in Adelskreisen.

Seit Ende des 17. Jahrhunderts ist der **Ostfriesentee** das ostfriesische **Nationalgetränk** und zählt heute ähnlich wie Brot als **Grundnahrungsmittel.** Der Moment des Teetrinkens war und ist für die Menschen ein ganz besonderer. Man kann kurz innehalten, eine kleine Pause machen und damit „die Zeit anhalten". So entwickelte sich die **Kultur der Teezeremonie,** denn „Tee trinken heißt, die Seele baden".

Am 1. Mai 1806 eröffnete *Johann Bünting* aus Edewecht in Leer einen kleinen Laden, in dem er Tee mischte, den er im Hafen gekauft hatte. Die Stadt war damals ein wichtiger Handelsplatz für Waren aus Übersee wie Tabak, Gewürze und eben Tee. Der Ostfriesentee wurde schon damals aus verschiedenen Sorten gemischt, um eine möglichst gleichbleibende Qualität zu erreichen. Hauptbestandteil der Mischungen sind Tees aus dem indischen Anbaugebiet **Assam.** Heute gibt es drei große Hersteller des traditionellen Ostfriesentees: *Bünting* aus Leer mit dem „Original Ostfriesentee" (auch wenn der berühmte „Grünpack" häufiger verkauft wird), *Thiele* aus Emden mit „Echter Ostfriesentee" und *Onno Behrends* aus Norden mit „Schwarzer Friese".

Die Ostfriesen haben mit **drei Kilo Tee im Jahr** weltweit den **größten Pro-Kopf-Verbrauch** – das entspricht etwa 300 Litern fertig zubereitetem Getränk. Deutschlandweit sind es im Durchschnitt nur 28 Liter. Die Teetrinkweltmeister stehen damit sogar im Guiness-Buch der Rekorde – vor allen anderen Nationen, in denen der Tee ebenfalls zur Kultur gehört.

floss nicht mehr ab, so entstand der heutige **Hammersee.** Der Hammerdeich wuchs im Laufe der Zeit zu einer Dünenkette heran, und das eingedrungene Salzwasser wurde zu Brackwasser, später zu Süßwasser. Heute ist der knapp einen Meter tiefe Hammersee ein bedeutendes **Feuchtbiotop.**

Um 1930 herum schritt die Entwicklung auf der Insel Juist noch immer voran: **Rathaus, Post** und der **Kurplatz** entstanden. 1929 begann durch die Initiative des Gemeinderats der **Bau eines Flugplatzes** am Kalfamer, weit im Osten Juists. 1934 landeten und starteten hier die ersten Flugzeuge. Aber die **Weltwirtschaftskrise** warf dunkle Schatten auf diese Zeit, und die Anzahl der Badegäste ging spürbar zurück.

Die Zeit des Nationalsozialismus

Am 30. Januar 1933 wurde *Adolf Hitler* zum Reichskanzler ernannt. Bei der Gemeinderatswahl am 12. März 1933 gab es auf Juist noch keine NSDAP-Ortsgruppe. Daraufhin kam *Gerhard Mehrens* (1899–1976) vom Festland auf die Insel, um sie „für den Führer zu erobern". Im gleichen Jahr wurde er zum **Bürgermeister** ernannt und **Ortsgruppenleiter der NSDAP.** Auch mancher Insulaner hängte sein Fähnchen in den „braunen Wind", für viele Hotelbesitzer ging es dabei schließlich um ihre Existenz. Im Oktober 1933 wurden Straßen umbenannt, die Mittelstraße hieß danach Adolf-Hitler-Straße, der Kurplatz wurde zum Hindenburgplatz und die Warmbadstraße zur Hermann-Göring-Straße. Mit einer öffentlichen Bekanntmachung über den Rundfunk wurde Reichskanzler *Hitler* am 10. Dezember 1934 zum **Juister Ehrenbürger** erklärt.

Der politische Wandel hatte rege Bautätigkeit zur Folge. So wurden in den 1930er-Jahren ein **neues Bahnhofsgebäude** errichtet, der **Dünenfriedhof** angelegt und eine Gruppe von **Siedlungshäusern** an der Billstraße gebaut. Diese Maßnahme linderte die damals akute Wohnungsnot. Vom schützenden Bauwerk der Strandmauer, die einst mehr als eine Million Goldmark verschlungen hatte, war inzwischen nichts mehr zu sehen, der Nordseesand, der ständig vom Meer auf die Insel geweht wurde, hatte sich davor angelagert. Mit sogenannter Notstandarbeit bekämpfte die nationalsozialistische Regierung die Arbeitslosigkeit. Im Rahmen dieser Maßnahmen wurde 1934 auch die Freitreppe vor dem Kurhaus mühselig von den Sandmassen befreit. Doch diese Maßnahme hielt nicht lange vor, heute erinnern nur noch die oberen Mauerabschlüsse der Treppenbrüstung an das Bauwerk. Da die Zahl der Badegäste in den 1930er-Jahren gesunken war, profitierte das Seebad Juist ab 1938 von der nationalsozialistischen Organisation **„Kraft durch Freude".** Diese schickte mit ihrer Reiseabteilung Bürger des Deutschen Reichs in die Sommerfrische an die Nordsee – auch nach Juist.

Zweiter Weltkrieg

Am 1. September 1939 überfiel die deutsche Wehrmacht Polen, und mit dem Frieden war es wieder vorbei. Der **Badebetrieb kam sofort zum Erliegen,** viele männliche Insulaner wurden zum **Militärdienst** eingezogen – die Geschichte wiederholte sich. Die Insulaner lebten nun in ständiger Angst vor feindlicher Bombardierung. Denn die britischen Bomber flogen damals noch auf Sicht in Richtung des Deutschen Reichs. Dabei orientierten sie sich am Küstenverlauf. Der **erste Luftangriff** fand am 15. Juli 1940 statt, einige Häuser wurden dabei getroffen. Im Frühjahr 1940 spülte die Flut nach der Schlacht von Dünkirchen etwa 70 Leichen an den Strand von Juist. Sie wurden auf dem Inselfriedhof beigesetzt. Auf der Insel installierte man verschiedene **Radaranlagen** und **Geschützstände**, eine **Flugabwehrkanone** stand auf dem Dach des Strandhotel Kurhaus. An der Westspitze Bill errichtete das Militär einen **Geschützturm.** Dennoch kam die Insel im Zweiten Weltkrieg relativ gut davon, die Schäden der Fliegerangriffe fielen im Vergleich zu Wangerooge oder Helgoland gering aus. Bereits am 10. März 1945 trafen die ersten Flüchtlinge aus den ehemaligen Ostgebieten des Deutschen Reichs ein. Beinahe 1000 kamen letztlich nach Juist. Wohnungen waren auf der Insel zwar genügend frei, dennoch sollten sie nicht dauerhaft bleiben. Sie wurden in verschiedenste Regionen umverteilt.

Der Flugplatz wurde Anfang der 1930er-Jahre gebaut und in Betrieb genommen

138j_mna

Die Nachkriegszeit

Die bedingungslose Kapitulation der deutschen Wehrmacht wurde am 7. Mai 1945 unterzeichnet und trat am 8. Mai um 23.01 Uhr in Kraft. In Deutschland und Europa war der Zweite Weltkrieg damit endgültig vorbei. Die Siegermächte richteten eine **Militärregierung** ein, die nun die Geschicke Deutschlands in der Nachkriegszeit bestimmte. Schon am 11. Mai wurden die nationalsozialistischen Straßenschilder auf Juist abgenommen und gegen die alten ausgetauscht. Vorausschauend hatte man diese aufbewahrt. Am 3. Oktober 1945 begann in der Inselschule wieder der Unterricht. Den **Badebetrieb** gaben die Alliierten erst am **28. Mai 1946** wieder frei, in der ersten Saison nach dem Krieg kamen 3824 Gäste auf die Insel. Doch es fehlte an vielem, auch Nahrungsmittel waren knapp. Der kommende Winter 1946/47 war einer der kältesten des Jahrhunderts und Juist monatelang nicht per Schiff erreichbar. Viele Menschen liefen täglich übers Eis zum Festland, um **Lebensmittel** zu besorgen. Aufgrund des Nahrungsmangels starben auch viele der einquartierten Flüchtlinge. Im März 1947 zerstörten gewaltige Eismassen den Juister Schiffsanleger, die Folgen waren immens. Wie zu vergangenen Zeiten mussten die Inselgäste wieder mit **Wattwagen** abgeholt werden oder mit hochgekrempelten Hosen und Röcken durchs Flachwasser auf die Insel gelangen. Ganz zu schweigen vom Warentransport. Im Sommer entstand zunächst ein **Notanleger,** zumindest das kleinste Fährschiff der Reederei Norden-Frisia konnte hier anlegen. Trotz heftiger Probleme bei der Materialbeschaffung gelang der Reederei der Neubau des 90 Meter langen Anlegers plus der benötigten Gleisbrücke. Im Mai 1949 konnte die Anlage endlich eingeweiht werden.

Wie überall in Deutschland war die unmittelbare Nachkriegszeit auch auf Juist eine **Phase der Neuordnung.** Das Militär verließ die Insel, die Flüchtlinge wurden auf ganz Deutschland verteilt. Die **Währungsreform** 1948 stellte mit **Einführung der Deutschen Mark** die Weichen für den benötigten wirtschaftlichen Aufschwung. Langsam begannen wieder Renovierungen und Verschönerungen, das Seebad Juist putzte sich für die Badegäste heraus. 1949 wurde die Bundesrepublik Deutschland gegründet, das beginnende Wirtschaftswunder machte sich bald auch an der Nordseeküste bemerkbar. Der 1951 veröffentlichte Schlager „Pack die Badehose ein", den Kinderstar *Cornelia Froboess* sang, schadete bestimmt nicht. Wo sonst konnten die Deutschen dunkle Kriegsereignisse besser verarbeiten als an der See?

Ein modernes Seebad entsteht

Die Investitionen und Aufgaben in der Zeit des Wirtschaftswunders waren vielfältiger Natur, dazu gehörten der **Ausbau und die Modernisierung der kompletten Insel-Infrastruktur** – also Straßen und Wege, Elektrizität, Kanalisation und Klärwerk, Wasserversorgung und Wasserwerk sowie die Müllentsorgung. Hinzu kamen zahlreiche Um- und Neubauten für den Fremdenverkehr. 1958 überstieg die Zahl der Badegäste erstmals die Marke von 40.000. Im gleichen Jahr begann der Bau einer befestigten Straße zum Flugplatz, die 1962 vollendet wurde. Juists neue Kurhalle neben dem Wasserturm wurde 1960 gebaut. Die meisten Insulaner waren zwar dagegen, dennoch wurde 1963 die fünfte Inselkirche abgebrochen. Schon ein Jahr später am 12. Juli ging die evangelische Gemeinde zum ersten Gottesdienst in die **neue Inselkirche.** Diese sechste erhielt ihren freistehenden Turm aber erst 1967. Ein Kirchenbauverein finanzierte ein Drittel der benötigten Summe durch den Verkauf von Bausteinen. Der Turm wurde zusammen mit dem Ehrenmal eingeweiht, das an die Toten beider Weltkriege erinnert. Ab dem Jahr 1970 konnte man im neuen **Hallenschwimmbad** erstmals gegen künstlich erzeugte Wellen anschwimmen.

Im gleichen Jahr gründete die Reederei AG Norden-Frisia ihre eigene Flugverkehrssparte, die **Frisia-Luftverkehr.** Diese organisierte fortan den Flugverkehr zwischen Norddeich und den Inseln Juist und Norderney. Der Flugplatz Juist erhielt neben einem Schutzdeich auch eine **befestigte Rollbahn.** Seit 1977 gibt es auch ein Restaurant am Flugplatz. Ebenfalls 1977 konnten die Inselbesucher das neu errichtete **Haus des Kurgastes** betreten, zuvor riss man dafür die noch gar nicht so alte Kurhalle wieder ab. Viele Veranstaltungen erfreuen hier die Menschen, es gibt bis heute einen Leseraum und die Möglichkeit, Tischtennis oder Billard zu spielen. Zum Schutz der Insel wurde zwischen Dorf und Wattenmeer 1978 ein **komplett neuer Deich** mit begehbarer Krone angelegt. Ohne diese zahlreichen Maßnahmen der ersten Jahrzehnte nach Gründung der Bundesrepublik wären ständig wachsende Gästezahlen kaum zu erwarten gewesen.

Entwicklung der Übernachtungszahlen von 1950 bis 1980

Jahr	Gäste	Übernachtungen
1950	19.000	280.000
1960	42.000	620.000
1970	60.000	897.000
1980	72.000	920.000

Jahre des Umbruchs

Die **Reederei Norden-Frisia** plante ab 1980 die **Anlage eines neuen Hafens** direkt am Dorf. Zu diesen Überlegungen führten die steigenden Unterhaltskosten für die Inselbahn und ihrer Pfahljochstrecke, auf der die Bahn auf einem instabilen und unbefestigtem Untergrund fuhr. Daraufhin stellte Juists Inselbahn am 10. März 1982 ihren Betrieb ein. Ihre Fahrzeuge wurden weiterverkauft oder verschrottet. Das 1936 errichtete Bahnhofsgebäude blieb jedoch größtenteils erhalten. Die Räumlichkeiten nutzen heute ein Gastronomiebetrieb und das Nationalpark-Haus Niedersächsisches Wattenmeer. Der Schiffsverkehr wurde danach an einem provisorischen Anleger des im Bau befindlichen Hafens abgewickelt. Eingeweiht wurde der **neue Juister Hafen** am 21. September 1984. Das dazugehörende Betriebsgebäude bietet heute Platz für eine Empfangshalle, Räumlichkeiten der Reederei Norden-Frisia und das beliebte Hafen-Restaurant. Die Hafenanlagen wurden in den kommenden Jahren immer wieder ergänzt, schließlich werden hier heute neben dem Fahrgast- auch der gesamte Warenverkehr und die Abfallwirtschaft abgewickelt. 1985 installierte man eine **Müllpressanlage,** 1988 stattete die Reederei den Fähranleger mit einer **Hubbrücke** aus.

Das beständige Wachstum geriet zu Beginn der 1980er-Jahre ins Stocken. Der steigende Wohlstand in der Bundesrepublik Deutschland führte dazu, dass die ehemaligen Badegäste immer häufi-

121j_mna

ger zu **Flug- und Fernreisen** aufbrachen. Darüber hinaus wuchs gerade in dieser Zeit ein neues **Umweltbewusstsein** heran. Da machten sich Schlagzeilen über Algenpest, Seehundsterben und das Versenken ausgedienter Ölbohrplattformen gar nicht gut. Denn jahrzehntelang wurden Gifte und Schwermetalle über die Flüsse in die Nordsee geleitet. Zusätzlich verklappten Tankschiffe Dünnsäure ins Nordseewasser. Auch das Reinigen der Tanker auf hoher See kam in die Kritik, von keinem Strandspaziergang kam man ohne „Teerklumpen" an den Schuhen zurück. Die achtlos ins Meer verklappten Ölrückstände waren die Ursache dafür. **Müllverbrennungen auf See** verpesteten auch die Luft zusätzlich. Ein verändertes Bewusstsein der Menschen verringerte glücklicherweise den fahrlässigen Umgang mit der Natur. Dieser Prozess ist bis heute nicht abgeschlossen. Grenzenloser Wohlstand ist aber nur schwer mit begrenzten Ressourcen vereinbar. Ein erstes wichtiges Signal dafür: Am 1. Januar 1986 trat die **Nationalparkverordnung** inkraft. Damit wurde das Wattenmeer vor der niedersächsischen Nordseeküste geschützt. Im Güterschuppen des Bahnhofs richteten die Naturschützer das heute noch bestehende **Nationalpark-Haus** ein. Neben Erneuerung und Modernisierung setzte sich zunehmend auch der Gedanke des **Bewahrens** durch. So wurden in den späten 1980er-Jahren das „Alte Warmbad" und das „Haus Breeden" saniert statt wie sonst meistens abgebrochen. Wenige Jahre zuvor arbeiteten Mitglieder des Heimatvereins das in unmittelbarer Nachbarschaft stehende „Haus Siebje" aus dem Jahr 1811 auf. Diese Gebäude in der Friesenstraße vermitteln einen guten Eindruck der alten Juister Bautradition.

Das Jahr **1990** hatte im Februar eine **schwere Sturmflut** zu vermelden. Bei einer Tidenhöhe von 3,30 Meter verursachte das Nordseewasser heftige Dünenabbrüche an der Bill. Juists Westen ist den Angriffen der See bis heute am stärksten ausgesetzt. 1990 feierte das Seebad sein 150-jähriges Jubiläum. Im Vorwort der Jubiläumsschrift hieß es unter anderem: „Die Signale wurden in Richtung Fortschritt gestellt, aber Juist soll Juist bleiben – so wie Sie es kennen und lieben."

Auf dem Gelände zwischen Hafen und Deich wurde 1992 ein kleiner **Leuchtturm** errichtet, der das alte Memmert-Leuchtfeuer trägt. Dieses wurde 1986 stillgelegt, weil der Leuchtturm wegen der Erosion schon im Wasser stand. Viele tatkräftige Juister sorgten dafür, dass der neue Turm mithilfe von Spenden gebaut werden konnte. Dieser erhielt dann die Spitze des historischen Leuchtturms auf Memmert. Gegen Ende der 1990er-Jahre erstrahlte schließlich auch das zwischenzeitlich stark heruntergekommene **Strandhotel Kurhaus** in neuem Glanz. Zur Wiedereröffnung 1997 bekam es als zusätzlichen Blickfang eine **gläserne Kuppel.** Ursprüngliche Pläne hatten gezeigt, dass für das Hotel schon zu seiner Bauzeit eine Kuppel vorgesehen war, die dann aber nicht realisiert wurde. Direkt daneben eröffnete zu Pfingsten 1998 das **Hotel Juister Hof** im neuen Gebäude an alter Stelle.

◁ Das TöwerVital lädt zum Schwimmen oder zu einem Besuch der Panorama-Sauna ein

Das Seebad Juist im 21. Jahrhundert

Im neuen Jahrhundert läuft die Weiterentwicklung von Infrastruktur und Tourimus unter dem Motto „bewahren statt zerstören“. Als international wirksames Marketinginstrument wurde die Anerkennung des Wattenmeers als **UNESCO-Weltnaturerbe** angesehen. Diese erhielt der Nationalpark Niedersächsisches Wattenmeer am 26. Juni 2009, auch wenn es viel Kritik diverser Naturschutzorganisationen gab. Dem Juister Hafen wurde 2008 schließlich ein Yachthafen zur Seite gestellt. Am Ende der neuen Mole, die den Bootshafen umschließt, errichtete die Gemeinde ein 17 Meter hohes **Seezeichen.** Die Stahlkonstruktion entwickelte sich schnell zum neuen Wahrzeichen. Die Position an der Hafeneinfahrt wurde mit Bedacht gewählt. Direkt am Wattenmeer kann es bestiegen werden, oben kann man den Blick weit in die Ferne schweifen lassen.

139j_mna

Auf die **Kraft der Nordsee** setzt der Fremdenverkehr in jüngerer Vergangenheit wieder verstärkt. Das Europäische Prüfinstitut für Wellness und Spa zertifizierte Juist zum **Thalasso-Nordseeheilbad.** Hinzu kommt die Tatsache, dass die Insel Juist **autofrei** ist und bleibt. So bekommt das Wort *Entschleunigung* eine tiefere Bedeutung, das Hufgetrappel der Pferde gibt den Takt vor. Kein Lärm, keine Hektik, aber viel Natur. Gerade der 17 Kilometer lange Strand bietet Natur pur, die Wasserkante ist im Sommer und im Winter gleichermaßen faszinierend. So achtet die Kurverwaltung heute auf eine höhere Qualität des Angebots und weniger auf eine Steigerung der Gästezahlen. Die ist auf begrenztem Raum auch kaum noch möglich, lieber möchte man Juists Charakter bewahren. Erklärtes Ziel ist es, bis zum Jahr 2030 **klimaneutral** und zur **„Insel der Nachhaltigkeit“** zu werden. Die Gäste, die teilweise seit Generationen hier ihren Urlaub verbringen, wissen das zu schätzen.

[<] Pferde und Fahrräder bestimmen das Ortsbild der Insel und tragen zur Nachhaltigkeit bei

097j_mna

5 Die Nordsee

»Wissenswertes und Nützliches zu den Themen Nordsee, Klima und Wetter, Gezeiten, Gesundheit und Sicherheit sind hier zu erfahren. Eine Tabelle zeigt die Beaufort-Skala und lässt sich gut zur ungefähren Einschätzung der Windgeschwindigkeit nutzen.

‹ Die Fahrrinne im Morgenlicht – deutlich ist zu sehen, wie schwierig die Navigation ist

Land und Meer

Die Geschichte der Nordsee begann im Erdmittelalter *Mesozoikum,* also vor rund **250 Millionen Jahren.** In dieser Zeit fanden die wichtigsten gesteinsbildenden Prozesse statt. Heute ist es kaum noch vorstellbar, dass während dieser Zeit im Bereich der heutigen Nordsee Tiere wie beispielsweise Dinosaurier lebten. Alles war dicht bewachsen, und es herrschte ein für Verwitterungsprozesse ideales tropisches und subtropisches Klima.

Während der drei Eiszeiten im *Quartär* – dem vor 2,1 Millionen Jahren beginnenden jüngsten Zeitabschnitt der Erdgeschichte – lag das Gebiet der heutigen Nordsee **oberhalb des Meeresspiegels.** Durch die Bildung kontinentaler Eismassen und Gletscher wurde den Ozeanen viel Wasser entzogen. Deshalb lag der Meeresspiegel in der Vergangenheit um mehr als 100 Meter tiefer als heute. Damals erstreckten sich große Eismassen über die Arktis und Antarktis, und auf der nördlichen Halbkugel bildeten sich auch auf den kontinentalen Landmassen weite Eisschilde. Durch die Erwärmung des Erdklimas tauten die Eismassen nach der Eiszeit in Schüben wieder ab und der Meeresspiegel stieg.

Auf dem Höhepunkt der **Weichseleiszeit** in der Zeitspanne vor etwa 60.000 bis 15.000 Jahren – es war die letzte im nördlichen Mitteleuropa – lag das Niveau des Meeresspiegels weltweit rund **120 Meter niedriger als heute.** Durch das Schmelzen der mächtigen Eispanzer stieg er in den letzten 10.000 Jahren gewaltig an. Die riesigen Schuttmassen, die die Gletscher mit sich führten, blieben nach dem Auftauen als Moränen aus Sand, Lehm und Gesteinsschutt zurück. Diese Ablagerungen bilden heute die Geestrücken der Landschaft in Norddeutschland, im Gegensatz zum Schwemmland der Marsch liegt die Geest höher. Oft sind die Böden sandig und unfruchtbar.

Das Wasser des Atlantischen Ozeans drang durch den Anstieg des Meeresspiegels immer weiter nach Süden vor und überspülte große Landmassen, so entstand die **Nordsee.** Dabei verschob sich die Küstenlinie mehrere hundert Ki-

098j_mna

lometer landeinwärts. Die ursprüngliche **Landbrücke nach England** ging verloren, als vor etwa 9000 Jahren der **Ärmelkanal** entstand. Zwischen 7000 v. Chr. und 5000 v. Chr. verlangsamte sich der Anstieg des Meeresspiegels wieder.

Vor etwa 5000 Jahren entwickelte sich im Großen und Ganzen die **Küstenlinie der Nordsee** so, wie wir sie heute kennen: mit ihren Watten, Marschen und oft bewaldeten Geestkuppen. Die Gezeiten und Strömungen transportierten Sedimente und lagerten diese an Untiefen und Sandbänken ab. Nach und nach wuchsen diese zur Kette der vorgelagerten **Ostfriesischen Inseln** und **Westfriesischen Inseln** heran. Die Nordfriesischen Inseln dagegen sind anderen Ursprungs. Sie bestehen zum Teil aus Geest und zum Teil aus Marschen. Ursprünglich zum Festland gehörend, wurden sie erst durch heftige Sturmfluten im Mittelalter zu Inseln und Halligen.

Das **Wattenmeer** an der Nordsee ist eines der **dynamischsten Systeme** der Welt. Dadurch verändern sich die Inseln

⌃ Sonnenuntergang hinter dem Hauptbadestrand von Juist

Bernstein – die Tränen der Sonnentöchter

So nannte der römische Dichter *Ovid* (43 v. Chr.–17 n. Chr.) den Bernstein, der auch als **„Gold des Nordens“** bezeichnet wird. Nach einer alten griechischen Sage weinten die Töchter des Sonnengotts *Helios* um ihren Bruder *Phaeton*. Er hatte sich mit ihrer Hilfe unerlaubt den Sonnenwagen des Vaters ausgeliehen und war damit tödlich verunglückt. Die weinenden Töchter wurden zur Strafe in Bäume und **ihre Tränen in Bernstein verwandelt.** So weit zur Sage.

Die Realität kommt dem Ende der Sage recht nahe. Die Römer nannten den Bernstein „Saft“ *(succinum)*, daraus leitet sich auch der wissenschaftliche Begriff für Bernstein *Succinit* ab. Es ist kein richtiger Stein, wie man angesichts des Namens vermuten könnte, sondern es handelt sich um **fossiles Baumharz aus der Bernsteinkiefer** *(Pinus succinifera)*. Sie wuchs vor etwa 30 bis 50 Millionen Jahren (Alttertiär) im südlichen Skandinavien, als dort wie auch in Mitteleuropa subtropisches Klima herrschte und Pflanzen wie Mammutbäume, Lorbeerbüsche und Stechpalmen prächtig gediehen.

Wurde die Kiefer verletzt, trat das Harz aus der Wunde aus. Leicht flüchtige Bestandteile verdunsteten und härteten an der Luft schnell aus. Die eigentliche „Versteinerung“ dauerte vermutlich weniger als 1000 Jahre. Über einen Zeitraum von etwa **zehn Millionen Jahren** produzierten Bernsteinkiefern Harz, aus dem dann Bernstein wurde. Ihn gibt es auf der ganzen Welt und nicht nur an der Nord- und Ostsee. Bern-

095f_mna

stein entstand **unter Luftabschluss und Druck.** Viele Einschlüsse sind Fossilien von Pflanzenteilen oder kleinen Tieren, die man in einigen Schmuckstücken gut erkennen kann. Die Tiere kamen hinein, indem sie zufällig an der Harzmasse festklebten, weil sie von der glänzenden Oberfläche angelockt worden waren. Größere Tiere konnten sich natürlich befreien, sodass höchstens Haare oder Federn eingeschlossen wurden. Auch Teile von Pflanzen fanden auf diesem Weg in den Bernstein hinein.

Für die heutige Verbreitung des Bernsteins sorgten die letzten **Eiszeiten.** Bei geologischen Veränderungen wurde das Harz mit Wasser überspült und kam so durch Überlagerungen mit Eis in tiefere Sedimentschichten. Insgesamt drei Mal sorgten gewaltige Eismassen aus Skandinavien für den Bodenabrieb. Sie erreichten auch Norddeutschland und lagerten sich am Festland und auf den Inseln ab. An den Strand der Meere gelangt der Bernstein, weil das Wasser den Meeresboden durch die ständige Bewegung abträgt und so immer wieder neue Schichten freigespült werden.

Bernstein gibt es in **vielen unterschiedlichen Größen,** die meisten Stücke sind etwa so groß wie ein Kieselstein, größere Funde sind heute selten. Früher barg man auch mächtigere Stücke, der größte bisher bekannte Fund wog **11,5 Kilogramm.** Er wurde 1969 aus der Ostsee gefischt. Bernstein ist nur geringfügig dichter als Wasser und sehr viel leichter als Gestein. Deshalb **geht er in Süßwasser unter,** während er in **salzhaltigem Wasser schwimmt** und sich erst in ruhigerem Wasser ablagert. Am Strand ist Bernstein meist nach Stürmen aus östlicher Richtung zu finden und zwar im Spülsaum, wo kleine schwarz-braune und krümelige Holzreste liegen, die ein ähnliches Gewicht wie Bernstein haben. Nicht selten sieht man dann bereits am frühen Morgen die Sammler bei der Suche am Strand.

Die deutsche Bezeichnung „Bernstein" geht auf das mittelniederdeutsche *bernen* (brennen) zurück, denn das Harz ist leicht entzündbar. Deshalb wurde es auf den Nordseeinseln früher auch als **Brennmaterial** genutzt. Auch seine Verwendung als **Schmuckstein** hat eine lange Tradition. Besonders in den Mittelmeerländern waren Schmuckstücke aus dem „Gold des Nordens" schon zu den Zeiten der Römer sehr begehrt und erzielten so hohe Preise, dass man im alten Rom davon sogar einen Sklaven kaufen konnte.

Ob man einen echten Bernstein gefunden hat, lässt sich einfach nachprüfen: Glatter, trockener Bernstein lädt sich elektrostatisch auf und zieht wie ein Magnet Papierschnipsel und Wollfussel an. Der Test funktioniert aber nicht bei sehr kleinen Funden. Oder man löst einen Teelöffel Salz in einem Glas Wasser auf. Schwimmt der Stein darin, ist er echt. Bernsteine sollten **in Wasser aufbewahrt werden,** denn an der Luft verwittern sie im Lauf der Zeit.

[<] Die Faszination für Bernstein als Schmuck ist seit Jahrhunderten ungebrochen

Maximum- und Minimumtemperaturen in °C, Wassertemperaturen in °C

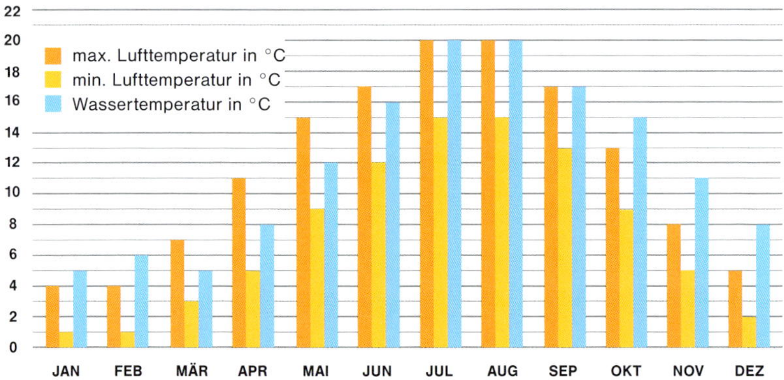

Durchschnitt Sonnenstunden/Tag, Regentage/Monat

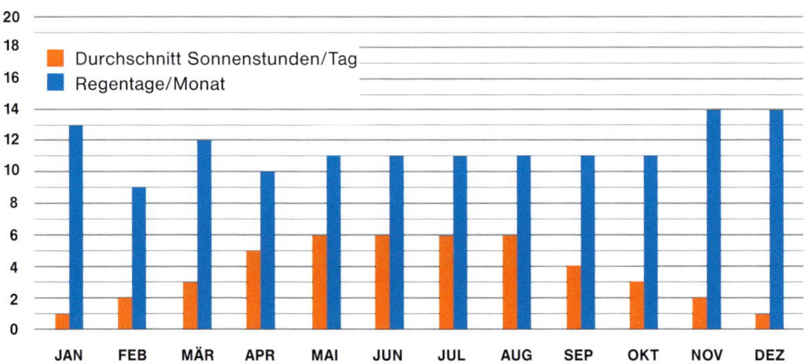

selbst, die Tiefen und Untiefen ständig, wie man an der stetigen **Ost-Drift** der Ostfriesischen Inseln erkennen kann. Auch der momentane Anstieg des Meeresspiegels durch die Erwärmung des Klimas trägt seinen Teil dazu bei. Langzeitdatenreihen belegen, dass sich die Nordsee deutlich stärker erwärmt als die Weltozeane im Mittel. Sie ist in den vergangenen 50 Jahren **um 1,7 °C wärmer** geworden. Damit ist die Deutsche Bucht eines der sich am schnellsten erwärmenden Küstenmeere überhaupt. Dadurch verändern sich auch Flora und Fauna. Kälte liebende Arten werden seltener oder verschwinden, Meeresströmungen werden beeinflusst und neue Arten aus wärmeren Gefilden wandern ein.

Dünenschutz ist Inselschutz – der Schutz der Dünenkette vor allem im Westen der Insel ist enorm wichtig. Die Dünen sind als ein **natürlicher Küsten-**

schutz von großer Bedeutung. Sie dürfen deshalb außerhalb der bezeichneten Übergänge und Wege nicht betreten werden. Leider fehlt bei vielen Besuchern das Bewusstsein dafür, dass mit jedem Schritt außerhalb der Wege der Bewuchs zerstört wird. Er befestigt den Sand und schützt vor Erosion und Verwehungen. Wo Fußspuren zu finden sind, fühlen sich andere leider häufig dazu eingeladen, ihnen zu folgen. Ist die Vegetation erst einmal beschädigt, haben Wind und Wetter einen guten Angriffspunkt für ihre zerstörerische Wirkung.

Wind und Wetter

Juist liegt in der **Westwindzone** der gemäßigten Breiten, die durch den **Golfstrom** beeinflusst sind. Der besonders milde Golfstrom ist eine der größten und schnellsten Meeresströmungen der Erde. Er führt Wärme heran, lässt aber auch Tiefdruckgebiete mit überwiegend westlichen Starkwinden entstehen. In Nordeuropa ist es deshalb im Durchschnitt 5 bis 10 °C wärmer oder, andersherum gesagt, es wäre 5 bis 10 °C kälter, wenn es ihn nicht geben würde. So herrscht auf Juist ein **ausgeprägt maritimes Klima** mit mehr Sonnenstunden als auf dem Festland. Besonders im Frühjahr gibt es regelmäßig mehr davon, weil das kühle Meerwasser die Bildung von Wolken unterdrückt. Mit knapp **2000 Sonnenstunden** war Juist im Jahr 2010 sogar der **sonnigste Ort Deutschlands.** Im Herbst kann das Pendel umschlagen, es bilden sich unter den entsprechenden Umständen mehr Wolken als über dem Festland. Auf Juist herrscht ein warm- und feuchtgemäßigtes Klima mit warmen Sommern. Die Temperatur des Meerwassers verändert sich nicht so schnell wie die der Luft, deshalb sind die Temperaturunterschiede auf den Nordseeinseln generell geringer, dafür ist aber die Luftfeuchtigkeit höher. Auf Juist herrscht eine **mittlere Jahrestemperatur von 8,8 °C** (8,2 °C in Deutschland), im Winter fällt das Thermometer nur ganz selten unter 0 °C – und wenn, dann im Januar oder Februar. Die Luftfeuchtigkeit beträgt durchschnittlich 81 Prozent. Mit einer Durchschnittstemperatur von 1,25 °C sind Januar und Februar die kältesten Monate (in Deutschland –0,5 °C). Die wärmsten Monate sind Juli und August mit durchschnittlich 17,5 °C (16,5 °C in Deutschland). Die mittlere Jahresniederschlagsmenge auf Juist liegt bei rund 804 Millilitern und ist damit nur leicht höher als die Deutschlands mit 789 Millilitern. Der trockenste Monat ist der Februar mit 44 Millimetern in durchschnittlich neun Tagen. Im Winterhalbjahr bläst der Wind mit durchschnittlich 34 Stundenkilometern über die Insel, im Sommerhalbjahr sinkt dieser Wert auf 24 Stundenkilometer. Übers ganze Jahr betrachtet scheint pro Monat auf Juist 6,5 Stunden pro Tag die Sonne und an 11,5 Tagen muss mit Regen gerechnet werden. Die Wassertemperatur liegt im Jahresmittel bei 12 °C. Am wärmsten ist das Wasser im August mit 20 °C, am kältesten im Januar und März mit lediglich 5 °C.

Klimatische Bedingungen

Deutschland liegt in einer **Zone wechselhaften Wetters.** Die mit dem Klimawandel verbundene Erderwärmung führt auch an der Nordsee zu extremeren Situationen. Im Verlauf des Golfstroms steigt erhitzte Luft auf, wird durch die Erdrotation in drehende Bewegung versetzt und **Tiefdruckgebiete** entstehen. Auf dem Rücken eines mächtigen Azorenhochs gelangen sie nach Nordeuropa, und manche erreichen erst hier vor der Küste ihre volle Kraft. Je länger ihr Weg über dem Wasser ist, desto stärker werden sie. Die Stürme der Nordsee haben immer wieder die Küstengeografie verändert, sie tun es noch heute und auch in Zukunft. Juist liegt an der westlichen Nordseeküste und ist den meist aus Westen kommenden Stürmen deshalb stark ausgesetzt. Die Sturmfluten der letzten Jahrhunderte haben immer wieder große Schäden angerichtet. Die **Randdünen im Norden** mit der im Sand versunkenen Strandmauer und der **Seedeich im Süden** schützen die Insel vor der Macht der Wellen. Es ist zu vermuten, dass die Wetterextreme zukünftig weiter zunehmen, sofern die Klimaerwärmung nicht verlangsamt oder gestoppt werden kann. Das zumindest ist die heutige Einschätzung der meisten Experten.

Bereit für jedes Wetter

UNSER TIPP: Durch den sogenannten **Windchill-Faktor** fühlen sich besonders am Strand die Temperaturen immer ein paar Grad kühler an. Sehr bewährt hat sich in allen Jahreszeiten bei der Kleidung das sogenannte **„Zwiebelprinzip“**, bei dem man **mehrere Schichten** verschiedener Kleidung übereinanderträgt.

Beispielsweise beginnt man mit dünner Unterbekleidung wie T-Shirt und „Zip-off-Hose“, bei der sich der untere Teil der Hose mittels Reißverschluss abtrennen lässt. Darüber kommt eine windfeste wärmere Kleidungsschicht. Den Abschluss bildet die dritte Schicht aus regenfester Jacke und Hose. Ein Loopschal rundet das ganze ab, er kann flexibel als Mütze oder um den Hals getragen werden, und schon ist man auf alle Wetter bestens vorbereitet.

Wetterabfolge

In der Deutschen Bucht gibt es **selten Windstille.** Meist kommt der Wind aus westlicher Richtung. Herrscht Tiefdruck, dreht sich der Wind auf der Nordhalbkugel gegen den Uhrzeigersinn. Jedem Juister ist bekannt, dass Wind aus südlichen bis südwestlichen Richtungen schlechtes Wetter bringt. Denn ein Tief bewegt sich dann auf den Nordseebereich zu, und bald bekommt man auch dessen Ausläufer zu spüren: den mehr oder minder satten Regen einer Warmfront. Dann, nach einem wahrscheinlichen Windsprung auf westliche Richtungen, folgen Schauer und manchmal auch Gewitter im Gefolge einer Kaltfront. Danach weht es normalerweise kräftiger als zuvor aus Nordwest bis Nord – es ist das typische **Rückseitenwetter der Nordsee.** Mit Wetterglück läutet der Nordwind ein nachfolgendes Hoch ein, um das sich der Wind im Uhrzeigersinn dreht und schönes Wetter mitbringt.

Es ist empfehlenswert, sich bei einem Inselaufenthalt mit seiner Kleidung darauf einzustellen. In der Regel ist es an der Wasserkante auch deutlich windiger als im geschützteren Inselinneren oder auf dem Festland. **Windfeste Kleidung** und eine **Regenjacke** sollten deshalb immer mit dabei sein. Auch die Sonnenstrahlung ist hier intensiver, weil das Licht vom Wasser reflektiert und dadurch verstärkt wird. Deshalb ist geeigneter **Sonnenschutz** wie Sonnencreme und Kopfbedeckung auch bei bewölktem Himmel ganzjährig zu empfehlen.

Kräftige Stürme

Die **Beaufort-Skala,** die nach einem britischen Admiral benannt ist (→ Tabelle „Sturm und Wellen", S. 170), beschreibt die Windstärken in einer Skala von ein bis zwölf Beaufort (Bft). Sie ist eine praktische Messlatte, **um die Windverhältnisse** vor Ort auch ohne Windmesser annähernd **einschätzen zu können** und hat deshalb auch im Computer-Zeitalter weiterhin Bestand. Obwohl es als zeitgemäß gilt, den Wind heutzutage in km/h anzugeben, ist die metrische Methode weitaus weniger aussagefähig. Wer kann sich schon vorstellen, wie die See bei 50 km/h aussieht? Man erhält über die Angabe 7 Bft und die dazugehörige visuelle Beschreibung dagegen einen guten Eindruck, was diese Geschwindigkeit, die einem im Auto ziemlich langsam vorkommt, bereits anzurichten vermag. Bei Süd- und Ostwind wird vor Norden-

⌄ Zwei Kitesurfer auf schäumender See

100j_mna

Die Seenotretter – rausfahren, wenn andere reinkommen

Die **Schifffahrtswege** durch die Nordsee waren schon immer **gefährlich,** und die Deutsche Bucht ist heute eines der weltweit **am stärksten befahrenen Seegebiete.** Entlang der gesamten deutschen Küste und auf fast allen Inseln entlang der Nordseeküste gibt es **leistungsstarke Rettungseinheiten** der Deutschen Gesellschaft zur Rettung Schiffbrüchiger (DGzRS).

Das Juister Wassersportrevier bietet traumhafte Bedingungen für Wassersportler und **extrem schwieriges Navigieren** in den bisweilen sehr flachen Gewässern des Wattenmeeres. Die Schönheit und die Schwierigkeiten: Das eine ist vor Juist nicht ohne das andere zu haben. Die Seenotretter wissen das besser als viele andere – sie fahren auch dann raus, wenn andere reinkommen. Jedenfalls, wenn der Wasserstand es zulässt. Doch im Kernrevier der Seenotretter von Juist, zwischen der Insel und dem ostfriesischen Festland sowie den Nachbarinseln Norderney und Borkum, sind nicht nur Sportler zu finden. Auch viele **Kutter** sowie die **Fähren und Frachtschiffe der Frisia-Reederei** sind hier unterwegs. Und das in schwierigem Fahrwasser. Die **Sandbänke** verschieben sich laufend, der Lebensraum im Wattenmeer verändert sich. Wo es gestern noch tief war, kann ein Schiff heute schon auf Grund laufen. Man muss sich das **Revier täglich neu erarbeiten,** die gedruckten Seekarten müssen ständig aktualisiert werden. „Sehr veränderlich" steht an einigen Stellen in den Karten zu lesen.

Wie real die Problematik ist, war schon oft an den Einsätzen der Juister Seenotretter erkennbar: Etwa 2009, als die **„Frisia VI"** bei Niedrigwasser und Ostwind **auf Grund lief** und zwölf Stunden lang mit rund 200 Menschen an Bord im Watt festsaß. Oder 2011, als bei starkem Südostwind der Frachter **„Tina"**, beladen mit Baumaterial, im Juister Watt **auf Grund saß.** Erst vier Tage später kam er wieder frei – auch mit Unterstützung der Juister Seenotretter. Die Seenotretter müssen für ihre Einsätze oder Krankentransporte zuweilen auf den buchstäblich **ersten Tropfen Wasser der Flut warten** – erst dann ist ihr Boot wieder auslaufbereit. Immerhin: Die ganz besonderen Bedingungen ihres Reviers kennen die meisten Freiwilligen bereits

099j_mna

von Kindesbeinen an. „Viele andere werden nervös, wenn das Echolot eine Tiefe von 30 Zentimetern anzeigt", sagt einer. „Hier bei uns ist das ganz normal."

Der größte deutsche Seenotrettungskreuzer **„Hermann Marwede"** ist auf **Helgoland** stationiert. Seenotkreuzer verfügen zusätzlich quasi huckepack über ein motorisiertes **Tochter- oder Arbeitsboot.** Die Mannschaft besteht aus fest angestellten Seenotrettern und ist in ständiger Bereitschaft. Die Flotte der Seenotrettungskreuzer wird in Niedersachsen durch Seenotrettungsboote ergänzt, deren Besatzung, wie auch auf Juist, sich aus **Freiwilligen** zusammensetzt.

Auf der Insel ist seit 2017 die **„Hans Dittmer"** im Einsatz, die in Berne an der Unterweser gebaut wurde. Sie ist mit einem 380 PS starken Motor ausgestattet und schafft eine Spitzengeschwindigkeit von etwa 18 Knoten (33 km/h). Durch ihren Tiefgang von nur 96 Zentimetern ist sie für das anspruchsvolle Tidenrevier rund um Juist mit seinem flachen Fahrwasser und vielen Sandbänken ideal geeignet. Selbst bei Grundsee und Brandung lässt sich die „Hans Dittmer" wegen ihrer guten Fahreigenschaften noch gut manövrieren. Alle Seenotrettungsboote der neuesten Generation sind als sogenannte Selbstaufrichter konstruiert und vollständig aus Aluminium. Ein rundumlaufendes Fendersystem ermöglicht es, auch unter erschwerten Bedingungen bei Havaristen längsseits zu gehen.

Sturmtiefs, meist aus nordwestlicher Richtung kommend, haben früher **viele Segelschiffe stranden lassen.** Mitte des 19. Jahrhunderts verunglückten in der Deutschen Bucht jährlich rund 50 Stück. Oft hatte die Besatzung keine Chance, lebend an Land zu kommen. Daher wurden verschiedene Techniken entwickelt, um den Seeleuten helfen zu können, zum Beispiel die **„Hosenbojen"**, das sind Rettungsringe mit angenähten Hosen.

1861 gründeten sich unter anderem in Hamburg, Bremerhaven, Emden und auch auf Juist die ersten **Rettungsvereine,** um Menschen in Seenot zu helfen. Aus deren Zusammenschluss entstand **1865** die **DGzRS.** Maßgeblichen Anteil daran hatte der Redakteur des Bremer Handelsblatts *Dr. Arwed Emminghaus,* der damit, statt eine Vielzahl einzelner örtlicher Vereine zu haben, die Seenotrettung in einer Gesellschaft vereinen wollte. Der Rettungsverein auf Juist schloss sich der DGzRS 1868 an, also drei Jahre nach ihrer Gründung. Die Stationen auf Juist und Langeoog zählen zu den ältesten deutschen Nordsee-Stationen. Anfangs eilten die Retter noch in **offenen Ruderrettungsbooten** zur Hilfe, ab 1911 kamen die ersten **Motorrettungsboote** zum Einsatz. Heute umfasst die Flotte rund 60 Seenotrettungskreuzer und -boote.

Die DGzRS ist zuständig für den **maritimen Such- und Rettungsdienst in den deutschen Gebieten von Nord- und Ostsee.** 2022 hatten die Seenotretter in Niedersachsens Nordsee 592 Einsätze, bei denen Sie 1134 Menschen retteten, davon 30 Personen aus Seenot und 63 aus Gefahrensituationen. Schirmherr der DGzRS ist der jeweils amtierende **Bundespräsident.** Zudem werben Prominente als „Bootschafter" für die Seenotretter, beispielsweise die NDR-Moderatoren *Yared Dibaba, Bettina Tietjen* und *Heike Götz* sowie die Schauspieler *Till Demtrøder* und *Bettina Zimmermann.* Überall an der Küste und auf den Inseln sind in vielen Einrichtungen die typischen **Sammelschiffchen** der Seenotretter zu finden. Sie warten darauf, mit Geld „gefüttert" zu werden, denn die DGzRS finanziert sich als gemeinnützige Hilfsorganisation **ausschließlich über Spenden.** Mehr Informationen auch zu regelmäßigen Spendenmöglichkeiten gibt es im Internet auf **www.seenotretter.de.**

◁ Rettungsboot „Hans Dittmer" der DGzRS

Sturm und Wellen

Im Folgenden werden die Windstärken nach der **Beaufort-Skala** (1–12) mit den jeweils charakteristischen Bewegungen der See aufgelistet. Sie ist nach dem irischen Hydrografen *Sir Francis Beaufort* benannt, aber erfunden hat dieser sie nicht. Der englische Ingenieur *John Smaeton* veröffentlichte 1759 erstmals eine Tabelle mit elf Windstärken. Es gibt keine verbindliche Version, sondern sie wird in verschiedenen Varianten verwendet.

Bft	km/h	Wind	Zustand der See
0	< 1	Stille	Spiegelglatt
1	1–5	Leichter Zug	Leichte Kräuselwellen
2	6–11	Leichte Brise	Kleine, kurze Wellen mit glasigen Kämmen
3	12–19	Schwache Brise	Anfänge der Schaumbildung
4	20–28	Mäßige Brise	Kleine, länger werdende Wellen, überall Schaumköpfe
5	29–38	Frische Brise/Wind	Mäßige Wellen von großer Länge, überall Schaumköpfe
6	39–49	Starker Wind	Größere Wellen mit brechenden Köpfen, überall weiße Schaumflecken
7	50–61	Steifer Wind	Weißer Schaum von den brechenden Wellenköpfen legt sich in Schaumstreifen in die Windrichtung
8	62–74	Stürmischer Wind	Ziemlich hohe Wellenberge, deren Köpfe verweht werden, überall Schaumstreifen
9	75–88	Sturm	Hohe Wellen mit verwehter Gischt, es beginnen sich Brecher zu bilden
10	89–102	Schwerer Sturm	Sehr hohe Wellen, weiße Flecken auf dem Wasser, lange und überbrechende Kämme, schwere Brecher
11	103–117	Orkanartiger Sturm	Brüllende See, Wasser wird waagerecht weggeweht, starke Sichtverminderung
12	118–133	Orkan	See vollkommen weiß, Luft mit Schaum und Gischt angefüllt, keine Sicht mehr

Norddeich das Wasser in Richtung offene See gedrückt, dann fallen die Fähren manchmal aus, weil die Fahrrinne zu wenig Wasser führt. Unter diesen Umständen besteht die Gefahr, dass die Fähre aufgrund der vorsichtigen Navigation des Kapitäns für die Fahrt mehr Zeit benötigt. Bei Westwind kann die Situation umgekehrt sein, und die See führt mehr Wasser als sonst. Ist der Wind **stärker als 8 Bft,** was besonders im Winterhalbjahr passieren kann, werden viele **Schiffsverbindungen eingestellt.** Die Verletzungsgefahr für Passagiere an Bord ist durch die heftigen Wellenbewegungen einfach zu groß. Aber eigentlich ist nicht die Fahrt, sondern **das Anlegen** der gefährliche Moment. Einen Passus über Ausfälle wegen höherer Gewalt enthalten nahezu alle Transportverträge. In solchen Momenten sollte man Verständnis für die Situation haben, auch wenn vielleicht die Urlaubsplanung durcheinandergerät. Die **Sicherheit der Gäste** besitzt **stets Priorität,** und das sollte auch im eigenen Sinn sein. Bei Sturmvorhersage, die in der Hauptsaison selten vorkommt, ist es ratsam, Kontakt mit der Reederei zu halten und sich auf der Website, per Messenger oder am Kundentelefon über die Lage vor Ort zu informieren. Die Frisia informiert auf Wunsch per E-Mail über Fahrplanänderungen bei der gebuchten Verbindung. So lässt sich vielleicht eine nutzlose Fahrt an die Küste vermeiden. Aber die Sturmsaison in den Herbst- und Wintermonaten für eine Reise völlig auszuschließen, wäre nicht richtig. Denn **an Sturmtagen** zeigen Küste, Wattenmeer und Inseln eine ihrer **faszinierendsten Seiten.** Prächtige Panoramen unter dramatisch bewölktem Himmel und schäumender See bieten ein **großartiges Naturerlebnis.** Wetterfeste Kleidung sollte dann allerdings immer dabei sein.

Wetterdienst

Um sich über die Wetterentwicklung zu informieren, gibt es heutzutage jede Menge darauf spezialisierte **Websites und Apps für Smartphones.** Auf Juist hängt die Wettervorhersage für die nächsten Tage auch an vielen Stellen aus.

- Die Insel hält auf ihrer Homepage unter **www.juist.de** Infos über das aktuelle Wetter bzw. die Prognose, Temperaturen, Windgeschwindigkeiten und die Gezeiten bereit.
- Hilfreich ist auch **www.dwd.de** mit punktgenauen Angaben für den Standort Juist.
- Sehr gute Vorhersagen finden sich auch auf der Website **www.buienradar.nl.** Buienradar gibt es auch als App für Smartphones.
- Segler und Surfer finden auf **www.windfinder.com/forecast.** Informationen zur Windprognose.
- Die kostenpflichtige Wetterapp **WeatherPro** bietet umfangreiche und detaillierte Inhalte zur Wettervorhersage.

Ebbe und Flut

Die **Gezeiten** bestimmen den Rhythmus des Insellebens und sind neben Sturm und Wellen die treibenden Kräfte der stetigen Veränderung aller Nordseeinseln, auch der von Juist. Zweimal täglich fließen große Gezeitenströme durch unzählige große und kleine Priele auf und anschließend wieder ab. Sie fallen abhängig von der Position der Gestirne, Windrichtung und Seegang sehr unterschiedlich aus. Die Gezeiten des Meeres, **Tiden** genannt, setzen sich aus dem ablaufenden Wasser **(Ebbe)** und dem auflaufenden Wasser **(Flut)** zusammen. Die Wechselpunkte zwischen Ebbe und Flut nennt man Niedrigwasser bzw. Hochwasser. Die Gezeiten werden von den **Anziehungskräften des Mondes und der Sonne** bestimmt. Stehen Sonne und Mond im rechten Winkel zueinander, gibt es eine **Nipptide,** der Höchststand des Wassers fällt dann niedriger als gewöhnlich aus. Stehen Sonne und Mond auf einer Linie, entsteht das Gegenteil, eine **Springtide,** weil ihre gemeinsame Kraft am Flutberg zieht. Nipptiden gibt es nur bei Halbmond, Springtiden nur bei Neu- und Vollmond.

Je nach geografischer Konstellation verändert sich der **Tidenhub** zusätzlich, das ist die Differenz der Wasserhöhe zwischen Niedrig- und Hochwasser. Der Tidenhub fällt auf der ganzen Welt sehr unterschiedlich aus. In der Nordsee wird er von den **Schwingungswellen der Gezeitenströme** im Atlantik bestimmt. In den Flussmündungen an der deutschen Nordseeküste kann er bis zu vier Meter betragen. Auf Juist fällt der mittlere Tidenhub mit 2,56 Meter deutlich niedriger aus als zum Beispiel in Wilhelmshaven, wo er bei 3,7 Metern liegt. In den trichterförmigen Buchten der Flussmündungen ist er viel höher, weil sich hier

> Das abfließende Wasser zeichnet wunderschöne Bilder in den Sand

das Wasser aufstaut. Das Mittelmeer ist annähernd gezeitenfrei, um so gewaltiger ist im Vergleich dazu der Tidenhub am Atlantik. Im englischen Bristol und im französischen St. Malo beträgt er durchschnittlich 12 Meter, bei Springtiden kann er noch höher ausfallen. An der kanadischen Bay of Fundy ist er mit 15 Metern am höchsten, dort sind die Gezeitenunterschiede weltweit am stärksten ausgeprägt. Übrigens sind auch die Ozeane außerhalb des Atlantiks von den Gezeitenwellen nicht ausgenommen.

Da, wie bereits erwähnt, die Tide abhängig von der geografischen Lage an der Nordseeküste von Ort zu Ort unterschiedlich ist, gibt es viele **Tidenkalender** bzw. **Gezeitentabellen,** so auch für

104am_ mna

101j_ mna

Juist. Dieser lässt sich auf der Website des Bundesamtes für Seeschifffahrt und Hydrografie einsehen unter **www.bsh.de.** Die Vorausberechnungen sind nötig, weil sich die Tiden nicht ständig zur selben Zeit wiederholen, sondern pro Tag um etwa 50 Minuten versetzt sind. Von einem Hochwasser bis zum nächsten ergibt sich mithin zweimal am Tag eine Verschiebung von 25 Minuten; eine Tide (oder Gezeit) dauert also sechs Stunden und 12 ½ Minuten. Der **Tidenkalender für Juist** wird an verschiedenen Stellen ausgehängt und ist auch in der Tourist-Information auf Juist erhältlich bzw. über die Website **www. juist.de.**

Aufzeichnungen über die Wasserstände der Nordsee gibt es seit 1840. Erst ab 1880, nach der Einführung automatischer Pegelschreiber, wurden sie systematisch erfasst. Man spricht von einer **Sturmflut,** wenn das Wasser den mittleren Hochwasserstand um mehr als 1,50 Meter übersteigt. Ab 2,50 Meter darüber bezeichnet man sie als **schwere Sturmflut** und ab 3,50 Meter als **sehr schwere Sturmflut.** Bei ihrer Entstehung spielen sowohl die Stärke als auch die Dauer des Sturms eine Rolle. Wenn arktische Kaltluftströme auf subtropische Warmluftmassen treffen, entstehen **Sturmwirbel** über der Nordsee. Besonders im Winterhalbjahr zwischen November und Januar treten Sturmfluten häufig auf, dann sind sie in der Regel auch am höchsten. Durch diese Ereignisse werden die Inseln oft arg in Mitleidenschaft gezogen, besonders betroffen sind die Westseiten der Ostfriesischen Inseln.

⌃ Manchmal schneller als erwartet: auflaufendes Wasser am Strand. Der Schaum bildet sich unter dem Wind aus den Stoffen abgestorbener Algen.

An manchen stürmischen Tagen schiebt der Spülsaum jede Menge **Schaum** an den Strand, was fast wie Schnee aussieht. Der Wind trennt dann gern einzelne „Schneebälle" ab und treibt sie über den Strand. Der Schaum entsteht, weil gestorbene Algentierchen Eiweiß und Fett absondern. Wird das Meer aufgewühlt, mischt sich beides und wird zu Schaum.

Gefahren beim Baden

Beim Baden unabsichtlich in Gefahr zu geraten, ist leider ziemlich leicht. Denn das Meer mit seinen Strömungen wird gern **unterschätzt.** Auch wenn das Wasser ruhig erscheint, tut sich unter der Oberfläche eine Menge. Deshalb ist es wichtig, die **aktuellen Tidenzeiten** zu kennen. Es ist (überlebens-)wichtig, die örtlichen Verhältnisse genau abschätzen zu können, um gar nicht erst in eine Gefahrensituation zu kommen. Wer nicht schwimmen kann, geht am besten nur bis zum Bauch ins Wasser. Aber auch wenn man schwimmen kann und zu weit hinauskommt, besteht die Gefahr, in den **Sog der Gezeiten** zu geraten. Dann ist es aber in der Regel zu spät, denn gegen die starken Strömungen im Wattenmeer lässt sich oft nicht mehr anschwimmen. Man wird unweigerlich mitgetragen und kann **weit auf das offene Meer** gelangen. Dort ist die Überlebenschance gering, selbst an warmen Tagen beträgt die **Überlebenszeit** maximal **sechs bis zwölf Stunden.**

Schwimmen geht der Urlauber deshalb am besten an einem der **bewachten Abschnitte** der ausgewiesenen Badestrände beim Dorf und beim Loog. Die Rettungsschwimmer der DLRG halten während der Saison Wache, beobachten die Badenden und nutzen zur Ansprache auch das Megafon, um auf Gefahrensituationen aufmerksam zu machen. Diese Ansagen sollten befolgt werden.

Eine weitere Gefahr sind **Krämpfe** in Füßen oder Beinen, die einen in jedem Moment ereilen können. Das beste Mittel in einer solchen Situation ist die **Rückenlage,** aus der versucht werden kann, das betroffene Bein auszustrecken und durchzudrücken. Wenn man es schafft, die Zehen mit den Fingern in Richtung Kopf heranzuziehen, ist der Krampf bald vorbei. Falls das nicht gelingt, hilft nur **Winken und Rufen,** um auf sich aufmerksam zu machen und Hilfe zu holen. Auch in der Nordsee gibt es **Quallen.** Einige von ihnen verursachen juckende Ausschläge, sofern man mit ihren Nesselfäden in Berührung kommt. Diese sind im Wasser kaum zu sehen, und selbst wenn die Quallen tot am Strand liegen, können sie bei der Berührung noch einen brennenden Hautausschlag auslösen. Deshalb sollte am besten jeder Hautkontakt vermieden werden. Besonders aggressiv reagiert die Haut auf das Sekret der **Kompassqualle** sowie der **Gelben** und **Blauen Haarqualle,** auch Nesselqualle genannt. Die Quallen haben einen Durchmesser von 30 bis 50 Zentimetern, aber ihre Nesselfäden sind deutlich länger. Also besser um Quallen einen weiten Bogen machen, Abstand halten und keinesfalls anfassen!

Ein zu langer Aufenthalt im Wasser kühlt aus – erkennbar ist das an **blauen**

Quallenstiche versorgen

UNSER TIPP: Sollte es einmal zu einer schmerzlichen Begegnung mit einer **Qualle** kommen, gilt es, umgehend das Wasser zu verlassen und die Stelle mit reichlich nassem Sand abzureiben, dann passiert meist nicht so viel. Notfalls lässt sich Seewasser nehmen, um den Sand nass zu machen, jedoch **keinesfalls Süßwasser.** Ausgezeichnete Abhilfe schafft **Essig,** ein Fläschchen im Strandgepäck schadet nicht, ansonsten findet sich hoffentlich eines bei der Badeaufsicht. Wenn nichts anderes zur Hand ist, lässt sich im Notfall auch **Urin** einsetzen. Wer vorbeugen will, kann auch **Rasierschaum** im Badegepäck mit sich tragen. Dick auf die betroffene Stelle aufgetragen, hilft er dabei, die Schmerzen zu lindern.

Lippen. Aber auch ein langer Winterspaziergang bei Minustemperaturen oder viel Wind kann zur **Auskühlung** führen. Dagegen hilft nur, sich in eine warme Decke zu kuscheln und Wärme von innen zu erzeugen. **Alkohol** ist in diesen Momenten **kein gutes Rezept.** Beim Trinken wird zwar ein wärmendes Gefühl erzeugt, der Schein trügt jedoch. Durch den Alkoholgenuss öffnen sich die Hautporen, was zu weiteren Wärmeverlusten führt. Innere Wärme wird am besten mit einem **Heißgetränk** erzielt.

› Spaziergänge barfuß entlang der Wasserkante regen den Kreislauf an

Meer und Gesundheit

Durch die besonderen klimatischen Bedingungen in Verbindung von Sonne, Salzwasser und Wind entsteht auf Juist ein das Immunsystem anregendes **Reizklima.** Bei einem Spaziergang in der Brandungszone des Meeres ist die Luft voller **Aerosole,** das sind mikroskopisch kleine Meerwassertröpfchen, die reichlich Jod, Magnesium und Salz enthalten. Die Gischt wirkt wie eine Inhalation, die Atemwege werden frei, und man kann richtig tief durchatmen. Viele Erkrankungen, besonders im Bereich der Atemwege und der Haut, lassen sich durch einen Inselaufenthalt spürbar lindern. Aber natürlich wissen auch andere Gäste dieses spezielle Klima an der Nordsee sehr zu schätzen.

Die **Luft** auf Juist ist besonders an der Westküste **pollenarm** und **aerosolhaltig.** Dank des ständigen Seewinds und der Inselposition ist die Luft reiner als die des Festlands und insbesondere für Pollenallergiker gesund. Auch der rhythmische Wechsel von Aktivität im Freien und Ruhephasen hilft erschöpften Menschen dabei, wieder mehr Kraft für den Alltag zu gewinnen. Der positive Einfluss der Seeluft kann zur **Steigerung der Leistungsfähigkeit** beitragen. Meist ist der Nachtschlaf durch das gesunde Klima und den fehlenden Großstadtlärm auch besser und länger. Die gesundheitsfördernden Aspekte sind durch wissenschaftliche Studien belegt.

Juist ist **nahezu autofrei,** nur wenige Fahrzeuge wie Feuerwehr und Rettungswagen sind erlaubt. Juist ist eine Insel, auf der sich gut **Fahrrad** fahren lässt, auch wenn es eigentlich nur eine Straße zwischen Ost und West gibt. Durch die vielen E-Bikes ist das inzwischen auch bei Gegenwind kein Problem mehr. Die meisten Fahrradverleihe haben diese inzwischen im Angebot. Bewegung an der frischen Luft, sei es zu Fuß oder mit dem Fahrrad, hat einen nachgewiesenen gesundheitsfördernden Aspekt. Dieser wird auch für die Thalasso-Kuren genutzt.

Die Thalasso-Therapie

Neben dem Angebot in Kurkliniken gibt es weitere Möglichkeiten, die Kraft aus dem Meer als natürliches Heilmittel zu nutzen. Der Name *Thalasso* leitet sich aus dem Altgriechischen Wort *Thalassa* ab und bedeutet **Meer.** Schon 3000 Jahre v. Chr. waren Algen- und Meerwasserkuren in China bekannt. Ab 1500 v. Chr. behandelten die Ägypter mit Badekuren und in der Antike von 800 v. Chr. bis 600 n. Chr. nutzten Griechen und Römer die heilende Kraft des salzigen Meerwassers. Auch der Schweizer Arzt *Paracelsus* (1493–1541) erzielte beachtliche Erfolge mit seinen Wassertherapien, und 1750 heilte der englische Arzt *Richard Russel* (1687–1759) mit Meerwasser Hauterkrankungen. Aber erst mehr als 100 Jahre später, im Jahr 1867, prägte der französische Arzt *Joseph La Bonnardière* erstmals den Begriff Thalasso-Therapie mit seiner Doktorarbeit.

Meerwasser hat dieselben Inhaltsstoffe wie unser Blutserum, nur in einer anderen Konzentration, deshalb können wir alles aus dem Meer innerlich und äußerlich sehr gut aufnehmen. Hauptanwendungsbereiche sind **Atemwegserkrankungen, Hautkrankheiten** und

102j_mna

Das Silber der Meere

Im Norden Deutschlands ist Matjes nicht wegzudenken und wird überall angeboten, ob im Restaurant oder im Brötchen am Imbiss. Für viele gehört er zum Urlaub einfach mit dazu. In Deutschland werden **jährlich rund eine Million Filets** verzehrt. Doch was ist Matjes überhaupt?

Um Matjes herzustellen, benötigt man **frischen Hering,** der noch nicht geschlechtsreif ist, also bis maximal drei Jahre alt. Er wird im Mai/Juni gefangen, die Fische müssen sich mit tierischem Plankton das nötige Fett angefressen haben, dann ist das Fischfleisch an den Bauchseiten rötlich gefärbt. Wann der richtige Zeitpunkt ist, entscheiden das Wetter und Probefänge. Ist es kalt, beginnt die Fangsaison später. Noch an Bord werden die Heringe **eingesalzen** und für fünf Tage **eingelegt.** Die Enzyme der Bauchspeicheldrüse und das Salz setzen einen **Fermentierungsprozess** in Gang, der Fisch „reift" für fünf Tage und wird dann tiefgefroren nach **Holland** verschifft.

In den dortigen Fischfabriken werden die Heringe filetiert, Köpfe, Organe und die Haut entfernt. Anschließend erfolgen die Portionierung und das Verpacken der Ware. Die anschließende Weiterverarbeitung nach eigenen Rezepten übernehmen der **Fischhändler** oder der **Konservenproduzent.** Es gibt unzählige Zubereitungsmethoden. Im Restaurant wird Matjes

122am_mna

meist **„nach Hausfrauenart“**, also in einer Apfel-Zwiebel-Gurken-Sahne-Marinade mit Kartoffeln, oder **„klassisch“** als warme Mahlzeit mit Speckbohnen, Kartoffeln und Zwiebelmatjes angeboten. Besonders lecker dazu sind Kartoffeln der Sorte „Allians“, der Nachfolgerin der „Linda“ und „Belana“. Wer den Fisch lieber kalt mag, genießt ihn **auf Schwarzbrot, im Brötchen mit Zwiebeln** oder eingelegt als Sherry- oder Kräutermatjes. Im Fischfeinkostgeschäft gibt es verschiedene Matjessalate, fast jeder Betrieb hat sein eigenes „Geheim“-Rezept. Man kann aber auch einfach mal selbst herumexperimentieren. Weil der Fisch einen guten Grundgeschmack hat, lässt sich nicht viel falsch machen, wenn der Matjes kleingeschnitten mit Roten Beten, Zwiebeln und Mayonnaise oder mit Tomaten-, Gewürzgurken- und Zwiebelwürfeln in Essig-Öl-Marinade angemacht wird.

Der Matjes in Zahlen

- nur etwa 0,1 % der Heringslarven wachsen heran, bei 50.000 Eiern eines Weibchens pro Saison sind das gerade mal 5000
- 14 % des jährlichen Pro-Kopf-Verbrauchs in Deutschland entfallen auf Heringskonserven und marinierte Heringe, das sind etwa zwei Kilogramm pro Person
- 15–20 % Fettgehalt muss der Hering für den Matjes enthalten
- 90 % der deutschen Hering-Quote werden mit Schiffen aus Bremerhaven gefangen

[<] Ausgenommene Heringe unter und auf Eis

Herz-Kreislauf-Probleme. Die Behandlungstherapie erfolgt mit kaltem oder warmen Meerwasser, Meerluft, Sonnenlicht, Algen- und Schlickpackungen oder Sand-Peelings. Die Thalasso-Therapie ist eine ganzheitliche Therapiemethode, die aus der Klimatherapie, Badekuren, Physiotherapie, medizinischen Anwendungen und psychologischen Therapie-Elementen besteht, die individuell nach Bedarf zusammengestellt werden. Entscheidend für den Erfolg einer Behandlung ist ihre Dauer. Ein anhaltender Effekt entsteht erst nach sieben bis neun Tagen.

Wichtige Voraussetzungen sind **Aktivitäten an der frischen Seeluft,** mindestens drei bis fünf Stunden sollten es täglich sein, und die Dosis sollte mit jedem Tag gesteigert werden. Wenn dabei die Nase läuft, ist das sogar richtig gut, denn die Nasenschleimhaut wird dadurch gereinigt. Bei der **Thalasso-Klimatherapie** geht es um die gezielte **Abhärtung** in Form von Luft-, See- und Sonnenbädern. Sie lässt sich in jedem Alter anwenden, allerdings darf man nicht herzkrank sein. Zu Beginn werden die Aufenthalte in der Brandungszone des Strands nach und nach gesteigert. Man beginnt mit kurzen Spaziergängen, später folgen Wanderungen und Luftbäder. Bei den **Luftbädern** gilt es, pro Tag auf ein Kleidungsstück zu verzichten und sich so abzuhärten. Denn bei vielen Menschen **fehlen** regelmäßige **Kältereize,** das macht sie anfälliger für Infektionen. Im Winter dürfen Schuhe, Mütze und Handschuhe anbehalten werden. Durch den **Wechsel von Frieren und Bewegung** lernt der Körper wieder, die Kältereize auszuhalten. Die Dauer der jeweiligen Anwendung hängt von der individuellen Konstitution ab. Zum Beispiel lässt man am ersten Tag beim Strandspaziergang die Jacke für einige Zeit weg. Wenn man sich entkleidet, fängt man an zu frieren und bewegt sich dann, um sich warm zu halten. Irgendwann kommt das zweite Frieren – das äußert sich bei jedem unterschiedlich. Das **zweite Frieren** ist in der Klimatherapie das Wichtigste. Man erkennt das an Symptomen wie blaue Lippen, weiße Finger, steife Gelenke, Muskelzittern oder Zähneklappern. Es ist das Zeichen, dass der Körper es nicht allein schafft, sich warm und die Körperkerntemperatur aufrechtzuerhalten. Erst beim zweiten Frieren darf man bei der Klimatherapie seine Jacke wieder anziehen. Man muss also seine **Komfortzone verlassen,** um sein **Immunsystem zu stärken.** Die Klimatherapie setzt bewusst darauf, dass wieder **mehr Körperbewusstsein** entwickelt wird. Am zweiten Tag lässt man dann Jacke und Hose weg, am dritten Tag nimmt man ohne Jacke und Hose ein Fußbad im Meer, am vierten Tag ein Beinebad und am fünften Tag taucht man komplett ins Meerwasser ein – die Schnappatmung dabei ist ganz normal. Hält man 40 Sekunden aus, bauen sich **Endorphine** auf und Glücksgefühle stellen sich ein. Die Kältereize sorgen für eine **Stärkung des Immunsystems,** das Herz-Kreislaufsystem und der Stoffwechsel werden angeregt und der Körper verbrennt mehr Fett. Wer also auch im Winter leicht bekleidete Menschen am Strand oder beim Baden im Meer sieht, beobachtet mit relativ großer Sicherheit die **Teilnehmer einer Thalasso-Klimatherapie.** Und wer selbst einmal die wohltuende Wirkung des Meeres unter kundiger Anleitung an sich ausprobieren möchte, wendet sich am besten an die Klimatherapeuten und Thalasso-Experten im **TöwerVital.** Sie beraten die Gäste gern dabei, individuelle Anwendungen zu finden.

126j_mna

Die richtige Ausrüstung zum Wattwandern

Denken Sie daran, nur mit Wattführer zu gehen und gegebenenfalls Ihr **Handy** und **Fotoapparate** in eine **Tüte** oder ein **wasserdichtes Behältnis** zu packen, z. B. eine Frühstücksdose. Falls man versehentlich ins Straucheln gerät, ist die Technik so vor Nässe geschützt. Folgendes sollten Sie auf einer Wattwanderung dabeihaben:

- Oberbekleidung: **im Sommer** Windstopper-Kleidung und Regenjacke, im offenen Wattenmeer weht gern eine „steife Brise", und manchmal wird man auch von einem Regenschauer überrascht; **im Winter:** wasserdichte warme Jacke, ggf. Warnweste
- **Im Sommer:** Shorts, Bermudas oder ¾ lange Hosen zum Aufkrempeln, lange Hosen sind ungeeignet; **im Winter:** Wathosen (Fischerei-/Anglerbedarf)
- **Im Sommer** Kopfbedeckung wie Kappe oder Tuch, besonders bei Sonnenschein; **im Winter** Schal, Mütze und Handschuhe nicht vergessen; ggf. wasserdichte Arbeitshandschuhe mit dünnen Unterziehhandschuhen
- **Sonnenmilch** und ggf. **Lippenschutzstift** mit hohem Lichtschutzfaktor zum Schutz vor Sonnenbrand besonders im Sommer, die Strahlung ist aufgrund des reflektierenden Wassers im Watt besonders intensiv; im Winter zusätzlich ggf. Cold-Creme und Fettstift für die Lippen
- **Sonnenbrille**
- Ausreichend **Getränke** mitnehmen, besonders im Sommer
- **Fotoapparat** (wasserdicht verpackt); Akkus im Winter am Körper tragen, dann hält die Ladung länger
- **An den Füßen:** im Sommer ggf. Surf-, Bade- oder Tauchschuhe; im Winter Wathosen; Gummistiefel sind oft ungeeignet, sie saugen sich fest; mit dem Wattführer klären, was am besten geeignet ist
- **Sonstiges:** Brillenputztuch für Brille oder Fotoapparat, Taschentücher

Keine Experimente im Watt!

Das UNESCO-Weltnaturerbe Wattenmeer lädt zwar zu Erkundungen ein, aber **Wattwanderungen** sollte man **nicht auf eigene Faust** unternehmen. Zu groß ist die Gefahr, bei auflaufendem Wasser oder Seenebel die Orientierung zu verlieren. Die Gefahr wird leicht unterschätzt, denn die großen Wattflächen sehen besonders im Sonnenschein friedlich und harmlos aus. Steigungen oder Gefälle lassen sich aufgrund der Perspektive nicht erkennen. Dennoch kann auf dem Rückweg der vormals flache Priel wegen des auflaufenden Hochwassers unpassierbar geworden sein. Es besteht also immer die Gefahr, vom Wasser eingeschlossen zu werden. Wer einmal

◁ Die gesamte Luft über der Insel ist von gesunden Aerosolen gesättigt

erlebt hat, wie unglaublich schnell sich dichter Seenebel entwickeln kann, weiß, dass dann keine Orientierung mehr möglich ist. Deshalb bitte nur **mit ausgebildeten und ortskundigen Wattführern** in den Schlick wandern. Die geführten Wattwanderungen bieten zusätzlich viele interessante **Informationen,** die sehr nützlich für das bessere Verständnis eines der artenreichsten Lebensräume der Welt sind. Ob man auf einer Wattwanderung barfuß geht oder Surf- bzw. Tauchschuhe oder Gummistiefel anzieht, ist abhängig von der Bodenbeschaffenheit. Darüber sollte man sich bei der Anmeldung beim Wattführer informieren. Schuhe und Stiefel können sich im Schlick regelrecht festsaugen und bleiben dann stecken. Besondere Vorsicht ist vor scharfkantigen Muscheln und Austernschalen geboten – wobei die Wattführer ihre Touren so aussuchen, dass sie solche Gebiete möglichst umgehen.

Wattwanderung auf Juist

UNSER TIPP: Der Juister **Wattführer** *Heino Behring* hat eine spezielle Wattwanderung im Programm, die die **Gefahren des auflaufenden Wassers bei Flut** sehr anschaulich macht. Wie schnell das Wasser von allen Seiten kommen kann, wird hier zum echten Erlebnis, ist aber Dank Heinos vorausschauender Planung ungefährlich. Die Teilnehmer werden danach dem Meer sicherlich mit mehr **Respekt** begegnen. Informationen, Termine und Anmeldung über Heino Behring, Tel. 0171 5225850, E-Mail heino-juist@t-online.de, www.heino-juist.de sowie die JuistApp und den Veranstaltungskalender Strandlooper. Die Führung dauert drei bis vier Stunden und kostet 50 € pro Person.

Die Wasserfläche der See reflektiert Sonnenlicht und UV-Strahlung und verstärkt so die Wirkung, Sonnenschutz ist unverzichtbar

187j_mna

Licht und Schatten

Wer an die See fährt, will in den meisten Fällen **Sonne tanken.** Natürlich lassen sich auch bei sonnenlosem Wetter schöne Inselferien verleben. Aber mehr Spaß macht es schon, wenn die Sonne scheint. Es ist kein Geheimnis, dass das **UV-Licht** die Haut altern lässt. Das ist bei notorischen Sonnenanbetern gut zu erkennen, aber auch bei Menschen, die täglich im Freien schwere Arbeit verrichten. Früher sprach man von „vornehmer Blässe“ bei Personen, die nicht im Freien arbeiten mussten. Schon ein schlichter Sonnenbrand bewirkt innerhalb von drei Tagen eine Alterung der Haut um ein halbes Jahr. Wer sich regelmäßig zu viel Sonne aussetzt, hat auch ein höheres Risiko, an **Hautkrebs** zu erkranken. Besonders **Sonnenbrand** ist ein echter **Risikofaktor.** Für die Haut ist es besser, sich häufiger, aber nur kurz in der Sonne aufzuhalten als über einen längeren Zeitraum. Gerade junge Menschen haben eine sehr empfindliche Haut, die UV-Strahlen stärker durchlässt und sie dadurch langfristig schädigt.

Auch wenn die Freude am Sonnenschein bei vielen Menschen groß ist, raten Mediziner dazu, das Sonnenbaden **behutsam** anzugehen, damit sich die Haut an das Licht gewöhnen kann. Insbesondere in den ersten Tagen des Sommerurlaubs ist es empfehlenswert, sich **nur vor 11** und **nach 15 Uhr** in der Sonne zu tummeln. Am frühen Vor- und späten Nachmittag ist die Strahlung der schädlichsten UV-Variante nämlich wegen des längeren Wegs durch die Erdatmosphäre entscheidend geschwächt. Die übrige Zeit sollte man möglichst im **Schatten** verbringen. Schatten ist überhaupt das beste prophylaktische Mittel. Ein bedeckter Himmel reicht allerdings nicht aus: Er lässt trotz Wolkenschicht immer noch bis zu 80 Prozent der UV-Strahlung durch.

Sonnenschutzmittel mit möglichst hohem Lichtschutzfaktor (LSF) sind ein guter Schutz, sofern sie eine halbe bis dreiviertel Stunde vor dem Sonnenbad gründlich aufgetragen wurden. An ihnen sollte auch nicht gespart werden. Beim Eincremen ist es wichtig, auch die besonders exponierten Ohren und den Haaransatz nicht zu vergessen. Nach einer Empfehlung der EU werden für den richtigen Schutz von Kopf bis Fuß etwa **36 Gramm** benötigt. Mit anderen

188j_mna

Worten benötigt eine **vierköpfige Familie** pro Strandtag **fast eine ganze Flasche Sonnenschutzcreme.** Wasserfeste Sonnenmilch gibt es sogar noch mit LSF 50. Allerdings sollte diese nach dem Baden oder starkem Schwitzen erneut aufgetragen werden, denn auch wenn „wasserfest" auf der Packung steht, verschwindet durch die Feuchtigkeit ein Teil des Schutzes. Interessant ist, dass der LSF nicht linear, sondern exponentiell mit der Auftragsmenge abnimmt. Wer also nur die Hälfte der empfohlenen Menge verwendet, ist nicht etwa halb so gut geschützt, wie auf der Packung steht, sondern deutlich schlechter. Nach acht Stunden ist der Schutz nur noch zu gut 40 Prozent gewährleistet. Für die **Lippen** gibt es zusätzlich spezielle Pflegestifte mit Sonnenschutz, ebenso Schutzsprays für die Haare, damit diese nicht austrocknen. Wenn man beabsichtigt, den ganzen Tag draußen zu verbringen, kann es je nach Sonnenintensität durchaus sinnvoll sein, **passende Kleidung** – die ist inzwischen sogar mit Lichtschutzfaktor erhältlich – und eine **Kopfbedeckung** zu tragen, um einem Sonnenbrand oder einem Sonnenstich vorzubeugen. Das gilt nicht nur für Glatzenträger. Die UV-Strahlen sind nämlich am und im Wasser durch die Reflexion deutlich stärker als anderswo.

Sollte dennoch einmal ein **Sonnenbrand** entstanden sein, hilft es am besten, die betroffenen Hautpartien **zu kühlen.** Ein leichter Sonnenbrand lässt sich gut selbst behandeln, zum Beispiel mit kühlenden Umschlägen wie Quarkwickeln, feuchtigkeitsspendenden Lotionen und Kompressen mit kaltem Wasser. Die Sonne sollte danach jedoch erst einmal für längere Zeit gemieden werden. Ein **starker Sonnenbrand** muss auf jeden Fall **vom Arzt** behandelt werden. Kommt es nach einem Aufenthalt im Freien zu Symptomen wie Kopfschmerzen, Schwindelgefühlen, Übelkeit oder Erbrechen, könnte es sich auch um einen **Sonnenstich** handeln. Darum ist es ratsam, dass besonders Menschen mit wenig, keinem und dunklem Haupthaar zur Vorbeugung in der Sonne eine Kopfbedeckung tragen.

Wenn die Tipps zum Schutz vor der Sonne berücksichtigt werden, steht einem entspannten und sonnigen Urlaub auf Juist nichts im Weg.

‹ Auch am Strand kann es zu schnellen Wetterwechseln kommen

269 1-5
141 1-6
137 1-6
133 1-3
264 1-3
5 395

093j_mna

6

Menschen und Kultur

» Warum sind Insulaner ein besonderer Menschenschlag? Welche teilweise sehr alten Traditionen und Bräuche werden gepflegt und was hat es damit auf sich? Was wird gegessen und getrunken? In welcher Sprache unterhält man sich? All diese Fragen beantworten die nachfolgenden Seiten.

< Innenraum der Inselkirche mit schwebendem Schiff und dem Altarbild aus 36.000 gläseren Mosaiksteinen

Das Wappen der Insel Juist

Das Inselwappen wurde von *Alf Depser* (1899–1990) nach einer Vorlage des **Siegels der Evangelischen Kirchengemeinde Juist** entworfen. Der in Nürnberg geborene deutsche Maler und Grafiker lebte später auf Juist, wo er auch starb. Das blaugrundige Wappen der Inselgemeinde zeigt drei gelbe Dünen auf vier weißen Wellen. In den beiden oberen Ecken befindet sich je ein sechszackiger weißer Stern mit einem kleinen blauen Kreis, was auf die frühere Zugehörigkeit zum Altkreis Norden hinweist. Heute gehört Juist zum **Landkreis Aurich.** Das Wappen ist ein **hoheitliches Wahrzeichen** und unterliegt deshalb erhöhtem Schutz. Es dient der Inselgemeinde zur Außendarstellung und kennzeichnet die Kommune. Das Wappen darf nur mit ausdrücklicher Genehmigung der Gemeinde verwendet werden. Es ist vor dem Juister Rathaus als Bodenbild in den Gehweg gepflastert. Die Flagge der Insel besteht aus drei gleich breiten Querstreifen in Weiß, Blau und Gelb, auf denen das Inselwappen abgebildet ist.

Besonderheiten vor Ort

UNSER TIPP: Die Einheimischen auf Juist **geben sich untereinander meist nicht die Hand.** Dafür kennen sie sich zu gut, und sie begegnen sich oft mehrmals täglich. Es gibt nur zwei Gründe, sich offiziell die Hand zu geben: zum **Gratulieren** und zum **Kondolieren.**

Die Inselbewohner

Wie nennen sich die Menschen, die auf Juist leben? Ein **echter Juister** ist, wer ostfriesisches Platt spricht, dessen Vorfahren von Juist stammen und wer seinen Lebensmittelpunkt und seine Familie auf der Insel hat. Früher musste man auch auf Juist geboren sein, aber da es auf der Insel **kein Krankenhaus** gibt, werden die Kinder in der Regel auf dem **Festland** geboren, weshalb die Geburt auf Juist heute nicht mehr Bedingung ist. Die **zugezogenen ständigen Bewohner hingegen sind „Insulaner".** Wer auf Juist wohnt, hat sich bewusst für das Leben abseits des Festlands entschieden – mit allen Vor- und Nachteilen, die sich daraus ergeben. Der Raum auf einer Insel ist begrenzt und die Lage in der Nordsee bedeutet auch, dass man für vieles wie z. B. für **Facharztbesuche** zum Festland reisen muss. Fragt man die Einheimischen, wird eines schnell deutlich: Man muss mit sich selbst im Reinen sein und mit den anderen weitgehend zurechtkommen. Gibt es **Streit,** kann man sich nicht einfach aus dem Weg gehen, dafür ist Juist zu klein. Man begegnet sich regelmäßig, oft mehrmals täglich. Deshalb müssen **Konflikte und Missverständnisse ausgetragen und geklärt werden.** Das ist nicht immer einfach, aber für die Gemeinschaft besser, denn Klarheit tut gut. Nur Menschen, die sich bewusst auf das Inselleben einlassen und zumindest den guten Willen zeigen, die Sprache verstehen zu wollen und vielleicht auch zu sprechen oder in einem der vielen Vereine mitzuwirken, sind auf Juist wirklich zu Hause. Die Einheimischen erwarten, dass man sich mit der **Inselsprache,** also *Plattdütsk,* auseinandersetzt und auch am gesellschaftlichen Leben teilnimmt. Sind diese Voraussetzungen jedoch erfüllt, wird man schnell in die Gemeinschaft der Inselbewohner aufgenommen.

Die auf den ersten Blick oft eigenwillig und wortkarg erscheinenden Inselbewohner sind oftmals **nett, freundlich und hilfsbereit,** auch wenn sie sich nicht gleich mit jedem anfreunden. Das liegt daran, dass sie seit eh und je auf sich gestellt waren und im Notfall zusammenhalten mussten. **Das eigene Dorf war der Nabel der Welt,** man bekam dort alles, was für das tägliche Leben benötigt wurde. Nur in der Gemeinschaft ließen und lassen sich die teilweise großen Herausforderungen auch heute noch meistern, die Wind, Wetter und die abgeschiedene Lage mit sich bringen. Außerdem kennt man sich im Dorf und im Loog sehr gut, viele Einheimische sind miteinander verwandt oder befreundet. Das ist der Grund dafür, warum die Juister meist nicht viele Worte machen. Sie kommen schnell auf den Punkt, in der Regel wird nach einer **pragmatischen Lösung für Probleme** gesucht. Die Menschen sind die besten Improvisateure, wenn es um schnelle Reparaturen geht. Schließlich gibt es Ersatz oft nur auf dem Festland.

Der **Wohnraum** auf einer Insel ist naturgemäß begrenzt. Aber viele Menschen vom Festland sind auf der Suche nach einer **wertstabilen Immobilie. Die Preise** für Häuser und Grundstücke sind in den letzten Jahren durch Investoren und den Tourismus **sehr stark angestiegen.** Insbesondere im Erbfall führt das zu Problemen, wenn sich die Erben nicht mehr gegenseitig auszahlen können und die Häuser dann oft an betuchte Menschen oder Gesellschaften vom Festland verkauft werden müssen. Die meiste Zeit des Jahres stehen diese Objekte – also Häuser und Ferienwohnungen – dann leer, was besonders im Winter gut zu sehen ist, wenn viele Fenster dunkel bleiben. Diese Entwicklung macht es den Inselbewohnern schwer, **bezahlbaren Wohnraum** zu finden, und schadet leider auch dem dörflichen Miteinander. Inzwischen hat sich deshalb

189j_mna

Das plakative Inselwappen von Alf Depser begrüßt die Inselgäste am ehemaligen Bahnhof

Inselkrimis – Krimiinsel

2001 erschienen **die ersten Kriminalromane, die auf Juist spielen:** „Tatort Töwerland" von *Jan Zweyer* und „Die Sanddornkönigin" von *Sandra Lüpkes*. Die Autorin *Sandra Lüpkes* wuchs auf Juist auf. Gemeinsam mit dem Buchhändler der Insel, *Thomas Koch,* entwickelte sie die Idee, Juist zur **Krimiinsel** zu machen. Um andere Autoren für eine gewisse Zeit auf die Insel zu locken, suchten sie Sponsoren für **Stipendien,** die sie an Schriftsteller zu vergeben planten. Mit der Hilfe von *Jan Zweyer,* der ein großer Liebhaber der Nordseeinsel ist, und dem Kurdirektor *Thomas Vodde* gelang es, 2004 das erste Stipendium durchzuführen. Seinen Namen erhielt das Krimistipendium nach *Zweyers* Roman: „Tatort Töwerland". Die Eröffnungsrede zur Vergabe des ersten Stipendiums hielt die Autorin *Ingrid Noll,* als Stipendiaten kamen in den darauffolgenden Jahren unter anderem *Jürgen Kehrer, Oliver Bottini, Gisa Klönne* und *Su Turhan* nach Juist.

Als Attraktion kam im Herbst 2005 erstmals das **Krimi-Festival „Tatort Töwerland"** hinzu. Bewusst soll den Gästen der Nachsaison noch etwas Besonderes geboten werden. Seitdem lesen auf Juist im Rahmen des Festivals jedes Jahr **fünf deutschsprachige Autoren** aus der Krimiszene aus ihren Büchern vor. Durch diese Aktivitäten wurde auf der Insel „so viel gemordet" wie nie zuvor. Das tut Juists gutem Ruf keinen Abbruch, denn als Strandkorblektüre sind die Krimis sehr beliebt. Die Insel-Buchhandlung hält für die Badegäste eine gute Auswahl der mörderischen Schmöker parat. Erhältlich und empfehlenswert ist auch der Klassiker „Das Rätsel der Sandbank" von *Robert Erskine Childers*. Das Buch erschien **1903** und gilt als einer der ersten Spionagethriller überhaupt. Die Handlung spielt im deutschen Wattenmeer, „die Sandbank" ist die heutige **Vogelinsel Memmert.**

18 **Buchhandlung T. Koch,** Friesenstraße 23, Tel. 04935 8464, www.juist-buch.de.

sogar eine **Wohnungsgenossenschaft** gegründet. Auch die örtlichen Betriebe, die bezahlbaren Wohnraum für ihre Mitarbeiter finden müssen, wenn sie keine Dienstwohnungen oder Zimmer zur Verfügung stellen können, werden mit dieser Situation konfrontiert.

Traditionen, Trachten, Tanz und das gemeinsame Singen haben im Dorfleben der Insulaner einen festen Platz – besonders im Winter, wenn nur wenige Gäste da sind und die Bewohner wieder mehr Zeit für sich und das Vereinsleben haben. Dann trifft man sich, probt und feiert gemeinsam. Der **Heimatverein Juist** hat verschiedene Sparten, darunter die 1956 vom damaligen Insellehrer und Vorsitzenden des Heimatvereins *Willy Troltenier* gegründete Schauspielgruppe „Antjemöh". Das „Theater von Juistern für Juister" sollte ursprünglich zur kulturellen Bereicherung der Inselbewohner beitragen. Seitdem das Haus des Kurgastes die Möglichkeit bietet, nutzt man die dortige große Bühne, um dort auch **plattdeutsche Stücke mit hochdeutschen Rollen** für die Inselgäste aufzuführen. Der Heimatverein stellt ebenfalls die **Trachtengruppe,** die ostfriesische und internationale Tänze zeigt, und sorgt dafür, dass die Inselkinder am 6. Dezember einen „echten" Nikolaus erleben können. Zusammen mit den anderen Juister Vereinen bewacht der Heimatverein im Wechsel alljährlich den Maibaum. Er kümmert sich um das Haus Siebje und organisiert die Jugend-Disco im Haus des Kurgastes. **Weitere Vereine** sind der Segelklub, der Sportverein TSV Juist, der Ortsverein Juist des Deutschen Roten Kreuzes, der Förderkreis Kinder- und Erholungsheim Juist, der Kinner und Lue e. V., der Juister Tennisclub, der Schützenverein und der Verein des Juister Inselmuseums. Alle Vereine und auch die **Freiwillige Feuerwehr** haben durch zahlreiche Auftritte und ehrenamtliche Tätigkeiten einen wesentlichen Anteil am gemeinschaftlichen Inselleben der Einwohner und Gäste. Viele Veranstaltungen könnten ohne ihren Einsatz nicht stattfinden.

Die gemeinnützige **Juist-Stiftung** wurde als Bürgerstiftung gegründet, deren Projekte dem Juister Gemeinwesen dienen sollen. Diese werden zusammen mit Vereinen, Institutionen und Organisationen auf der Insel umgesetzt. **Inhaltliche Schwerpunkte** sind beispielsweise Bildung und Erziehung, Jugend- und Altenhilfe, Kunst, Kultur und Denkmalpflege, Umwelt-, Naturschutz und Landschaftspflege. So initiierte die Juist-Stiftung unter anderem den Aufbau des Memmert-Feuers, organisierte den Fitnessparcours auf dem Janusplatz und kümmert sich um die Pflege des Goldfischteichs.

Zur musikalischen Unterhaltung trägt seit vielen Jahren der **Shanty-Chor** mit

☐ Schon lange Tradition: In der Saison finden auf dem Kurplatz regelmäßig „Töwerkonzerte" statt

104j_ mna

seinen regelmäßig stattfindenden Konzerten bei. In der Inselkirche finden ebenfalls Konzerte statt, dort proben auch der Kirchenchor und die Bläsergruppe. Und auch der **Musikzug der Freiwilligen Feuerwehr** gibt regelmäßige Konzerte, denn er spielt gern bei offiziellen Anlässen wie dem Aufstellen des Maibaums, anlässlich des „lebendigen Adventskalenders" und beim „Tag der Retter".

Viele Inselbewohner arbeiten gerade in den Sommermonaten **ohne Unterbrechung und freie Wochenenden** für ihre Gäste. Spätestens gegen Ende der Saison macht sich die hohe Arbeitsbelastung immer stärker bemerkbar, die Menschen sind dann in der Regel erschöpft. Wenn man dann als Gast eher unfreundlich ist, kommt das Echo gelegentlich deutlich zurück. Begegnet man aber als Gast den Menschen freundlich auf Augenhöhe und behandelt sie mit dem gebotenen **Respekt,** wird man in der Regel auf offene Ohren und große Hilfsbereitschaft stoßen.

Die Friesische Freiheit

Immer wieder versuchten im Laufe der Geschichte Herrscherdynastien, sich die niedersächsische Nordseeküste samt der Inseln einzuverleiben. Aber meistens scheiterten sie oder die Bewohner machten einfach so weiter, wie sie es bisher getan hatten, ignorierten die fremden Gesetze und blieben ihrer Sprache treu. Das war unter **dänischer Herrschaft** nicht anders als unter **französischer** oder **preußischer.** Die Besatzer bissen sich buchstäblich die Zähne aus an dem sehr eigenen Menschenschlag. An der Art und Identität der Insel- und Küstenbewohner zeigt sich, welch starken Einfluss die wechselvolle Geschichte der Region darauf bis heute hat. Und eines ist den Juistern nicht zu lassen: Sie sind stolz darauf, **echte Ostfriesen** zu sein. Sie halten sich auch heute an den Wahlspruch „Eala Freya Fresena", was so viel heißt wie „Seid gegrüßt, ihr freien Friesen", und legen Wert auf ihre mit der Friesischen Freiheit verliehenen **Rechte auf Eigentum, politische Mitbestimmung und persönliche Freiheit.** Diese waren den Ostfriesen bereits Mitte des 9. Jahrhunderts zugestanden worden. Für den Deichbau und die Verteidigung gegen fremde Mächte organisierten sich die Friesen schon im Mittelalter in **selbstständigen Landesgemeinden** mit einem eigenen Rechtssystem und freien Vertretern. Diese trafen sich einmal im Jahr am Dienstag nach Pfingsten mit dem Ziel, Recht und Freiheit für alle Friesen sicherzustellen. Auf den Treffen wurde auch das Zusammenleben innerhalb der Landesgemeinden geregelt und der **„Bund der Freien Friesen"** politisch nach außen vertreten. Ein wie sonst in Europa flächendeckendes feudales Gesellschaftssystem konnte sich hier nicht etablieren, denn die Friesen verteidigten ihren Sonderstatus vehement.

▷ Zum Tag der Stiftungen tanzt die Trachtengruppe des Juister Heimatvereins

Die Juister Tracht

Die Juister Tracht kam irgendwann aus der Mode, niemand trug sie mehr. Doch Anfang der 1980er-Jahre gründete sich eine **Initiative des Heimatvereins,** um die früher übliche Tracht **wiederzubeleben.** Diese ist inzwischen auch von der Ostfriesischen Landschaft, dem Höheren Kommunalverband mit Sitz in Aurich, offiziell als Juister Tracht anerkannt. **Die Männer** tragen eine marine Klapphose, ein gestreiftes Stehbundhemd und darüber eine Weste aus dem gleichen Stoff wie die Hose. Das rote Halstuch, das Mann dazu um den Hals schlingt, wird mit den Enden durch einen Ring gezogen und hält so auch ohne Knoten zusammen. **Die Frauentracht** besteht aus einem wadenlangen Rock und einer Jacke mit Schößchen, deren Stoff nach Originalvorlagen in der Handweberei Fiefschaft in Dornum in den Farben Schwarz mit Dunkelrot, Blaulila und Dunkelgrün hergestellt wurde. Passend dazu wird ein Samthäubchen getragen, ein weißes Schultertuch und weiße Kniestrümpfe runden die Tracht ab. Auf Hut und Häubchen befinden sich die Initialen des Geburtsnamens und eine Pflanze mit Blüten, die auf der Insel wächst, zum Beispiel eine Kartoffelrose, ein Sanddornzweig oder Strandflieder, die sich an den Rändern des Tuchs entlangrankt. Eine Pflanze darf nur einmal vergeben werden, andere Frauen dürfen sie in ihrer Tracht nicht verwenden. Alles ist in **Handarbeit** gefertigt und jedes Kleidungsstück ist ein **Unikat,** heute gibt es wieder etwa 17 Trachten. Seit 1981 werden sie bei offiziellen Anlässen und Auftritten der Trachtengruppe wieder getragen. Zu sehen sind sie z. B. anlässlich der Feierlichkeiten zum 1. Mai, dem Erntedankfest und auf den Inselabenden, wenn folkloristische Tänze aufgeführt werden.

190j_JS

Bräuche und Traditionen

Sitten und Gebräuche

Dass sich in abgelegenen Regionen eigene Sitten und Gebräuche entwickeln können, ist kein Geheimnis. Fast jede Region weist Besonderheiten auf. Die wichtigsten, denen man auf seiner Reise nach Juist begegnen kann, werden hier kurz erklärt.

Ostern wird *Paasken* genannt, die drei Tage von Karfreitag bis Ostersonntag sind die **höchsten Feiertage im christlichen Jahresverlauf.** Traditionell wird in der Dämmerung am Ostersonnabend das *Paaskefüür* (Osterfeuer) entzündet. Schon Wochen vorher sammelt man fleißig Holz und türmt es im Dorf neben dem Memmertfeuer und an der Domäne Loog zu riesigen Haufen auf. Am Samstagabend versammeln sich Dorfgemeinschaft und Gäste um das Osterfeuer. Auf beiden Feuerhaufen ist oben eine **Puppe aus Stroh** befestigt, die stellvertretend für den **Winter** steht und mit dem Feuer verbrennt. Auf diese Art verabschieden sich alle vom Winter und **begrüßen den Frühling.** Die Osterfeuer sollten früher auch die Fruchtbarkeit, das Wachstum und die Ernte sichern, indem ihre Asche verteilt wurde. Gemeinsam verbringen die Menschen heute den Abend mit Bier, Glühwein und Softgetränken, dazu gibt es Gegrilltes, und alle Kinder bekommen ein Osterei. Aus diesem festlichen Anlass ist dann auch das Memmertfeuer geöffnet und darf kostenfrei bestiegen werden. Am Ostersonntag steht dann das **Eiertrüllern** auf dem Programm. Hartgekochte Eier werden von Kindern und Erwachsenen vom Deich oder Steigungen gerollt mit dem Ziel, die Eier möglichst weit und unversehrt nach unten zu befördern. Das gleiche Ziel wird auch beim **Eiersmieten** verfolgt, nur findet der Eierweitwurf auf einer Wiese statt.

Der **Tanz in den Mai** mit dem traditionellen **Aufstellen des Maibaums** ist in ganz Deutschland Tradition. Auf Juist steht dieser Brauch ebenfalls hoch im Kurs. Am Vorabend zum ersten Mai werden auf Juist die Maibäume aufgestellt und bewacht – jedes Jahr von einem anderen lokalen Verein. Der größte Maibaum steht auf dem Kurplatz im Dorf. Es handelt sich um einen langen Pfahl, der mit Tannenzweigen, Birkengrün und bunten Bändern geschmückt wird. Der Maibaum muss die ganze Nacht **bewacht werden,** wobei immer eine Hand eines Insulaners am Baum sein muss, sonst könnte dieser entwendet werden. Sollte ein Diebstahl trotzdem gelingen, muss die bestohlene Dorfgemeinschaft den Baum wieder auslösen, bevor er an seinen ursprünglichen Ort zurückkehren darf. Um 18 Uhr versammeln sich die Kindergartenkinder mit Maistöcken, die Trachtengruppe und der Musikzug der Freiwilligen Feuerwehr am Ortsrand neben dem Deichhotel Rose. Von dort aus startet der kurze Marsch zum Kurplatz. Die **Prozession** wird von einer geschmückten Kutsche angeführt, auf der die Maikönigin mit ihrem Gefolge fährt, das ist immer das älteste Mädchen des Kindergartens. Danach folgt das gemütliche Zusammensein der Insulaner und Gäste, es gibt

108j_lkJ

Bratwurst und Bier. Alle singen **Mailieder,** die Trachtengruppe tritt auf und die Kindergartenkinder tanzen um den Baum. Seit einigen Jahren findet am nächsten Tag **im Loog** eine **Maifeier** statt, die traditionell von der Loogster Interessengemeinschaft organisiert wird. Gäste und Einheimische treffen sich bei **Maibowle,** Bier und anderen Getränken, dazu wird gegrillt. Nachmittags gibt es Tee, Kaffee und selbst gebackene Kuchen. Zur Unterhaltung tragen die Trachtengruppe und der Shanty-Chor bei.

Der **Nikolaus** wird in Ostfriesland *Sünnerklaas* genannt. Wie überall in Deutschland stellen die Kinder am Vorabend zum 6. Dezember einen **Stiefel** vor die Tür und hoffen darauf, dass der Nikolaus diesen mit Leckereien und kleinen Geschenken füllt. Früher bekamen die ostfriesischen Kinder nicht an Weihnachten die meisten Geschenke, sondern an Nikolaus. Damit der Nikolaus beim Verteilen der Geschenke nicht am Haus der Kinder vorbeiritt, legten sie eine **Scheibe Schwarzbrot,** ein **Blatt Grünkohl** oder ein **Stück Kandiszucker** auf die Fensterbank. Heute wird das mancherorts auch noch gemacht, nur befindet sich dann ein Stück Würfelzucker auf der Fensterbank. Heute liegt im Stiefel traditionell ein **„Stutenkeerl",** das ist ein Hefegebäck in Form eines Mannes mit einer Pfeife aus gebranntem Ton und Rosinenaugen. Ursprünglich kam dieser Brauch aus den Niederlanden. Der Heilige Nikolaus ist der **Schutzpatron der Seefahrer** und war daher in den Hafen- und Seefahrergemeinschaften von großer Bedeutung. Auf Juist

Das Tauftuch symbolisiert Gottes Schutz für den jungen Erdenbürger

Die ostfriesische Teezeremonie – ein UNESCO-Weltkulturerbe

Nachdem sich um das Jahr 1720 in Ostfriesland ein nennenswerter **Teehandel** etabliert hatte, gelangte durch den Handel mit dem Fernen Osten auch **Porzellan** nach Europa, das sich besonders zur Zubereitung von Tee und als Trinkgefäß eignet. Berühmt ist besonders das Teegeschirr mit dem Muster „Ostfriesische Rose", ein dünnwandiges und geripptes Porzellan, das man in dieser Region überall sieht. Es bestand früher aus Teebüss, Treckpott und Kopkes (Teedose, Kanne und Tassen).

„Teetrinken heißt, den Lärm der Welt zu vergessen", so lautet ein wahrer Satz. Die mit **Teetied** bezeichnete ostfriesische Teekultur gehört vielerorts zum **festen Bestandteil des Tagesablaufs,** und häufig wird Besuchern als erstes Tee angeboten. Dieser wird mit losen Teeblättern zubereitet, dann kommt ein großes „Kluntje" (ein Stück brauner oder weißer Kandiszukker) in die Tasse und der Tee wird eingegossen. Es knackt dann in der Hitze des Tees ganz leise. Mit einem speziell geformten Löffel, der wie ei-

106j_mna

ne Miniatursuppenkelle aussieht, wird entgegen dem Uhrzeigersinn Sahne am Rand der Tasse entlang eingeträpfelt – man will schließlich die Zeit anhalten. Sie sinkt ab und steigt in kleinen Wolken, dem „Wulkje", wieder nach oben. Der Tee wird **nicht umgerührt,** damit mit jedem Schluck ein anderer Geschmack entsteht: Erst kommt als „Vorspeise" die **milde Sahne,** dann **kräftiger Tee** als „Hauptspeise" und zum Schluss die **süße Neige des Kandiszuckers** als „Dessert", quasi ein ostfriesisches Drei-Gänge-Menü. Ist man irgendwo zu Besuch, gießt der Gastgeber automatisch Tee nach. Erst wenn der Teelöffel in die Tasse gestellt wird, ist dies ein Signal des Gastes, dass er keinen Tee mehr haben möchte.

Teetrinken ist gesund, seine anregende und wohltuende Wirkung ist bekannt. Die Aminosäuren im Tee stimulieren das menschliche Immunsystem. Da sich die Teezeremonie in Ostfriesland als „identitätsstiftende Kulturpraxis" etabliert hat, gehört sie seit 2016 zum **immateriellen UNESCO-Weltkulturerbe.** Wohin man auch kommt, dem Besucher wird fast immer Tee angeboten. Er gehört in Ostfriesland einfach überall wie selbstverständlich zum täglichen Leben.

◁ Tee mit Wölkchen „im Anflug" – noch sind sie nicht an der Oberfläche, sondern nur im Tee zu erahnen

kommt der Nikolaus am Vormittag des 6. Dezembers in einer Pferdekutsche und fährt vom Kindergarten und von der Schule zum Rathaus, wo er vom Bürgermeister empfangen wird und diesem **Verbesserungsvorschläge** überreicht. Danach führt sein Weg ins Nationalpark-Haus. Dort tragen die Kindergarten- und Schulkinder Gedichte und Lieder auf. Zum Schluss erhalten alle Kinder als Belohnung einen Stutenkeerl.

Eine jüngere Juister Tradition ist die **Taufe am Strand.** Die Kinder werden in der Gemeinde der Inselkirche in einem **Tauftuch** mit einem Durchmesser von etwa zwei Metern gewiegt. Das Tuch wurde vor vielen Jahren von Konfirmanden genäht und mit Applikationen zum Thema Taufe verziert. Nach der Taufe werden der **Name** des darin getauften Kindes und das **Taufdatum aufgestickt.** Die Taufe im Tuch soll versinnbildlichen, dass das Kind in Gottes Hand wohlbehütet ist. Gesungen wird zur Taufe das Lied „Er hält die ganze Welt in seiner Hand", es handelt sich um eine freie Übersetzung des Gospel-Songs „He's got the whole world in his hand". Da es sowohl eine einfache Melodie als auch einen einfachen Text hat, können das Lied auch kleinere Vorschulkinder singen, die noch nicht lesen können. Es ist eines der beliebtesten Stücke zu Taufgottesdiensten, und das nicht nur auf Juist.

Juistine – die Tote vom Nordseestrand

Am 14. November 2001 spülte das Meer **eine unbekannte Tote** an Juists Strand. Die Polizei stand vor einem Rätsel. Der Abgleich mit den deutschen Vermisstenregistern brachte kein Ergebnis. Die Anfrage bei Interpol wurde nicht bearbeitet, weil nach dem Attentat auf die Twin-Towers in New York die Suche nach Al-Qaida-Kämpfern absolute Priorität hatte. Schließlich fand die Frau unter dem Namen *Juistine* auf dem **Dünenfriedhof** ihre letzte Ruhestätte.

Doch Kriminalkommissar *Michael Scheffer* aus Norden, der den Fall bearbeitete, ließ das keine Ruhe. Er sagte sich, dass Juistine Familie und Freunde haben müsse, die sie vermissten und sicherlich Klarheit haben wollten. So überlegte er, wie sich auf anderem Wege die Frau identifizieren ließe. Ihre Kleidung der Marken BHS und Marks & Spencer ließ darauf schließen, dass es sich um eine **Britin** handeln könnte. Daraufhin bat *Scheffer* die englische Presse um Mithilfe.

Als *Emiliy Quin* die Berichte über die unbekannte Tote in der deutschen Nordsee las, horchte sie auf. Ihre Mutter war zuletzt am 11. Oktober in **Great Yarmouth** gesehen worden, bevor sie spurlos verschwunden war. Und sie hatte solche Bekleidung, wie sie in den Presseberichten beschrieben worden war, besessen und auch braune Velourlederschuhe getragen. Eine DNA-Probe und das Zahnprofil der Unbekannten brachten die Gewissheit. Sie konnte eindeutig als *Avril Quin* identifiziert werden. *Emily* berichtete, dass ihre 54 Jahre alte Mutter in den Wochen vor ihrem Verschwinden äußerst niedergeschlagen war, der Tod ihrer eigenen

107j_mna

Mutter hatte sie sehr bedrückt. Ob sie sich selbst das Leben genommen hatte oder auf dem steilen Küstenpfad, den sie so gern entlang ging, ausgerutscht und ins Meer gefallen war, konnte nicht ermittelt werden.

Für *Emily* und ihren älteren Bruder *Stuart* waren viele Monate der Ungewissheit über das Schicksal ihrer Mutter beendet und sie entschieden sich, nach Juist zu fahren und sich die **Grabstelle ihrer Mutter** anzuschauen. Als sie den **Dünenfriedhof** sahen, beschlossen beide, dass ihre Mutter dort bleiben solle. „Es hätte ihr hier gefallen, so mitten in den Dünen in der Natur", sagten sie. Der Dünenfriedhof sei der schönste, den sie je gesehen hätten. So bekam *Avril Quin* aufgrund der hartnäckigen Suche eines deutschen Kriminalkommissars ihren Namen zurück, und ihre Familie hatte die Mutter wiedergefunden.

Der **Dünenfriedhof** wurde 1936 angelegt. Hier befindet sich auch das Ehrengrab des Malers und Mitbegründers der Schule am Meer und „Vaters" des Küstenmuseums im Loog (heute: Inselmuseum): *Fritz Hafner* (1877–1964). Eine Stele der Juist-Stiftung dient dem Gedenken der auf See bestatteten Toten. Die kleine Anlage am östlichen Ende des Dorfs ist aufgrund ihrer **besinnlichen Atmosphäre** einen kleinen Abstecher wert.

◁ Das Grab von Juistine auf dem Dünenfriedhof

Regionale Sportarten

Das **Boßeln** ist Ende des 19. Jahrhunderts aus dem **Klootschießen** hervorgegangen. Klootschießen ist die älteste Disziplin im Friesensport, auch *Klootscheten* genannt. Seine Ursprünge liegen vermutlich in einer alten Verteidigungstechnik, bei der man die Gegner mit Kluten (Lehmklumpen) bewarf. Die friesischen Kämpfer waren dafür bekannt und gefürchtet. Das Sportgerät ist die Holzkugel „Kloot", deren Kern mit Blei gefüllt ist.

Voraussetzung für die Ausübung des Boßelns sind **befestigte Straßen,** und die gibt es auch auf Juist. Nicht nur dort wird geboßelt, sondern die Sportart ist an der ganzen Küste und im Binnenland des Nordens beliebt. In verschiedenen Varianten wird sie in ganz Europa oder weltweit in Regionen ausgeübt, in denen sich Auswanderer niedergelassen und diesen Sport mitgebracht haben. Hier ist das Ziel, eine Kugel aus Hartholz, Kunststoff oder Gummi möglichst weit und mit so wenigen Würfen wie möglich über eine vorher festgelegte Strecke zu werfen. Es treten immer zwei Mannschaften mit vier, acht oder 16 Werfern gegeneinander an. Ein guter Wurf kann **bis über 300 Meter** reichen, denn hier wird das Ausrollen der Kugel mit zur Weite gezählt. Da im Norden beidseits der Straßen häufig Entwässerungsgräben liegen, die sogenannten **Sloote,** kann eine Kugel auch schon mal im Wasser landen. Sie wird dann mit dem **Söker,** einem Boßelkugelfangkorb aus dem Wasser gefischt. Rund 40.000 Menschen in Ostfriesland und im Oldenburger Land üben diese Sportart heute aktiv aus.

Speisen und Getränke

Kulinarisch geht es in der Juister Küche wie auch sonst in Ostfriesland heute noch meist **bodenständig** zu, und es werden die **Lebensmittel der Region** sowie **der jeweiligen Saison** bevorzugt. Deftig und reichlich waren die Speisen früher, schließlich sollten sie die Menschen nach schwerer körperlicher Arbeit satt machen. Sättigende **Eintöpfe** mit einem Stück Speck als Einlage waren üblich. Milch und Kartoffeln standen das ganze Jahr zur Verfügung, ansonsten variierten die Speisen und hingen insbesondere früher davon ab, was **Garten und Meer** so hergaben. Für die langen Wintermonate legte man Vorräte an, die auf verschiedenste Art und Weise haltbar gemacht worden waren. Es gab **Eingekochtes** und **Getrocknetes, Kohl** und **Wurzelgemüse** hielten sich ohnehin bei richtiger Lagerung recht lang, vor allem natürlich, wenn sie fermentiert waren. Täglich gab es **Schwarzbrot mit Butter,** selten Graubrot und nur sonntags manchmal Weißbrot. **Fisch und Krabben,** *Granat* genannt, kamen häufiger auf den Tisch, **Fleisch** gab es selten, Zucker und Süßigkeiten ebenfalls. Heute ist durch das ganzjährige Angebot im Supermarkt die Küstenküche natürlich vielfältiger geworden. In vielen Restaurants stehen die traditionellen Rezepte jedoch nach wie vor auf der Speisekarte, auch wenn sie teilweise modern interpretiert werden. Das hat auch seinen Grund: Sie sind lecker.

An der Küste wurde schon immer **Fisch** in allen Formen gegessen. Die Fänge stammten in der Vergangenheit meist aus Reusen oder Fischgärten, die im Wattenmeer ausgelegt und aufgestellt waren. Im Frühjahr und Herbst gab es Schollen, im Sommer Lachs, Butt, Rochen, im Herbst Granat und Aal, im Winter Miesmuscheln und auch getrockneten Fisch, Klippfisch genannt. Dazu wurden Schollen, Scharben, Schellfisch und Kabeljau ausgenommen, gesäubert und im Freien auf Holzgestellen getrocknet. So war er lange haltbar. Zur Zubereitung musste man den Fisch über Nacht einweichen und ließ ihn nach dem Abgießen in etwas Wasser gar ziehen. Heute ist Fisch nach wie vor **fester Bestandteil des Speiseplans,** auch wenn er teuer geworden ist und die Fangquoten begrenzt sind. Wer seinen Fisch guten Gewissens genießen möchte, sollte auf Sorten zurückgreifen, die nicht gefährdet sind. Der **WWF** veröffentlicht regelmäßig einen **Fischratgeber,** der sich auch als App aufs Handy laden lässt. Er gibt Empfehlungen, welchen Fisch man bedenkenlos essen kann, ohne die Bestände zu gefährden.

Im Frühjahr beginnt die **Saison für Nordseekrabben,** die eigentlich Garnelen heißen. Mit „Krabben" bezeichnet man im engeren Sinne Krebse. Die frisch gefangenen Tiere werden noch an Bord der Fangschiffe in Meerwasser gekocht, erst dadurch bekommen sie ihre charakteristische Rotfärbung. Man kann frische Garnelen fertig gepult oder mit Schale kaufen (1 kg ergibt gepult etwa

350–400 g Krabbenfleisch). Zum Pulen nimmt man den Garnelenkopf zwischen Daumen und Zeigefinger der einen Hand, fasst das Ende mit der anderen Hand und dreht beide Enden vorsichtig wie bei einem Bonbon so lange gegeneinander, bis die Schale bricht und man die eine Schalenhälfte abziehen kann. Der Rest lässt sich dann leicht aus der anderen Hälfte herausziehen. Am besten schmecken frisch gepulte Krabben auf einer Scheibe Schwarzbrot mit Butter oder einem Butterbrötchen. Leider sind die **Krabbenbestände** seit Jahren **rückläufig,** und es gibt sehr viel Beifang beim Fischen. Man sollte Krabben als **Delikatesse** betrachten und selten essen. Besser sind frische Krabben, von abgepackter Ware sollte man aus ökologischer Sicht lieber Abstand nehmen. Sie werden häufig in Nordafrika gepult und haben bereits eine lange Reise im Lkw hinter sich. Regional ist das dann nicht mehr und ökologisch keinesfalls sinnvoll.

Besonders im Frühsommer ist für **Matjes** Hochsaison, am berühmtesten ist wohl der **Emder Matjes.** Ende Mai bis Anfang Juni werden noch nicht geschlechtsreife **Heringe** gefangen, ausgenommen und in Salzlake durch Fermentierung gereift. So entsteht ihre besonders zarte Konsistenz. Die Spezialität Matjes wird im Norden in verschiedenen Variationen auf den Speisekarten angeboten, sei es als kalter **Heringsstipp „nach Hausfrauenart"** mit einer klassischen Sahnesoße mit Äpfeln, Zwiebeln und Gewürzgurken zu heißen Pellkartoffeln oder mit Bohnen, Kartoffeln und Zwiebelringen. Das gestaltet sich auf Juist nicht anders als auf den Nachbarinseln und an der gesamten Küste. Im traditionellen Gericht **Labskaus** wird Matjes zusammen mit Kartoffelstampf, Roter Bete, Fleisch und Petersilie mit Spiegelei und Gewürzgurke serviert. Auch als Matjessalat gibt es zahlreiche abwechslungsreiche Zubereitungen mit Roter Bete und Mayonnaise oder mit Tomaten, Gurken und Zwiebeln, fast jeder hat sein eigenes Familienrezept.

Da die Deiche an der niedersächsischen Küste von **Schafen** gepflegt werden, gibt es auch auf Juist viele Rezepte für die Zubereitung von **Lammfleisch.** Klassisch wird es im Ofen geschmort und mit Bohnen und Kartoffeln serviert. Aber auch hier existieren unzählige Familienrezepte und unterschiedliche Variationen mit verschiedenen Gemüsesorten.

Das Wintergemüse **Grünkohl** wird in der gesamten Region angeboten, meist mit einer Beilage aus Schweinefleisch, geräucherter Mettwurst und Kartoffeln. Dazu werden **scharfer Senf** gereicht und Bier sowie der ein oder andere Schnaps ausgeschenkt, denn das Gericht ist deftig und fettreich. Grünkohl wird normalerweise erst nach den ersten Frösten und den ganzen Winter über geerntet. Der Volksmund bezeichnet ihn gern scherzhaft als **„Ostfriesenpalme".** Wer das Gericht noch nicht kennt und in den Wintermonaten an der Küste weilt, sollte diese Speise unbedingt einmal selbst probieren. **Gemüse** wird in der Küstenküche oft zu einem kräftigen Eintopf verarbeitet oder aber gekocht mit (Milch-)Soße und Fleischbeilage serviert. Als Beilage gibt es in der Regel **Kartoffeln.** Nudeln und Reis haben in Norddeutschland keine Tradition. Kartoffeln gibt es in vielen Variationen, ob als Suppe, mit Birnen oder Äpfeln, als Kartoffelbrei oder als Bratkartoffeln. Kartoffelpuffer

Lot jo dat schmecken – lasst es Euch schmecken

Den **Urlaub mit nach Hause nehmen?** Das geht mit diesen **Rezepten.** Labskaus, Grünkohl und Fisch, das sind typische Gerichte, die auf den Speisekarten in Ostfriesland stehen und die auch die insulare Küche prägen. Dazu werden **Zutaten aus der Region** verwendet, kombiniert mit Fleisch, Wurst, frischem Fisch oder Matjes. Frisch gekocht schmeckt es besonders lecker. Zum Abschluss wird gern auch ein **Gläschen „Oma Ettas Klötenköm"** gereicht. Man bekommt ihn im Hafen-Restaurant bei Familie *Wessels* und im Geschäft „Süße Sachen" in der Strandstraße. Aber Vorsicht: Der „Likör" hat es in sich.

Labskaus

Der traditionelle Labskaus wird in vielen Restaurants angeboten. Jedes hat sein eigenes Rezept. Ein Bestandteil ist **gepökeltes Rindfleisch.** Wer es einfacher mag, nimmt Corned Beef aus der Dose oder besorgt es frisch vom Metzger. Das ist leicht zuzubereiten und schmeckt ausgesprochen lecker, sofern man die Zutaten mag.

Zutaten (für zwei Personen)

- 500 Gramm gepökeltes Rindfleisch (oder Corned Beef)
- 2 Lorbeerblätter
- 8 Pfefferkörner
- 3 mittelgroße Zwiebeln
- 50 Gramm Butter
- 600 Gramm Kartoffeln
- 200 Gramm eingelegte Rote Bete
- 100 Gramm Gewürzgurken
- ggf. etwas Brühe
- 2 Matjesfilets
- 2 Rollmöpse zum Verzieren
- 4 Gewürzgurken zum Verzieren
- 2 frische Eier
- Salz und Pfeffer
- Petersilie, frisch gehackt, nach Geschmack

Zubereitung

Das Fleisch zusammen mit den Gewürzen etwa zwei Stunden bei mäßiger Hitze garen. Die Zwiebeln fein hacken und mit der Butter in einem Topf andünsten. Matjes, Rote Bete und Gurken in Stücke schneiden, miteinander vermischen und hinzugeben. Die weich gekochten Kartoffeln und das in ganz kleine Stücke geschnittene gekochte Pökelfleisch (wahlweise Corned Beef, das Gelee löst sich in der Hitze relativ zügig auf) hinzufügen. Alles gut durchstampfen und unter ständigem Rühren nochmals erhitzen, ggf. etwas Brühe hinzufügen. Mit Salz, Pfeffer und der Petersilie abschmecken. Mit Gewürzgurken, Rollmops und zwei frisch gebratenen Spiegeleiern servieren.

Panntje-Fiss – Fischpfanne aus Resten vom Vortag

Zutaten

- Reste vom Fisch (gekocht oder gebraten)
- Reste von Kartoffeln
- geräucherter Speck
- pro Person ein Ei
- etwas Salz
- frische gehackte Petersilie zum Bestreuen

Zubereitung

Den Speck würfeln und in der Pfanne auslassen. In Scheiben geschnittene Kartoffeln hinzufügen und braten. Fisch in grobe Stücke zerteilen, zufügen, heiß werden lassen, mit Salz abschmecken. Die Eier verquirlen, über den Panntje-Fiss gießen und bei kleiner Hitze stocken lassen. Mit Petersilie bestreut in der Pfanne servieren.

Grünkohl – die „Ostfriesenpalme"

Zutaten (für zwei Personen)

- 1 große Dose Grünkohl, 600 g TK-Grünkohl oder 1,25 kg frischen Grünkohl
- 3 große fein gewürfelte Zwiebeln
- 25 g Gänse- oder Zwiebelschmalz
- 0,5 l Fleisch- oder Gemüsebrühe
- ggf. zartschmelzende Haferflocken
- 2 (geräucherte) Mettenenden oder Kohlwürste
- 2 Pinkelwürste (ggf. geräuchert)
- 2 Kasseler Koteletts
- 100 g geräucherter Speck
- 2 El mittelscharfer Senf
- Öl
- 8 mittelgroße Kartoffeln
- Salz
- Pfeffer

Grünkohl – eine typische Winterdelikatesse

Zubereitung

Die Pelle von der Pinkel ziehen und die „freigelegte" Wurst fein würfeln. Speck würfeln. Zur Seite stellen. Die Zwiebeln fein würfeln und in Öl und Schmalz anschwitzen. Den Grünkohl darauf geben, einen Teil der Brühe zufügen und bei mittlerer Hitze zum Kochen bringen. Die kleingeschnittene Wurst und den Speck mit dazugeben und weiterköcheln lassen. Den Grünkohl immer wieder mit Brühe leicht aufgießen und einkochen lassen. Bei kleiner Hitze gut zwei Stunden kochen, mit Salz, Pfeffer und Senf abschmecken. Mit leicht geöffnetem Deckel an einem kühlen Ort bis zum nächsten Tag ziehen lassen. Danach den Kohl bei niedriger Hitze erwärmen und die Kasseler Koteletts braten oder zusammen mit den angepieksten Mettenden erwärmen. Sollte der Kohl zu viel Wasser ziehen, Haferflocken zugeben und unterrühren, um die Flüssigkeit zu binden, bis die gewünschte Konsistenz erreicht ist. Nochmals mit ordentlich Senf, Salz, Pfeffer und Zwiebelschmalz abschmecken. Mit den Salz- oder Bratkartoffeln servieren.

191j_mna

werden häufig mit Krabben und Meerrettichcreme oder Lachs verfeinert.

Milchgerichte gibt es natürlich auch, auf den Speisekarten steht oft Milchreis. Es ist ein preiswertes und leckeres Gericht, das traditionell mit Zucker und Zimt oder auch mit roter Grütze gegessen wird. Das gilt auch für **Pfannkuchen,** die sowohl süß als auch deftig angeboten werden.

Was wären Tee oder Kaffee ohne Kuchen? Gerade **Torten** und leckere **Obstkuchen** sind in der Inselküche ein Muss. Besonders beliebt ist die gehaltvolle **Ostfriesentorte.** Dazu wird Biskuitteig schichtweise mit Schlagsahne und in Branntwein eingelegten Rosinen gefüllt, die oberste Schicht besteht aus Sahne, die mit *Brannwiensopp,* so nennt man diese Rosinen in Ostfriesland, verziert wird. Auch **Apfeltorte** und **Käsekuchen** haben in den meisten Cafés einen festen Platz in der Auslage.

Die Hitliste der Getränke wird im Norden und somit auch auf Juist eindeutig vom **Schwarztee** angeführt (→ Exkurse „Wie der Tee nach Ostfriesland kam“, S. 149, und „Die ostfriesische Tee-Zeremonie“, S. 196). Daraus hat sich eine **eigenständige Teekultur** entwickelt. Es gehört in jedem Haushalt zum guten Ton, seinen Gästen eine frisch aufgebrühte Tasse Tee anzubieten, auch abends. Traditionell wird an der Küste **Bier** ausgeschenkt, und zwar ein gepflegtes **Pils.** Dazu gibt es gelegentlich einen klaren **Schnaps,** gern auch als **Köm** (Aquavit) gereicht. Wer den Namen „Friesische Bohnensuppe“ hört, braucht jedoch nicht zu meinen, dass er einen Eintopf bekommt. Vielmehr handelt es sich bei „*Sinbohntjesopp*“ um einen **Likör** aus Rosinen, Zucker, Kandiszucker und „Ostfreeske Brannwien“, einer Art Weinbrand, der in einem irdenen Gefäß angesetzt und in Miniaturteetassen mit

109j_mna

Karte Umschlag hinten

kleinen Löffeln serviert wird, mit denen man die eingelegten Rosinen isst. Der Tradition nach setzte man die Sinbohntjesopp anlässlich der bevorstehenden **Geburt eines Kindes** an. Freunde und Nachbarn kamen nach der Geburt zum „Kinnertöön“, also zu Besuch, man stieß mit der Sinbohntjesopp gemeinsam auf das freudige Ereignis an und begrüßte damit den neuen Erdenbürger.

Eine Besonderheit auf Juist ist ein **Eierlikör aus Norden,** „Oma Ettas Klötenköm“. Ihn trinkt oder löffelt man traditionell aus einer Tasse. Wenn der Eierlikör aus der Tiefkühltruhe kommt, ist seine Konsistenz wie Pudding, kommt er in Raumtemperatur daher, ist er flüssiger und lässt sich trinken. Im 49 **Hafen-Restaurant** steht das Getränk auf der Karte, kaufen lässt es sich im Geschäft 10 **Süße Sachen** in der Strandstraße.

Kunsthandwerk mit langer Tradition

Das Meer wirkt schon immer inspirierend auf Künstler jeder Art. So hat neben zahlreichen **Galerien** und **Ateliers** auch das **Kunsthandwerk** eine große Bedeutung an der Nordseeküste. Auf Juist hat sich in den letzten Jahren eine kleine Szene von bildenden Künstlern und Kunsthandwerkern gebildet, die auch **Ausstellungen** organisieren und einen gemeinsamen Austausch pflegen. Darunter sind auch Handwerkskünste, die nur noch von wenigen ausgeübt werden. Dazu zählt beispielsweise auch die **Filigrankunst,** die nur noch eine Handvoll Goldschmiede in Deutschland beherrscht. Mit dieser Technik wird der traditionelle Friesenschmuck gefertigt. Die Ostfriesen haben ihn im Mittelalter an ihren Goldtrachten getragen, die Nordfriesen auf den Inseln und Halligen schmücken sich bis heute mit prächtigem Silberfiligran. Auf der Insel leben und gastieren regelmäßig Maler, Schriftsteller, Musiker und Künstler aus unterschiedlichen Sparten. Im „Haus des Kunsthandwerks“ in der Gräfin-Theda-Straße sind der 13 **Inselgoldschmied**, die 12 **Inseltöpferei**, eine Blumenwerkstatt und eine Seifenmanufaktur als schaffende Künstler beheimatet. Dort

110j_mna

Oma Ettas Klötenköm trat seine rasante Karriere im Jahr 2010 an und ist seitdem auf Juist Kult

Fangfrische Garnelen im Verkauf mit Messbecher

finden auch Ausstellungen statt, in denen Kunsthandwerk, das auf der Insel gefertigt wurde, verkauft wird. Einige Objekte der Treibholzkunst von *Tim Köhler* werden im Inselmuseum verkauft. Im **Haus Siebje,** einem der ältesten Häuser auf Juist, finden verschiedene Wechselausstellungen statt – wie auch im **Haus des Kurgastes.** Und das kleine Geschäft Elfember, das ebenfalls im Haus Siebje ist, präsentiert in geschichtsträchtigen Räumen selbstgemachte kleine Dinge aus Stoff und Wolle. Darüberhinaus gibt es auf Juist immer wieder Ausstellungen von Radierungen, Zeichnungen und Gemälden, auch die Fotografie spielt beim oft unglaublich intensiven Licht am Meer eine große Rolle.

Töpferei im Haus des Kunsthandwerks

141j_mna

Die Sprache: Könen ji Juister Platt prooten?

„Sprache ist Heimat", stellte der Philosoph und Sprachwissenschaftler *Wilhelm von Humboldt* schon im 19. Jahrhundert fest. Die erste Sprache, die wir hören und zu sprechen lernen, festigt die persönlichen Wurzeln, die Beziehung zu anderen und die eigene Identität. Die Einwohner der Region an der niedersächsischen Küste sprechen **Niederdeutsch,** umgangssprachlich auch als **Plattdeutsch** oder ostfriesisch *Plattdütsk* bezeichnet. Es gibt eine Vielzahl unterschiedlicher **Dialekte,** die manchmal sogar von Ort zu Ort wechseln, sodass Sprachkundliche schon an der Wortwahl erkennen, wo oder von wem jemand seine Sprache gelernt hat. Das Niederdeutsche hat sich aus dem **Altsächsischen** entwickelt, das zu den westgermanischen Sprachen zählt. In Niedersachsen, hauptsächlich in Ostfriesland und im Elbe-Weser-Dreieck, sowie in Schleswig-Holstein in Dithmarschen lebt die größte Sprecherzahl. In Deutschland gibt es etwa vier bis fünf Millionen Menschen, die Plattdeutsch sprechen, das sind gut sechs Prozent der Bevölkerung. Aber es leben auch viele Niederdeutsch – Nedersaksisch – sprechende Menschen im niederländischen Westfriesland sowie in anderen Gebieten in und außerhalb Deutschlands, z. B. in Dänemark, Brasilien, den USA und Kanada, also überall da, wo sich Menschen aus Norddeutschland einstmals niedergelassen haben.

Die Sprache **ähnelt dem Englischen und dem Friesischen,** was an der gemeinsamen Herkunft liegt. Sie ist eine Sprachform, die in den „niederen", also den nördlichen Regionen Deutschlands beheimatet ist. Da die germanische Bevölkerung Großbritanniens ursprünglich aus dem heutigen Norddeutschland stammt, haben die angelsächsischen Dialekte und das Altenglische **starke Übereinstimmungen** mit dem Niederdeutschen bzw. Altsächsischen. Das Englische hat also seinen **westgermanischen Grundcharakter** nie verloren, und Basisworte wie Kind, Butter, Kindergarten oder Angst sind eins zu eins in den Wortschatz übertragen worden. Aber auch in Ländern wie den Niederlanden, Dänemark, Island, Schweden und Norwegen gibt es viele Ähnlichkeiten bei Worten wie Wasser, Pfanne, Salz, Milch oder Kopf. Vater beispielsweise heißt auf Niederdeutsch Vadder, Englisch father, Niederländisch vader, Friesisch Faader, Schwedisch und Norwegisch far.

Das Niederdeutsche weicht erheblich vom Hochdeutschen ab. Wenn man zuhört, assoziiert man sofort eine **Mischung aus Englisch, Hochdeutsch und Niederländisch.** Mit etwas Übung kann man aber ganz gut verstehen, was die Leute sagen. Die Sprache hat einen **eigenständigen Wortschatz** und auch eine **eigene Grammatik.** Erst in der Mitte des 19. Jahrhunderts fand Niederdeutsch auch in der Literatur Verwendung, zum Beispiel in einigen Dialogen aus Thomas Manns Buch „Die Buddenbrooks". Beim Niederdeutsch handelt es sich also um eine eigene Sprache und nicht um eine Mundart. In den Niederlanden und in Deutschland ist es durch die **Sprachencharta des Europarats** offiziell anerkannt und geschützt und es gilt in Deutschland auch als Amtssprache. 75 Prozent der Einwohner im Sprachgebiet haben passive Sprachkenntnisse.

Ursprünglich war **Niederdeutsch** nur eine gesprochene Sprache. Das änderte sich aber. In der Zeit zwischen 1200 und 1600 entwickelte es sich zu einer **bedeutenden Schriftsprache.** Sie wurde neben Latein in Urkunden und Gesetzen verwendet, es gab Ende des 15. Jahrhunderts mit der Kölner und der Lübecker Bibel sogar **niederdeutsche Fassungen der Heiligen Schrift.** Im 16. Jahrhundert nahm die Bedeutung als Schriftsprache jedoch nach und nach ab. Als regionale Sprache wurde Niederdeutsch mündlich aber lange weiterverwendet, während es ist der Schrift vom Hochdeutschen Stück für Stück verdrängt wurde und sowohl Funktion als auch Prestige verlor – erst Mitte des 19. Jahrhunderts wurde Niederdeutsch erneut verschriftlicht.

Niederdeutsch war die **Sprache der „kleinen Leute",** wer etwas auf sich hielt,

Gängige Grußformel

UNSER TIPP: Noch eine **Anmerkung** zu einer **sprachlichen Besonderheit,** die – mit Ausnahme von Helgoland – für ganz Norddeutschland gilt: Als Gast sollte man mindestens die übliche Grußformel **„Moin"** kennen. In manchen Regionen sagt man auch **„Moin moin",** was nicht, wie viele vermuten, „Guten Morgen" heißt. Das Wort ist aus dem Niederdeutschen und bedeutet **„schön"** oder **„gut".** Man wünscht sich damit alles Schöne und Gute, egal ob morgens, mittags oder abends.

Wenn Di maal de Woorden fehlen – kleiner ostfriesischer Sprachführer

„Sprache ist Heimat", sagte schon vor über 150 Jahren der Sprachforscher *Wilhelm von Humboldt*. So ist es nicht verwunderlich, dass sich die Einheimischen in Norddeutschlands Bundesländern auf **Niederdeutsch** unterhalten, wie die als Plattdeutsch bezeichnete Sprache korrekt benannt wird. Die Aussprache in den verschiedenen Regionen weicht zwar voneinander ab, aber man versteht sich untereinander – sogar mit den in den Ostniederlanden lebenden **Nedersaksisch** sprechenden Menschen. Hier ein keines Wörterbuch für Niederdeutsch und küstenbezogene Bezeichnungen.

A

achtern – hinten – „Ik bün achter d' Diek" – „Ich bin hinter dem Deich"
anners – anders – „Anners noch wat?" – „Sonst noch etwas?"
ankieken – ansehen, besichtigen

B

Ballje – Badewanne, Bottich
betahlen – zahlen, bezahlen – „Dat is 'n bietje to düür!" – „Das ist ein bisschen zu teuer!"
Billen – Hintern/Gesäßbacken – „Kinner, de wat willen, kriegen wat vör de Billen." – „Kinder, die was wollen, kriegen was auf den Hintern."
Blanker Hans – poetisch für Nordsee/bildhafte Bezeichnung für tobende Nordsee bei Sturmfluten
blieven – bleiben
Boßel – Boßelkugel
Büdel – Beutel, Geldbeutel
Buhn – Steindamm zur Uferbefestigung

D

Dag – Tag
Dalben, Duckdalben – Pfahl, Pfahlgruppe zum Festmachen der Schiffe
Deern – Mädchen, Magd, Tochter
Diek – Deich – „Well nich will dieken, de mutt wieken." (ostfriesisches Sprichwort) – „Wer nicht will deichen, der muss weichen" – Wer sich nicht am Deichbau beteiligen will, muss sein Land verlassen.
Dingsdag – Dienstag
Dönnerdag – Donnerstag
Dörp – Dorf
Dwarsloper – Strandkrabbe, „Querläufer"

E

een – einer, eine, jemand, irgendeiner, man – „Is daar een?" – „Ist da jemand?"
Etenstied – Essenszeit
ehrgüstern – vorgestern

F

Füür – Feuer, auch leuchtendes Seezeichen, z. B. Leuchtfeuer, Quermarkenfeuer
Fisk – Fisch
Fredag – Freitag
Frees – Friese
Freesland – Friesland – „Holl di **fuchtig!**" – Abschiedsgruß (unter vertrauten Personen)

G

Gatt – (tiefe) Strömungsrinne im Watt, z. B. zwischen den ostfriesischen Inseln
Geest – an die Marsch angrenzendes gehobenes Land eiszeitlicher Herkunft
Geldbüdel – Geldbeutel
gliek – gleich, sofort
Gröönkohl – Grünkohl
Groden – aus der See gewonnenes flaches Marschland (auch *Polder* oder *Koog*)
güüst – trocken, unfruchtbar

H

Heck – Achterschiff, Weidegatter
heten – heißen – „Wo heetst du? – „Wie heißt du?"
Heller – Deichvorland

Hör – Anredeform für Sie/Ihnen – „Wo geiht Hör dat?“ – „Wie geht es Ihnen?“
Huus – Haus

I

Ies – Eis
insett Bohnen – Schnippelbohnen (ostfriesisches Gericht)

J

Jack – Jacke
ja – ja
juchtern – herumtoben

K

Karnmelksbreei – Buttermilchbrei (ostfriesische Milchspeise)
kieken – gucken, sehen, schauen
Kieker – Fernglas
Kiekut – Aussichtspunkt
Kimm – Horizont
Kinner – Kinder
Klipp – Felsenklippe bzw. steile Abbruchkante der Geestküste
Klock – Uhr
klönen – sich gemütlich unterhalten
Klöönsnack – Unterhaltung
Klootscheten – Klootschießen (neben Boßeln der zweite ostfriesische Nationalsport)
Kluntje – Kandiszucker
Koffje – Kaffee
Kümo – Abkürzung für „Küstenmotorschiff“
Kuur – Schnaps

L

Land unner – Überschwemmung – „Nu is Land unner.“ – „Jetzt ist das Land überschwemmt.“
leev – lieb – „Ik hebb di leev.“ – „Ich liebe Dich.“
lüttjet – klein

M

Maandag – Montag
maken – machen – „Maken wi al!“ – „Wird schon erledigt!“
Marsch – Schwemmland, durch Landgewinnung entstanden
Middag – Mittag
Middeweek – Mittwoch
Moder – Mutter
Moin – ostfriesischer Gruß zu jeder Tageszeit, entspricht etwa „Hallo“ – „Moin mitnanner.“ – „Guten Tag zusammen.“

N

nee – nein
nüms – niemand

O

Och Heer! – Ach herrje!
Olldag – Alltag
Oostfreesland – Ostfriesland

P

Plaat – Sandbank
Potteten – Eintopf
Pricke – besenartiges Seezeichen im Watt, markiert die Fahrrinne
Priel – Wasserrinne im Watt

Q

quaad – böse, gemein
Quall – Qualle

R

Reet – trockenes Schilfgras zum Dachdecken
Rieg – Reihe – „Du büst an de Rieg.“ – „Du bist an der Reihe.
Rötelmoors – Plaudertasche
Ruder – Steuerrad eines Schiffs

S

sabbeln – quasseln
Sand – Sandbank, flache Sandinsel
Saterdag – Samstag, Sonnabend
Schart – Durchlass im Deich, durch den ein Verkehrsweg führt

Snack – Gespräch, Unterhaltung
snacken – reden
Siel – verschließbarer Gewässerdurchlass in einem Deich
Slaapstuuv – Schlafzimmer
Sliek – Schlick, Schlamm des Meeres
Smacht – Hunger
Sömmer – Sommer
Stöövke – Stövchen, Teewärmer
Stuuv – Wohnzimmer
Stuut – Weißbrot
Sönndag – Sonntag
Sünn – Sonne

T

Teenöös – Teeliebhaber, „Teenase"
Tied – Zeit – „Ach du leve Tied!" – „Ach du liebe Zeit!"
Tünn – Tonne
twee – zwei

U

unnergahn – untergehen
upstahn – aufstehen

V

Vader – Vater
van – von
Vörjahr – Frühjahr
Vörmiddag – Vormittag

W

waar – wo – „Waar willen Se denn hen?" – „Wo wollen Sie denn hin?"
Wadd – Watt
Weer – Wetter
Week – Woche
Wien – Wein
Wulkje – Wölkchen (auch „Wölkchen" der Sahne im Tee → Teezeremonie, S. 196)
Wuddel – Wurzel

sprach Hochdeutsch. Die Überlebenschancen des Niederdeutschen wurden besonders im Zuge der Industrialisierung und Verstädterung immer geringer. Seit Mitte des 20. Jahrhunderts war es dann auch in den küstennahen Schulen Pflicht, **Hochdeutsch** zu lernen. Als dann die Zeitungen ebenfalls auf Hochdeutsch schrieben, wurde dieses zur **neuen Gemeinschaftssprache** und verdrängte das Niederdeutsche auch aus den meisten Familien. Hinzu kam, dass im und nach dem Zweiten Weltkrieg viele Zuwanderer aus anderen Sprachgebieten nach Norddeutschland übersiedelten, sodass *Plattdütsk* als gebräuchliche Sprache der Einheimischen spätestens seit den 1960er-Jahren massiv erodierte.

Heute wird aktiv versucht, das **Niederdeutsche wiederzubeleben.** Es gibt eine Supermarktkette, die in Norddeutschland damit wirbt, **zweisprachig** zu sein, und auch die Beschriftung im örtlichen Laden wird dort ins Niederdeutsche übersetzt. Eine immer größer werdende Zahl von **Autoren** setzt sich ebenfalls für den aktiven Sprachgebrauch ein, es werden mehr und mehr Bücher in Mundart geschrieben, und es gibt inzwischen sogar im Internet einige Wörterbücher und hilfreiche Sprachlektionen für den Fall, dass einem einmal sprichwörtlich die Worte fehlen (→ Exkurs „Kleiner ostfriesischer Sprachführer", S. 208). Eine gebräuchliche oder **verbindliche Rechtschreibung** gibt es jedoch bis heute nicht, vielmehr benutzen Sprachwissenschaftler eine phonetische Transkription, die die Laute wiedergibt – wobei die Aussprache natürlich von Region zu Region unterschiedlich sein kann. Erstaunlicherweise haben sich viele Worte aus dem Niederdeutschen ins Hochdeutsche übertragen, vor allem in der Fachsprache der Seefahrt Begriffe wie Bug, Heck, Reling, Steven oder ein- und ausscheren. Zur deutschen Standardsprache zählen inzwischen aber auch ursprünglich aus dem Plattdeutschen stammende Worte wie Bernstein, Laken, Lappen, Mettwurst, Ufer, Hafen, verrotten oder binnen. Sogar der umgangssprachliche *Trecker* statt *Traktor* dürfte fast allen Deutschen bekannt sein. Auch wenn es mal an etwas „hapert", jemand „pinkeln" muss oder sich „klamm" fühlt, wird das Gesagte vermutlich verstanden werden. Mit der Sprachlern-App *PlattinO* der Ostfriesischen Landschaft lässt sich das Basiswissen des Plattdeutschen kinderleicht erlernen. Man kann sie im App Store kostenfrei herunterladen.

Es folgen ein **ernstes Gedichte** von *Jutta Oltmanns* und ein lustiges von *Horst Rehmann*, jeweils auf *Plattdütsk* und mit der hochdeutschen Übersetzung, sodass sich die Sprachen gut vergleichen lassen.

Treck na Huus

Na 'n lang Tocht
up dat grote Levensmeer
leng ik daarna,
Anker to smieten,
de Seils to strieken,
dat Stüürrad ut d' Hannen to geven,
un in dien Haven binnen to lopen.
Land to sehn in dat Bild,
van dien open Arms.

Heimweh

Nach einer langen Reise
auf dem großen Lebensmeer
sehne ich mich danach,
Anker zu werfen,
die Segel zu streichen,
das Steuerrad aus den Händen zu geben,
und in deinem Hafen einzulaufen.
Land zu sehen in dem Bild,
deiner offenen Arme.

Teetied

Toerst de Kluntje unnerndrin,
nu sgenk de heete Tee man in.
Dann soll dat Knistern die beglücken,
wenn't Kluntje fällt in Stücken.

En Loepel Rahm noch – is dat klar,
kummt bald dat Wolkje wunnerbar,
denn Sluck for Sluck de Tee probeern,
man ja nich mit de Laepel röhrn!

Un is dat Teestünn denn vörbi,
pust ut dat Lucht – dat ra'ick di!

Teestunde

Zuerst das Kluntje unten rein,
dann schenke den heißen Tee ein.
Dann soll dich das Knistern beglücken,
wenn das Kluntje fällt in Stücken.

Ein Löffel Rahm noch – das ist klar,
kommt bald das Wölkchen wunderbar.
Dann Schluck für Schluck den Tee probieren,
und bloß nicht mit dem Löffel (um)rühren.

Und wenn die Teestunde ist vorbei,
puste bloß die Kerze aus, das rate ich dir.

192j_mna

7 Anhang

Die hohen Dünen schützen Juist vor der heranbrausenden Nordsee

Literaturtipps

Natur

Ahlborn, Silke: **Natur-Erlebnisbuch Nordsee (STRAND-Detektive),** Wachholtz-Verlag, Kiel, 2019. Kinder ab sieben Jahren gehen mit diesem Buch auf Entdeckertour, mit dem sie im Watt, Wasser und Spülsaum, aber auch in den Dünen und Salzwiesen schnuppern, ausprobieren und experimentieren können.

- *Gröhn, Carsten:* **Bernstein suchen und finden,** Wachholtz-Verlag, Kiel, 2018. Deutliche Abbildungen und übersichtliche Erklärungen informieren kurz und knapp über Herkunft, Eigenschaften und Einschlüsse von Bernstein, mit denen sich unterwegs mit etwas Glück die schönsten Bernsteine finden lassen.
- *Haag, Holger:* **Was lebt an Strand und Küste?** Franckh Kosmos Verlag, Stuttgart, 3. Auflage 2018. Ein unterhaltsamer Naturführer mit 85 Bildtafeln und Erklärungen über heimische Tiere und Pflanzen für Kinder.
- *Haag, Holger:* **Welcher Vogel ist das?** Strand und Küste, Franckh Kosmos Verlag, Stuttgart, 2013. 78 der bekanntesten Vögel von Strand und Küste werden in diesem praktischen Naturführer im Porträt vorgestellt, die typischen Merkmale und die hervorragenden Fotos machen das Bestimmen sehr einfach.
- *Janke, Klaus/Kremer, Bruno P.:* **Düne, Strand und Wattenmeer – Tiere und Pflanzen unserer Küsten,** Franckh Kosmos Verlag, Stuttgart, 2018. Der Naturführer beantwortet die häufigsten Fragen zu 400 Arten, die an der Küste heimisch sind.
- *Meier, Dirk:* **Naturgewalten im Weltnaturerbe Wattenmeer,** Boyens Buchverlag, 2012. Das Buch liefert einen profunden Einblick in die wechselvolle Geschichte der einzigartigen Landschaft Wattenmeer.
- *Meier, Dirk:* **Die Nordseeküste – Geschichte einer Landschaft,** Boyens Buchverlag, Heide, 2006. Fundiertes Wissen über die Entstehung der Küstenlandschaft der Nordsee.
- *Meier, Dirk:* **Weltnaturerbe Wattenmeer – Kulturlandschaft ohne Grenzen,** Boyens Buchverlag, Heide, 2010. Die Küstenlandschaft steht im Spannungsfeld zwischen Natur- und Küstenschutz, das Buch setzt sich mit diesem Thema auseinander.
- *Rudolph, Frank:* **Strandsteine – Sammeln und Bestimmen,** Wachholtz-Verlag, Kiel, 2021. Ideal für Steinesammler, denn mit diesem Buch lässt sich auch ohne Vorkenntnisse leicht nachvollziehen, welches Alter, welche Herkunft, Entstehung und Zusammensetzung die gemachten
- **Tierstimmen am Strand** aus der Reihe **Kosmos-Naturführer,** Kosmos-Verlag, Stuttgart, 1. Auflage 2017. Kleiner Naturführer mit CD und Bestimmungshilfe für 40 Tiere, die Stimmen lassen sich aufs Handy übertragen und unterwegs anhören.
- *Wilhelmsen, Ute:* **Was lebt an Strand und Küste?** Franckh Kosmos Verlag, Stuttgart, 2020. Schöner kleiner und handlicher Naturführer für Erwachsene, mit dem sich 142 der bekanntes-ten Tier- und Pflanzenarten leicht bestimmen lassen.

Krimis

- *Esser, Angela* (Hrg.): **Mords-Töwerland,** Gmeiner-Verlag Meßkirch, 2021. 18 Autoren zeigen die dunkle Seite des Töwerlands in kurzen Krimis.
- *Husmann, Rieke:* **Inselwind,** Emons-Verlag Köln, 2021. Der Miteigentümer der Juister Surfschule ist spurlos verschwunden. Kommissarin Hella Brandt macht sich auf die Suche.
- *Jorritsma, Sina:* **Juister Reiter/Juister Düfte/Juister Herzen,** Klarant Verlag, Bremen, 2018 und 2019. Die Krimis spielen auf der Insel Juist, die Kommissare Antje Fedder und Roland Witte ermitteln.
- *Kühn, Christian:* **Nordsee-Dämmerung,** Heyne-Verlag, München, 2020. Der Bundespräsident

macht Sommerferien auf Juist, doch ein Mörder ist auf ihn angesetzt. Flüssiger Lesestoff mit Lokalkolorit für den Urlaub.

- *Lüpkes, Sandra:* **Die Sanddornkönigin,** rororo, Hamburg, 2004. Krimi um Kommissarin Wencke Tydmers, bei dem es um die Aufklärung der frisch gekürten „Sanddornkönigin" geht, die ermordet in den Juister Dünen aufgefunden wird.
- *Lüpkes, Sandra:* **Hagebuttenmädchen,** rororo, Hamburg, 2005. Krimi um Wencke Tydmers, die der Ermordung des Vorsitzenden des Juister Heimatvereins auf den Grund gehen will, der tot im Schaufenster seines Antiquariats gefunden wird.
- *Pundt, Hardy:* **Strandleiche,** Gmeiner Verlag, Messkirch, 2018. Der einflussreiche Besitzer eines großen Hotels am Deich wird tot am Juister Strand gefunden. Stecken politische Intrigen dahinter, um den frisch gewählten Bürgermeister gleich wieder zu beseitigen?

Belletristik

- *Kind, Felicitas*: **Winterzauber in den Dünen.** Piper-Verlag, München, 2022. Eine Auszeit, eine alte Liebe und norddeutsche Rezepte – die perfekte Mischung für kurzweilige Stunden in Begleitung zweier sympathischer Charaktere.

UNSER TIPP: *Lüpkes, Sandra:* **Die Schule am Meer,** Rowohlt-Verlag Hamburg, 2022. Eine Schule auf Juist, die ein Traum von Gemeinschaft und Freiheit ist. Doch in den Zeiten der Weimarer Republik steuert die Welt auf einen Abgrund zu. Es geht um Wagemut und Scheitern, Leidenschaft und Missgunst, Freundschaft und Verrat – hervorragend erzählt und unbedingt empfehlenswert.

Für Kinder

- *Robitzky, Marc:* **Mein kleines Insel-Wimmelbuch Juist,** Willegoos-Verlag, Potsdam, 2019. Die neugierige Graugans Guntje erkundet die Insel. Tolles Entdecker-Buch über Juist für Kinder, die noch nicht lesen können.
- *Rose, Frauke:* **Juister Alltag – Müllentsorgung.** Verlag Florian Isensee Oldenburg, 2022. Mientje und Fynn begleiten die Müllwerker an einem ihrer spannenden Arbeitstage auf der autofreien Insel Juist und lernen, wie man mit Pferdefuhrwerken fachgerecht den Müll entsorgt. Vorlesebuch für Kinder ab 5 J. oder zum Selbstlesen ab 8 J.

Nützliche Apps

- **Beachexplorer:** www.beachexplorer.org. App, mit der man seine Strandfunde melden oder selbst Funde bestimmen kann.
- **Buienradar:** www.buienradar.nl. Wetter-App aus Holland mit sehr zuverlässigen Prognosen für Juist.
- **Flora Incognita:** App der Technischen Universität Ilmenau, die beim Erkennen von Pflanzen sehr nützlich ist. Einfach Pflanze fotografieren und suchen lassen, die Infos kommen schnell und zuverlässig aufs Handy.
- **WeatherPro:** Eine sehr professionell gemachte Bezahl-App, die zahlreiche Details zum Wetter vermittelt.
- **Windfinder:** www.windfinder.com. Wetter-App mit Gezeiten, beliebt vor allem bei Seglern.
- **Zwitschern!:** Eine App, die zum Identifizieren von Vögeln hilfreich ist.
- **Zwitschomat:** Nützliche App, man kann einfach Vogelstimmen aufnehmen und schon sagt einem die App, welchen Vogel man gehört hat.

193j_mna

Langfristige Sommerferienregelung

Bundesland	2024	2025	2026
Baden-Württemberg	25.07.–07.09.	31.07.–13.09.	30.07.–12.09.
Bayern	29.07.–09.09.	04.08.–15.09.	03.08.–14.09.
Berlin	18.07.–30.08.	24.07.–06.09.	09.07.–22.08.
Brandenburg	18.07.–31.08.	24.07.–06.09.	09.07.–22.08.
Bremen	24.06.–02.08.	03.07.–13.08.	02.07.–12.08.
Hamburg	18.07.–28.08.	24.07.–03.09.	09.07.–19.08.
Hessen	15.07.–23.08.	07.07.–15.08.	29.06.–07.08.
Meckl.-Vorpommern	22.07.–31.08.	28.07.–06.09.	13.07.–07.08.
Niedersachsen	24.06.–03.08.	03.07.–13.08.	02.07.–12.08.
Nordrh.-Westfalen	08.07.–20.08.	14.07.–26.08.	20.07.–01.09.
Rheinland-Pfalz	15.07.–23.08.	07.07.–15.08.	29.06.–07.08.
Saarland	15.07.–23.08.	07.07.–15.08.	29.06.–07.08.
Sachsen	20.06.–02.08.	28.06.–08.08.	04.07.–14.08.
Sachsen-Anhalt	24.06.–03.08.	28.06.–08.08.	04.07.–14.08.
Schleswig-Holstein	22.07.–31.08.	28.07.–06.09.	04.07.–14.08.
Thüringen	20.06.–31.07.	28.06.–08.08.	04.07.–14.08.

Register

Die Autoren

227f_kt

Nicole Funck, geboren 1963 in Köln, studierte an der Ludwig-Maximilians-Universität in München und ist Expertin für Kommunikation und Marketing mit langjähriger Führungserfahrung in mittelständischen Unternehmen. Sie lebt und arbeitet im Großraum Hannover. Mit dem Schreiben vertraut, veröffentlichte sie viele Beiträge und war an zahlreichen Buchveröffentlichungen beteiligt. Ihr Reiseführer über die Mongolei, erschienen 2015 im Reise Know-How Verlag, wurde mit dem ITB BuchAward ausgezeichnet. Im gleichen Verlag veröffentlichte sie die mit Michael Narten verfassten Reiseführer über die Nordseeinseln Borkum, Helgoland, Amrum, Föhr und Spiekeroog sowie über die Nordseeküste Niedersachsens und Ostfriesland.

228f_kt

Michael Narten, geboren 1964 in Hannover, arbeitete viele Jahre als Art Director in Hannover und Hamburg. Heute ist er als Grafiker, Fotograf und Buchautor in Hannover tätig. In den vergangenen zehn Jahren war er an der Veröffentlichung zahlreicher Bücher beteiligt. Als Autor verfasste er mehrere Titel über die Stadtgeschichte Hannovers. Ein weiterer Schwerpunkt seiner Arbeit ist die Aufarbeitung von Firmengeschichten in Buchform. Zwei Bildbände über die Ostfriesischen Inseln und Ostfriesland sind im Hinstorff-Verlag erschienen, sowie inzwischen acht Reiseführer, die er mit *Nicole Funck* im Reise Know-How Verlag veröffentlicht hat.

Danke

Ohne die Unterstützung vieler Helfer kann kein guter Reiseführer entstehen. Deshalb möchten wir an dieser Stelle allen Unterstützern **ganz herzlich danken,** denn so konnten wir gemeinsam ein Buch machen, das hoffentlich vielen Lesern gefällt. Falls wir jemanden vergessen haben, so ist dies keine Absicht, sondern ein echtes Versehen, für das wir um Entschuldigung bitten.

Allen *Mitarbeitern der Tourist-Information Juist* und *Thomas Vodde,* die immer so freundlich das Telefon abnehmen und geduldig alle Fragen beantworten; *Julia* und *Ulrich Löhmann* für ihre Unterstützung in Sachen Inseltracht und Geschichte; *Anita Willers* und *Elke Brückmann* von der Ostfriesischen Landschaft für Nachhilfe in Plattdütsk sowie für Informationen zur Kultur; *Sabine Weers* für einen interessanten Blick hinter die Kulissen des Inselmuseums im Loog; Jochen Büsing für das Gegenlesen des Geschichtskapitels; *Thomas Koch* für viele Informationen über das Krimifestival und Bücher über Juist; *Jens Heyken* vom Nationalpark-Haus für ein spontanes und langes Gespräch über die Inselnatur; *Gudrun Tiemann* für ihre Informationen zur Juister Tracht; *Jutta Oltmanns* für plattdeutsche Texte; *Heino Behring* für eine lehrreiche und eindrucksvolle Wattwanderung; *Tim Köhler* für die großartigen historischen Abbildungen aus seiner Sammlung; *Carsten Werner* vom TöwerVital für eine Führung in Sachen Nachhaltigkeit sowie *Tomke Wollert* für umfassende Informationen zur Klimatherapie und Thalasso-Behandlungen; dem *NLWKN-Team* im Wetterwarndienst des Niedersächsischen Landesbetriebs für Wasserwirtschaft, Küsten- und Naturschutz für Infos zum Tidenhub auf Juist; *Stefan Olbrich* vom Lütetsburger Schloss für eine Abbildung aus dem Hausbuch; *Anke* und *Dieter Wörrlein* für ihre hervorragenden Naturfotos; *Julia Tief* für eine schöne FeWo und viele Informationen über die Insel; *Peter Wessels und Familie* vom Hafen-Restaurant für regionale Küche und hervorragendes Schwarzbrot.

Ohne Euch und Eure Unterstützung wäre das Buch nicht so, wie es geworden ist.

Fotonachweis

Nicole Funck (nf): S. 1, 24, 35, 39, 110
Wikimedia Commons (WC): S. 10
Meerwassererlebnisbad im TöwerVital (MTV): S. 84
Inselkirche Juist (IkJ): S. 134, 195
Sammlung Tim Köhler (Stk): S. 128, 141, 142, 145, 148
Dieter Wörrlein (dw): S. 111, 113, 114
Gräflich zu Inn- und Knyphausen'sches Rentamt (GIKR): S. 138
Juist Stiftung (JS): S. 193
Kinka Tadsen (kt): S. 226
alle weiteren: Michael Narten (mna)

Schreiben Sie uns!

Wir hoffen, dass Ihnen dieser Reiseführer gefällt und er Ihnen ein guter Begleiter auf einer außergewöhnlichen und spannenden Reise ist.

Weil ein Reiseführer von Erfahrungen lebt, sind wir an Ihren Erlebnissen interessiert: Haben Sie in unserem Buch ein Restaurant entdeckt, das es nicht mehr gibt, eine Sehenswürdigkeit, die wir noch nicht aufgeführt haben, oder eine falsche Adresse? Dann schreiben Sie uns! **Wir nehmen jeden Hinweis und jede Kritik ernst und arbeiten kontinuierlich daran, die Bücher aktuell zu halten und immer weiter zu verbessern.** Jede Mail wird gelesen und beantwortet. Auch wenn wir nicht jeden Wunsch erfüllen können, machen wir uns immer Gedanken über Ihre Anmerkungen.

Schreiben Sie uns:
per Mail an info@reise-know-how.de oder an
Reise Know-How Verlag Peter Rump GmbH, Postfach 140666, 33626 Bielefeld

Wenn sich Ihre Infos direkt auf das Buch beziehen, würde uns die Angabe der Seitenzahl und der Auflagenzahl bzw. des Erscheinungsjahres Ihrer Ausgabe die Arbeit sehr erleichtern. Besonders hilfreiche Beiträge und Ergänzungen zu den Büchern belohnen wir mit einem Sprachführer Ihrer Wahl aus der über 240 Bände umfassenden „Kauderwelsch"-Reihe.

Herzlichen Dank und gute Reisen
Ihr Reise Know-How Verlag